SHODENSHA
SHINSHO

国民が知らない

上皇の日本史

倉山 満

祥伝社新書

はじめに

平成が、史上四番目に長い元号《げんごう》となることが決まりました。

平成二十八年八月八日「象徴としてのお務めについての天皇陛下のおことば」が発せられてから、今上《きんじょう》陛下のご譲位を実現するための準備が進められてきました。平成という元号は、今上陛下の二〇一九年四月三十日の退位に伴《ともな》い、三十一年をもって終わり、五月一日より次の元号に変わります。

日本の歴史の中で最も長い元号は昭和の六十四年です。二番目に長い明治は、四十五年。昭和天皇、明治天皇ともに、その長い治世で国民と一緒に大きな戦争を経験した時代です。現代の私たちにとって昭和の記憶はまだまだ近く、明治は日本の近代化の時代として、みなさんもご存じでしょう。

では、三番目に長い元号はおわかりでしょうか？　あまり知られていませんが、応永《おうえい》です。一三九四年から一四二八年、室町時代中期の元号です。応永の三十五年間に後小松《ごこまつ》天皇と称光《しょうこう》天皇のお二方がご在位されました。では、なぜ応永はこんなに長くなったのでしょうか。

言ってしまえば、時の権力者の気分です。応永の当時の権力者は、将軍足利義満《あしかがよしみつ》とその次の代の義持《よしもち》でした。現代よりもはるか以前から、時の権力者と朝廷との駆け引きに極めて左右されたのが、元号をどの時機に改めるかということ、つまり改元《かいげん》です。

明治、昭和、そして平成は、制度によって定められた元号です。江戸時代最後の天皇となった孝明《こうめい》天皇の在位中は、元号が七つもありました。あまりにも改元の手続きが煩雑《はんざつ》なので、明治の元号を定める時に、「一代に元号はひとつ」と決めます。代替わりの時に新しい元号を定め、在位中は改元しないことにしたのです。

現代、西暦使用運動や元号廃止運動などというものがあり、個人的なポリシーから元号を絶対に使わないという人もいます。それに対して、元号を積極的に使おうと運動する人たちもいます。

時として、元号がなければ天皇として存在し得ないほど、絶対必要不可欠なものだと語られてしまうようなこともあります。本当にそうでしょうか。

暦年《れきねん》の数え方・記し方には色々な方法があります。元号のように、それぞれの代の天皇が即位した年を元年とした数え方のほか、日本には初代の神武《じんむ》天皇即位を元年とする皇紀《こうき》という数え方もあります。皇紀は、明治六（一八七三）年に定められました。

どのように数えるにしても、日本と皇室の歴史が続いてきたという事実は変わりません。数え方がどうであるかよりも、まずいかにして皇位が受け継がれ、続いてきたのかを知ることが大切です。

天皇、上皇、皇室の長い歴史を紐解《ひもと》く時に、頭に置いておきたい重要なポイントは次の二つです。

ひとつは、皇室は**先例を重んじる**ということ。

もうひとつは、それが無視されるにしろ、取り上げられるにしろ、**天皇の意思は存在する**ということです。

今上陛下のご譲位にあたって、安倍《あべ》内閣は多くの新儀《しんぎ》を行ないました。新儀とは、先例のない新しいことです。たとえば、今上陛下のご譲位に伴い、皇后陛下の称号が変わります。安倍内閣は、ここに「上皇后」という新しい称号を作ってしまいました。「作ってしまった」と表現したのは、やらなくていいこと、というより「やってはいけないこと」をやったからです。

先帝の皇后には、皇太后《こうたいごう》という称号があります。古いものでは九世紀前半、養老律令《ようろうりつりょう》の公定注釈書である『令義解《りょうのぎげ》』に定められています。

時代とともに運用は変わりましたが、明治時代に制定された「旧皇室典範《こうしつてんぱん》」では、天皇崩御後の皇后の身位《しんい》は「皇太后」として残されます。敬称は陛下と定まりました。ちなみに先々帝の皇后は太皇太后《たいこうたいごう》です。

今回の「上皇后」についても、「上皇の后は、上皇后とする」（天皇の退位等に関する皇室典範特例法第四条）とした次の項で「皇室典範に定める事項については、皇太后の例による」（同条第二項）としているのです。だったら、「皇太后」をとりやめてまで、むりやり新しい称号を作る必要性がどこにあったか。皇太后の何が悪かったのか。

明治時代、それまでの慣習にあった譲位は明文化されず、崩御による皇位継承に限られました。だからといって、長い間受け継がれてきた代替わりの周辺の物事まで、消えて無くなったわけではないのです。

ふたつめのポイント「天皇の意思は存在する」は、「天皇陛下も人間なんだから当たり前じゃないか」と思う人も多いでしょう。

しかし、今回の譲位に関する議論の中で、「天皇陛下の意思で退位することは、現行憲法の条文に抵触しないのか」という疑問が提起されました。

憲法学の通説は「天皇＝ロボット説」です。「天皇はロボットのように自分の意思を持たず、内閣に言われるままに書類に判を押し儀式だけを行なえ」とするのが日本国憲法で支配的な考え方なのです。そして、これは政府の解釈でもありました。

国会でこういった議論がされる時に、政府の憲法解釈を説明するのが内閣法制局です。内閣法制局の答弁は、政府による行政運用の根拠とされます。従来の憲法解釈は、「天皇陛下の意思を政治に関与させない」でした。

この「政治に関与させない」は、日本国憲法第四条の「国政に関する権能を有しない」という部分に当たり、政治に関する事柄は「国事《こくじ》行為」といいます。

国会の召集《しょうしゅう》や衆議院の解散、内閣総理大臣の任命、外国大使の接受《せつじゅ》、儀式を行なうことなど、憲法第六条と第七条で具体的な内容が定められています。いわば国会の開会式のようなものが儀式です。私たち一般の国民が日頃、目にする各地ご訪問などのご公務は「公的行為」、宮中祭祀《さいし》や年中行事は「私的行為」とされているのが現在の憲法です。

天皇陛下が位を退くことは、国事行為には含まれていませんから、「国政に関しない行為」と解釈できます。

ところが、平成二十九年六月一日、「皇室典範特例法」について話し合われた第一九三回国会議院運営委員会の席上で横畠裕介《よこばたけゆうすけ》内閣法制局長官は、この解釈を覆《くつがえ》しました。

横畠長官の答弁の要点は、「天皇の退位は国事行為に当たらないことは明らか」と認めながら、「天皇の意思によって行なわれる場合は、国政に関する権能の行使に当たらないとは言えない」というものでした。

つまり、「国事行為には当たらないが、国政に関する権能の行使には当たるのではないか」という難クセで、どうやら「天皇の意思による譲位（生前退位）は憲法違反の疑いがある」と言いたいらしいのです。

法解釈というのは、ただ条文の文字だけを眺めていてできるものではなく、背景に横たわる歴史や文化に目を向け、研究することが必要です。とくに天皇や皇室の制度に関する法を考える時には、これまでの長い歩みに対する理解が前提となるでしょう。一事に囚《とら》われて全体を見失うことこそ、天皇という存在を連綿と受け継いできた歴史と、その努力を無視することに他なりません。

日本国の始まりから現在まで、天皇と日本の歴史が一体となって続いてきたという正しい知識を持てば、視野が狭くなることはないはずです。そして全体を見渡せば、これから二百年ぶりに日本の歴史に登場する上皇の存在というものが、これまでの歴史でいかなる役割を担《にな》ってきたのかが見えてきます。

今回、天皇陛下のご退位に関する議論、とくに上皇を巡《めぐ》る議論の中で、改めて政府関係者や報道メディア関係者の知識の乏しさ、理解の至らなさが露《あら》わになったように見受けられました。何より彼らに自覚が無いのが大きな問題で、これを新たに学ぶ機会に代えるくらいの謙虚さは持っていただきたいものです。

約二百年ぶりの譲位を控え、本書では上皇の歴史を振り返ることで、国民に広く「あるべき皇室と日本の在り方とは何か」を問い直していただく機会を提供できればと思います。

平成三十年七月

倉山《くらやま》 満《みつる》

目次——国民が知らない上皇の日本史

目次

目次

第七章　皇統を守るということ　299

序章　新帝践祚《せんそ》を前に

ひとりの天皇に、ひとつの元号《げんごう》

現在、元号の制定は「元号法」という法律で定められています。

明治時代、新天皇の即位の時に新しい元号を定めると決められ、「皇室典範」に明文化されました。これを「一世一元《いっせいいちげん》の制」といいます。大東亜戦争の敗戦後、皇室典範の改変があった時に条文が削除され、しばらくの間、法条文としては存在しなくなっていました。

一定年齢以上の方には記憶があると思いますが、地方自治体の議会を中心に、法制化運動が起こり、現在の元号法が定まったのは、昭和五十四（一九七九）年のことです。この時に、明治の一世一元の制が改めて引き継がれました。

元号は、漢字文化圏独特の古い慣習です。古代中国から日本に仏教などの文物が伝わる時に、一緒に伝わったといわれています。

日本で公に元号が使われるようになったのは、六四五年、皇極《こうぎょく》天皇が弟の孝徳《こうとく》天皇へ譲位した時の「大化《たいか》」が初例とされます。

歴史の教科書などでも、皇極天皇までは「～天皇××年」という表記になっているのはこのためです。たとえば聖徳太子《しょうとくたいし》が摂政《せっしょう》に就任した五九三年は「推古《すいこ》天皇元年」です。

考古学の分野になりますが、出土した木簡《もっかん》などには干支《えと》による紀年法《きねんほう》が使われているものもあります。

大化の制定から五十年ほど後、大宝《たいほう》元（七〇一）年の「大宝律令《たいほうりつりょう》」によって元号が制度化されました。文武《もんむ》天皇の御世《みよ》です。律令の「律」は現在でいう刑法、「令」は民法・行政法にあたります。この時、位階《いかい》（公務員の階級）と官制（行政機構の制度）が定められました。

「大宝令」で明文化されたのは、「公文書に年を表記する時には元号を使用すること」という規定です。現代でも元号の公文書記載を廃止するかどうかという議論がありますが、千三百年前にはすでに明文化され、今まで続いてきた古い慣習なのです。

元号を改める理由は、大まかに四つに分類できます。

一、皇位継承による代始《だいはじめ》改元。

二、祥瑞《しょうずい》が現われた時。

三、天変地異や疫病流行などの災異があった時。

四、干支《かんし》による慣例。

このうち祥瑞は良い治世を讃《たた》えて現われるとされる自然現象のことです。また、災異には戦乱や御所の火災、天皇の病なども含まれます。干支による改元は革命改元や革令改元と呼ばれ、六十年周期で巡《めぐ》って来る辛酉《しんゆう》（かのととり）や甲子《かっし》（きのえね）の年には王朝が倒れ、交代するといわれることから、元号を改めて厄災《やくさい》を払います。いわば、予防措置です。

元号が制度化されてからは、制定手続きが朝廷の重要な政務のひとつになりました。手順は、古代から現代まであまり変わらないところもあります。文章博士《もんじょうはかせ》など有識者によって先例が調べられ、重複の確認や佳字《かじ》の撰定《せんてい》を行ない、審議を経て候補が絞られていきます。明治への改元の時だけは、これらの撰定や審議が省略されました。

時代によって運用が変わったのは、誰が決定権を持つのかということです。

本来であれば、改元を命じることと、審議を経て提出された候補から元号を決定するのは天皇の権限、いわゆる「改元大権《たいけん》」でした。しかし、天皇が好き勝手に改元を命じていたわけではありません。十世紀初頭には、朝廷の重臣や有識者から勘申《かんじん》（儀式を行なう時、先例などを調べて上申すること）を受けて勅命が下され、改元手続きが始まる慣例となっているのが確認できます（注1　注は、352ページからの参考文献を参照。以下同じ）。

時代が下り、争乱の時代には政治勢力ごとに「私年号」が立てられ、南北朝時代などは南朝と北朝で異なる元号が使われている期間があるなど、元号は政権の正統性主張の道具と化していきました。武家政権が固まっていく頃になると、改元の発議が時の将軍の意向に左右されるようになります。甚《はなは》だしいものが「はじめに」でも触れた、応永の例です。

時の将軍足利義満は、一三七九年の康暦《こうりやく》への改元から元号の撰字《せんじ》（どの文字を使うかを撰《えら》ぶ）に関与するようになり、撰字決定権を握ります。一三九四年の応永改元の時には、撰字の評議を行なう責任者を自分が指定するのですが、望みどおりに運ばず応永の元号が定まりました。これに怒った義満は、わざと改元をさせませんでした。

応永十五（一四〇八）年に義満が死去すると、後を継いだ足利義持は一切の改元を行ないません。この間、後小松《ごこまつ》天皇から称光《しょうこう》天皇への代替わりがありますが、称光天皇は即位から十六年間、代始改元すらできません（注2）。義持が応永の元号に愛着を持ち、改元をさせなかったといわれます。

応永三十五（一四二八）年一月に義持が死去すると、四月にようやく代始として正長《しょうちょう》へ改元しました。

天皇の勅命によって改元手続きが始まり、勅裁《ちょくさい》により新元号が定まるという改元大権は、足利義満の時代に形式だけのものとなり、江戸時代になると改元の手続きに幕府が関与することが法律に明記されることとなります。

改元大権は、その時々の権力者に散々小突き回されてきた権限です。明治の「一世一元の制」で代始改元に限ることで、ようやく運用が落ち着いたのです。

践祚《せんそ》と即位は別物

平成二十九（二〇一七）年六月九日、「天皇の退位等に関する皇室典範特例法」が成立し、七日後の六月十六日に公布されました。これ以降、今上陛下と皇太子殿下がいつどのように皇位を引き継ぐのかという儀式や行事について、具体化の第一報が平成三十（二〇一八）年三月に報道されています。

政府の公式発表や報道で目にする言葉は、ワンセットのようにして用いられる「退位と即位」です。内閣から発表されたのも、「二〇一九年四月三十日の天皇陛下の退位、翌五月一日の皇太子さまの新天皇即位」という言い方です。

では「践祚《せんそ》」は、いつ行なわれるのでしょうか。時おり「践祚」と「即位」を混同してしまっている人を見かけます。この二つの言葉は、辞書的にも歴史的にも大きく意味が違うので、ご注意を。

辞書的な意味では、践祚は「祚《そ》を践《ふ》む」です。「祚」は天子の位のこと、「践」は踏み行なうという意味で、連続性のある具体的な動作を表わす言葉です。即位は字のとおり「位《くらい》に即《つ》く」ことで、「即」には位置につく、任につくという意味合いがあります。国語辞典でもきちんとしたものは、践祚を「皇嗣《こうし》が皇位を継承すること」、即位を「君主・天皇が、その位につくこと」と意味を分けています（注3）。

歴史的には、古代のうちに践祚と即位が区別されるようになりました。『日本書紀』は、六九〇年の持統《じとう》天皇即位の様子を伝えています。

高官が天神壽詞《あまつかみのよごと》を述べ、先の天武《てんむ》天皇の皇后だった持統天皇は、群臣の前で皇位のしるしとなる「神璽《しんじ》、鏡剣」を受け継ぎます。天神壽詞は「あまつかみのよごと」と読み、臣下からのお祝いの言葉です。この時代、奏上《そうじょう》の役を担っていたのは中臣《なかとみ》氏でした。

ちなみに、神璽と鏡、剣は、現在では「三種の神器《じんぎ》」と呼ばれています。この場合の「神璽」は玉、すなわち八尺瓊勾玉《やさかにのまがたま》のことです（「神璽の鏡剣」として、二種の神器とする読み方もあります）。

次の文武《もんむ》天皇の時には、六九七年に持統天皇から受禅《じゅぜん》をした後、十数日後に即位の詔《みことのり》が発せられます。なお、受禅即位の「受禅」は、譲位という行為を譲られる皇太子側から見た言葉です。

践祚と即位が分かれるようになった先例がこの文武天皇の時であるといわれます。天応《てんおう》元（七八一）年、桓武《かんむ》天皇が践祚したその十二日後に即位の詔を発してから、継承の儀式として慣例となりました。実質を伴って確立したのが弘仁《こうにん》十四（八二三）年、嵯峨《さが》天皇が譲位した時です。

つまり、皇位を継承することを践祚といい、皇位についたことを内外に宣言することが即位です。現在の皇室儀礼で「即位の礼」と呼ばれているものが即位そのものであり、内閣が発表した「即位」は正確にいえば践祚です。

「退位と即位」と並べることで、一見連続性を表わしているように思えるかもしれませんが、実は違います。たとえ先帝退位の瞬間に「即位した」と言い張っても、即位それ自体は、皇位の連続性を含まない言葉です。践祚であれば一語で「先帝から皇位を継承する」という意味になります。必ず「先帝退位」→「新帝践祚」→「新帝即位」の手順を踏まなくてはなりません。

践祚を内外に宣言する即位

今上天皇陛下は、1989（昭和64）年1月7日に「即位」し、即位の礼は1990（平成2）年11月12日に行なわれた。ただし、現在「即位」と呼ばれている行為はかつての践祚に当たり、即位の礼が即位だった（写真／共同通信社）

明応《めいおう》九（一五〇〇）年、後土御門《ごつちみかど》天皇の崩御により践祚した後柏原《ごかしわばら》天皇に至っては、践祚から即位まで二十一年かかりました。有名な応仁《おうにん》・文明《ぶんめい》の乱のすぐ後の時代です。これを「退位と即位」で考えてしまうと、二十一年間は「空位」だということになってしまいます。践祚と即位を分けるという慣習が確立していたから、戦乱の時代でも正統性を失うことなく、天皇の存在は続くことができました。

制度の中で「践祚」という言葉を使わなくなったのは、昭和の敗戦以降です。明治時代、皇位継承や皇室の儀礼は「皇室典範」に明文化されました。昭和時代に改正されたので、明治の皇室典範を「旧皇室典範」と呼ぶこともあります。

旧皇室典範の第二章「践祚即位」にある第十条は「天皇崩スルトキハ皇嗣《コウシ》即チ《スナワ》践祚シ祖《ソ》宗《ソウ》（歴代の君主）ノ神器ヲ承《ウ》ク」となっています。

改正後の皇室典範は、第一章「皇位継承」の第四条に「天皇が崩じたときは、皇嗣が、直《ただ》ちに即位する」とあります。

つまり、「即チ践祚」が戦後は「直ちに即位」に「改正」されました。「皇室典範」自体が用語変更をしてしまっているのですから、今の内閣の発表だけを責められません。「即チ」が日常表現的な「直ちに」に変えられたように、「践祚」も難しすぎるから変えたということなのでしょうか。
それとも、天皇の連続性を表わす言葉はどこか都合が悪いのでしょうか。

なぜ「死後退位」なのか

新聞報道が始まって以降、「生前退位」という言葉にも色々な意見が飛びかいました。平成二十九年六月、私が『日本一やさしい天皇の講座』（扶桑社新書）を緊急出版した頃、私は「かぎかっこせいぜんたいい」と、わざわざカギカッコ付きで読んでいました。確かに、奇妙な言葉ではあるのです。

なぜそんな奇妙な言葉ができたのかというと、現在の皇位継承は、天皇が崩御することによって退位する「死後退位」だからです。

ところが長い歴史で見ると、天皇が生前に皇太子へ皇位を引き継ぐことは、珍しいことではありません。現代に生きる私たちには、昭和天皇崩御と今上天皇の即位という記憶が身近で、天皇というのはそういうものだと思ってしまいがちですが、皇位継承が先帝崩御に限られているのは、明治時代から始まったごく最近のことなのです。

上皇の存在もずっと身近なものです。

そういうわけで歴史上で上皇が何人いたのか、数えてみましょう。

まず、皆さんは歴代天皇の数を知っていますか？

今上天皇は第百二十五代です。このうち二回天皇になった方が二人いますから、実質百二十三名です。ここには北朝《ほくちょう》（第五章で詳述）の五名が除かれていますから、全部で百二十八名です。

上皇はといえば、北朝の五天皇に、今上陛下までを含めますと六十一名です。半数近い天皇が上皇になっているのが分かります。しかも、神武《じんむ》から四十代くらいまでの古代には上皇の制度自体がありませんから、このことを割り引いて考えますと、大半の天皇が上皇となっていることになります。

この他、「不登極帝《ふとうぎょくてい》」といって「天皇になっていないのに上皇にはなった」という方が四名おられます。どういうことかと思われるでしょうが、これについては後述します。

見ようによっては、上皇のまったく存在しなかった近現代のほうが異例だったといえなくもありません。

れっきとした事実として、江戸時代後期の光格《こうかく》天皇に至るまで、譲位は慣例として確立しています。

譲位が慣例となる最初の契機は、八世紀半ばの聖武《しょうむ》天皇の譲位からです。それ以前に譲位した天皇は、全員女帝でした。女帝自体が皇位継承の例外で、中継ぎです。女帝は、本来の継承者に譲位することが予定された例外的な継承だったからです。皇太子や皇太孫《こうたいそん》がまだ幼いうちに先帝が崩御するといった事情によるものです。

この「女帝は例外」という時代までさかのぼって明文化したのが、明治時代の「皇室典範」です。

明治二十二（一八八九）年二月十一日、「大日本帝国憲法」が発布されますが、一方の皇室典範は皇室の家法という位置づけだったので、非公式に発表されました。国民にまったく知られなかったわけではなく、逐条《ちくじょう》解説書（一条ずつ解説したもの）が出版されました。伊藤博文による『帝国憲法皇室典範義解《ぎげ》』です。

ちなみに義解は、文意を解く書のことで、たとえば平安時代の『令義解《りょうのぎげ》』というのは、『令』の文意を解いた書という意味です。

践祚と即位は、皇室典範第十条にあります。伊藤の『義解』の解説には、神武天皇から三十七代舒明《じよめい》天皇までは譲位がなかったので、「上代の恒典《こうてん》に因《よ》り中古以来譲位の慣例を改むる者なり」とあります。つまり、その後に起こった譲位の慣例を改めて、古例に戻すというわけです。同時に、女帝による践祚は例外的なことだから、それによる譲位も例外と見なすと解説しています。

明治維新によって成立した新政府は、統治機構の大改革を行なうにあたり「神武創業の精神」を掲《かか》げました。簡単にいうと「初代天皇である神武天皇を先例として、これまで蓄積されてきた諸々の先例に縛《しば》られずに改革を断行する」という基本方針です。

なぜそういった方針が立てられたのかという当時の事情は、前掲『日本一やさしい天皇の講座』や『帝国憲法物語』（ＰＨＰ研究所、二〇一五年）で詳しく述べました。西欧列強の侵略の魔の手が迫っている時代に、先例にとらわれて改革ができないなら国が生き残れないからです。

「広く会議を興《おこ》し、万機公論《ばんきこうろん》に決すべし」で有名な、明治政府の基本綱領である五箇条《ごかじよう》の御誓文《ごせいもん》でも、明治天皇のおことばとして「我国未曾有《みぞう》の改革を為《な》」そうと、自ら進んで範を示すこと、天地神明《てんちしんめい》に誓って国家と国民を守りますから、国民の皆さんも協力してみんなで頑張りましょう、とあります。

皇室の慣例を参照し研究したうえで、明治の人たちは譲位を先例とせず、皇位継承を先帝の崩御に限ると決めました。

最終決定までの間に、憲法典や「皇室典範」を準備・作成する中心となった伊藤博文と井上毅《いのうえこわし》の間で、譲位を残すか残さないかの大激論もありました。高輪《たかなわ》会議です。やりとりの記録は、「皇室典範草案談話要録」（国立国会図書館憲政資料室所蔵）に残されています。

昭和の時代になり、日本が大東亜戦争で敗戦すると、昭和二十一（一九四六）年、新しい日本国憲法の制定とともに、皇室典範も改正されます。この時に、旧皇室典範の崩御による皇位継承が引き継がれます。

明治時代と同様に、改正までの過程で多くの議論がされました。議論の背景となったのは、敗戦です。現在では想像もつきませんが、昭和天皇に対して敗戦責任による退位を求める声があったのです。

ポツダム宣言受諾を決定し、総辞職した鈴木貫太郎《すずきかんたろう》内閣に代わり、昭和二十（一九四五）年八月十七日、東久邇宮稔彦王《ひがしくにのみやなるひこおう》内閣が成立します。日本憲政史上初の皇族内閣です。

戦前から昭和天皇の側近だった木戸幸一《きどこういち》は、八月二十九日の日記に昭和天皇から退位について相談を受けたこと、今後の占領の動向に大きな影響があることだから、慎重に考えるべきだと答えたことを書き残しています（注4）。

また、東久邇宮首相の相談役として副総理格で入閣した近衛文麿《このえふみまろ》は、自害する数カ月前に昭和天皇の退位について公言し、新聞で報道されました。

小著『真実の日米開戦　隠蔽された近衛文麿の戦争責任』（宝島社、二〇一七年）を読まれた方は、首相時代に支那《しな》事変を拡大するに任せた近衛が、昭和天皇に対して、いったい何の責任を求めようというのかとも思われるでしょうが。

近衛文麿の発言以来、新憲法の議論と相互に関連しながら、多くの意見が発表されました。当時の議論の様相は、冨永望《とみながのぞむ》氏の『昭和天皇退位論のゆくえ』（吉川弘文館、二〇一四年）で詳しく取り上げられています。

昭和天皇の弟、三笠宮崇仁《みかさのみやたかひと》親王は、昭和二十一（一九四六）年十一月三日、現在の日本国憲法が公布された日に、皇室典範の改正について枢密院に意見書を提出します。文書名は「新憲法と皇室典範改正法案要綱（案）」です。「新憲法で人権を謳《うた》うのであれば、天皇が自らの意思で譲位できないのは、人権侵害ではないか？」という趣旨です。

三笠宮崇仁親王の意見書の内容は、戦後の日本で皇室を無くしてしまおうという人々にも利用されました。ですが、共産党を中心とした、いわゆる「天皇制廃止」という少数意見以外、この頃の意見は皇室の存続を前提として考えられています。論点は、「天皇制存続のためには昭和天皇に続けていただくのがいいか、位を退いていただいたらいいのか」ということです。敗戦当時十二歳だった、今上陛下への譲位が前提の議論です。

結論は、「昭和天皇に続けていただこう」となりました。敗戦と外国軍による占領という、歴史上初めての事態に直面し、皇室の権威によって国民をまとめ、乗り切らなければならなかったからです。憲政史上初の皇族内閣が成立したのも、このためです。

「譲位の慣例は明文化からは除外する」——こうして明治から始まったことは、昭和の改正でも受け継がれることとなりました。死後の退位への限定です。だから今回、わざわざ「生前退位」という言葉が使われるのです。

「生前退位」という言葉も奇妙なら、「死後退位」もあまりキレイな言葉ではないのですが、本当の意味での「死後退位」の例があることは、あまり知られていません。

平安時代は、在位中の天皇が崩御することは不吉とされました。譲位が行なわれる理由のひとつで、天皇の容体が危篤《きとく》になると譲位します。譲位したその日に崩御する例も少なからずありました。引退後の天皇の出家が一般的になると、譲位して落飾《らくしょく》(出家)、崩御までが当日、あるいは数日の間の出来事となる例も多く見られるようになりました。

それでも譲位が崩御に間に合わないという事例が発生します。平安時代の後一条《ごいちじょう》天皇が崩御した時です。崩御後も生きていることにして朱雀《すざく》天皇に譲位し、崩御の日をずらして記録されたといわれます。それほどまで、天皇在位中の崩御は不吉なことだったのです。

こうした事実は、皇位継承儀式や葬送儀礼の記録、当時の位の高い貴族の日記などから研究が進んでいます。崩御後の践祚と譲位では、儀式のやり方も違いますし、葬送にあたっても天皇と上皇では儀礼が変わるのです。

明治以降だけを参考にし、さらに先例に無いことをやろうというのは、褒《ほ》められたことではありません。きちんと研究してほしいものです。

新儀《しんぎ》は不吉

皇室は先例を貴《とうと》びます。その最たるものが皇位継承です。

先例に従い、神武天皇の子孫である皇族が皇位を継ぐ。公称では二千六百年あまり、史実として確認できる時代からでもおよそ千四百年、ただの一度も例外はありません。

日本は、昨日と同じ今日、今日と同じ明日を長い間繰り返してきた、幸せな国です。ユーラシア大陸の歴史を見るまでもなく、戦乱が絶えない、国民が飢《う》えで明日をも知れないことが日常の国では、育《はぐく》むことが困難な文化です。こうした地域では、先例を参照できる記録が長く保存されることも、それが後年に研究されることも、決して当たり前のことではありません。

典拠にもとづいて先例を研究することを「有職故実《ゆうそくこじつ》」といいます。儀式や年中行事そのものの運用だけではなく、官位のことから御所の設《しつら》え、装束《しょうぞく》など細かな事柄まで網羅します。当事者が残した「いついつ、誰の何々の儀式は、こういうふうに行なった」という膨大《ぼうだい》な日記を典拠としてまとめられた有識書も登場します。記録の内容には、同じことを書き残しても細かな違いは出るものです。

そこで、現在からおよそ千年前には、すでに諸説を併記したものが尊重されるようになりました。代表的なものに醍醐《だいご》天皇の皇子、源高明《みなもとのたかあきら》による私撰《しせん》の有識書『西宮記《せいきゅうき》』がありました。時代が下るにつれて、皇室のことだけではなく、公家有識や武家有識と呼ばれる人々も登場しました。それぞれの分野での専門家です。

先例は、古礼《これい》や故実を参照しながら繰り返し行なわれ、時間をかけて固まっていったものなのです。

「先例を貴ぶ」というのは、いわゆる「先例主義」とは異なります。ユーラシア大陸のあくなき殺し合いの歴史に比べて、いかに平和な日本だといっても、大きな政変や大乱は起こります。対外的な危機もありました。そんな時に、先例墨守《ぼくしゅ》に固執《こしゅう》して適切な対応をしようとしないのが先例主義です。

大きな危機がやって来た時に、ただ自分の頭の中でだけ考えた、あるいは思いついた方法を正しいと押し通そうとすることではなく、代々受け継がれたご先祖様の歴史の中に「何が正しいのか？」と探し求める精神が、「先例を貴ぶ」意です。歴史に対する謙虚な姿勢であり、少し難しい言い方になりますが、それこそが日本の法文化の基礎です。「法は制定するものではなく、発見するもの」という言い方をします。

では、実際に乗り越えられないような危機が到来したらどうするのでしょうか。

先例にない新しいことで乗り越えることになります。それが新儀《しんぎ》です。皇室では、新儀は不吉なこととされます。先例を貴ぶ精神からすれば、「それをやらなければならないような危機」というのは、不幸な時なのです。

前掲『日本一やさしい天皇の講座』では、最近の新儀の例として、昭和二十年八月十五日正午の「玉音放送」を挙げました。

日本でラジオ放送が始まったのは、大正十四（一九二五）年ですが、玉音放送は、日本史上初めて天皇が直接国民に語りかけた例です。つまり新儀です。前日の十四日には「終戦の詔勅《しょうちょく》」が作成されていましたから、従来であれば文書で国民に伝えます。しかし、昭和天皇は敗戦という未曾有の不吉な重大事であったからこそ、あえて新儀を行ないました。

今上陛下の譲位は、確かに二百年ぶりの歴史的に重要な出来事です。しかし、譲位には先例がたくさんあります。たかだかここ最近の百五十年間に例がないからといって、新儀を連発していいわけではありません。

しかも、「退位式」などという奇妙なものを予定しているようです。敗戦後の七十年を基準にした、千数百年もの間で確実に先例のある事柄をおかしな形に変えるような新儀を実行すれば、それを決めた人々の名前は間違いなく皇室の歴史に残るでしょう。

これまで皇室の歴史に名を残した一般人の例を挙げておきます。蘇我入鹿《そがのいるか》、恵美押勝《えみのおしかつ》（藤《ふじ》原仲麻呂《わらのなかまろ》）、弓削道鏡《ゆげのどうきょう》、浅原八郎為頼《あさはらはちろうためより》、足利義満《あしかがよしみつ》。それに、平将門《たいらのまさかど》も忘れてはいけません。

蘇我入鹿は七世紀の人です。蘇我家は豪族で大臣《おおおみ》家ですが、聖徳太子《しょうとくたいし》の子供たちを殺し、増長して自ら宮家《みやけ》を名乗り、自分の子供を「皇子《みこ》」と称した人です。自宅を武装した私兵に守らせ、政治の中枢機能を移そうとしますが、最後は中大兄皇子《なかのおおえのみこ》と政敵たちに一族ごと滅ぼされました。天皇が初めて退位しようと思い立った、不吉な事件の当事者です。

恵美押勝は八世紀の人です。元は藤原仲麻呂という名前です。女帝の孝謙《こうけん》上皇に寵愛《ちょうあい》されますが、政争で弓削道鏡に負けて反乱を起そうと兵を集め、討ち取られ、一族が滅びます。

弓削道鏡も、やはり孝謙上皇（称徳《しょうとく》天皇）に寵愛された僧侶です。坊さんながら太政大臣《だいじょうだいじん》になり、自分の政権を樹立、「法王」（法皇ではない）を名乗ると、今度は宇佐八幡宮《うさはちまんぐう》の神託《しんたく》があったと称して天皇になろうとします。この企《たくら》みを阻止され、下野国《しもつけ》（栃木県）に左遷、現地で亡くなると一般庶民として葬られました。

浅原八郎為頼は十三世紀、鎌倉時代後期の武士です。兵を引き連れて、馬に乗ったまま御所に押し入りました。天皇や皇太子を殺害しようとして果たせず、天皇が生活する清涼殿《せいりょうでん》で自害して穢《けが》すという大迷惑な人でした。

足利義満などは、浅原のような単なる乱暴者とは違います。今谷明《いまたにあきら》先生（国際日本文化研究センター名誉教授）が『室町の王権』（中公新書、一九九〇年）で詳しく論じていますが、皇室の乗っ取りまであと一歩のところまで迫った、日本史上でも他に例を見ない権力者です。死後、「法皇」の尊号を贈られています。死後とはいえ、陛下と呼ばれる立場になった唯一の民間人男子です。

十世紀、平安時代中期に登場する平将門は、関東で天皇を名乗った人です。京都での政争に敗れた後、関東に出兵し、国家反逆罪となりました。関東を制圧して「新皇《しんのう》」（新しい天皇）を名乗り、独自政権を立てようと企てたからです。将門は土地の人たちには尊敬されたともいわれますが、朝廷が任命した現地の官吏を武力で追い払い、自分の親族や部下に乗っ取らせていますから、天皇から見れば謀反《むほん》人です。

皇族でもないのに皇室の歴史に名を残すというのは、つまり「ロクでもないことをやった」という意味です。

万が一、右に挙げた人々の列に加わるようなことをして「皇室の歴史に名前が残る」と喜んでいる人がいるのであれば、右に列挙した人々と自分が同じだと分からない不幸な方たちです。

後の章で詳しく述べるように、どの時代にも譲位の先例がたくさんあります。近代憲法下で初めてといっても、譲位が明文化されなかったのは政治的な理由が大きく、現在の憲法典の条文にも反しません。ですから現代であっても、譲位の準備を進める際に新儀を乱発するのはおかしいのです。

平成の譲位が投げかける意味とは

では、たくさんある譲位の例のうち、今回の譲位について、どの先例を参照したらいいのでしょうか。

譲位に反対した人々が取り上げたのは、主に二重権力となった例でした。日本史の教科書に載《の》っていた「院政」という言葉を覚えている人も多いのではないでしょうか。

一般的に、院政とは、天皇の位を退いたお父さんが、息子である天皇に代わって政務を執った頃のことを指します。

何をもって院政とするかは研究者によって様々ですが、もっとも広く区切っているのは、十一世紀終わり頃の白河《しらかわ》上皇から、十九世紀の光格上皇まで、譲位した天皇に「太上天皇」（上皇）という尊号が贈られたことをもって院政とするものです。

ところが、実態としては太上天皇になったからといって、必ずしも上皇が実権を握ったわけではありません。

太上天皇は、「だじょうてんのう」や「だいじょうてんのう」と読みます。古い記録では、『続日本紀《しょくにほんぎ》』に「おおきすめらみこと」という読み方が見られ、大宝《たいほう》元（七〇一）年に制定された「大宝儀制令《ぎせいりょう》」で「譲位の帝に称するところ」と明文化されました。

太上天皇は、太上皇《たいじょうこう》や上皇、太皇《たいこう》とも略されます。今上陛下の譲位後には、正式な称号が上皇となります。

さて、今も「上皇」といえば、そのまま太上天皇の略号なのでしょうか。

両者は厳密には、異なります。上皇の問題を考える時、「嵯峨《さが》以前」「嵯峨以後」という言葉があります。「嵯峨」とは、平安時代初期の嵯峨天皇のことです。

「嵯峨以前」は、「大宝儀制令」に定められたとおり、譲位した天皇は特別な手続きがなくとも太上天皇となります。ところが、嵯峨天皇が兄の平城《へいぜい》天皇から皇位を受禅《じゅぜん》した時、太上天皇となった兄の平城上皇との間で、「実権を握るのはどちらか」という争いが起こりました。事を治めたのは嵯峨天皇です。

この経験から、嵯峨天皇は弟の淳和《じゅんな》天皇に譲位した時に、太上天皇の尊号を固辞します。しかし、退位した先帝の身分が定まらないのは困ります。そこで、新天皇である淳和天皇が

「先帝を上皇としますよ」とわざわざ宣下する（命じる）ことで、天皇と上皇の関係をはっきりさせる（天皇が上皇より上位）という妥協案が採用されました。

ここに、「政治の実権が無いと、あらかじめ確認された太上天皇（上皇）」が日本の歴史に登場したのです。西暦では八二三年、今からおよそ千二百年前のことです。

嵯峨上皇は天皇として十四年間在位し、上皇として十九年間の余生を送りました。嵯峨上皇は天皇在位時代から英邁《えいまい》で、側近の官吏たちも有能で知られています。世俗を離れるために譲位するのだと宣言し、実際に淳和天皇の治世に口を挟むことはなかったのですが、周囲の人々への影響力は衰えません。

政務から退いてなお衆望《しゅうぼう》を集めたことを、古代史を専門とする歴史学者の吉川真司《よしかわしんじ》氏（京都大学教授）は、「公的権力と私的権力を分離し、後者だけを保持した」とスマートに表現しています（注5）。

二重権力として想像される「院政」は、確かに嵯峨上皇以後の時代にも、何度も登場します。白河、鳥羽《とば》、後白河《ごしらかわ》、後鳥羽《ごとば》の歴代上皇あるいは法皇が「治天の君《ちてんのきみ》」（最高権力者）として権力を振るったのが、いわゆる院政期です。合わせて百五十年は長いように見えますが、皇室の歴史の中で見れば短い期間です。

一方で、「上皇は国政に携《たずさ》わらない」という理念を実現した正親町《おおぎまち》上皇や光格上皇の先例もあります。

今上陛下は譲位にあたり、光格上皇の事例を調べるように求めたことが報道によって明らかになっています。二百年前の先例に従って譲位が行なわれることには、明治と昭和という特殊な状況下で法律的に限定された皇位継承のあり方を本来の姿に戻すという、歴史上の意義もあるのです。

また、憲法上にも重要な意味があります。

戦後の憲法学の教科書には、天皇について「なんらの実質的な権力をもたず、ただ内閣の指示に従って機械的に『めくら判』をおすだけのロボット的存在」と書かれています（注6）。

近代憲法の下で、君主には内閣の決めたことを拒否する権限がないと言いたいらしいのですが、近代の君主は、ただ諾々《だくだく》と内閣の言うことに従うことを求められているのではありません。それは内閣による君主の支配であって、日本においては中世から近世初期にかけての考え方と同じです。

日本の君主についての考え方は、もともとイギリスと同じ立憲君主です。敗戦後、日本国憲法が制定される時も同様です。なぜなら、占領軍の要求が、「直接権限を行使しないイギリスの君主を手本にしろ」だったからです。当時の憲法学者にとってみれば、「元からそうですが？」という話でしたが。

「ロボット説」が政府見解として定着したのは、昭和四十八（一九七三）年六月二十八日参議院内閣委員会での政府答弁からです。この時の吉國一郎《よしくにいちろう》内閣法制局長官による「天皇は象徴か、元首か」という話題があった頃のことです。この時の吉國一郎内閣法制局長官による「大権がなくても、国家におけるいわゆるヘッドの地位にあるから天皇陛下は元首と言える」が政府の公式見解です。

この見解に「天皇陛下は元首だ」と喜んだ人もいるのですが、とんでもない思い違いです。これは、天皇の権威に実質が伴わない、時の権力者による支配を前提とした、極めて中世的な解釈です。近代以降の憲法解釈としては異常です。以来、日本政府の解釈はずっと異常な状態で引き継がれてきました。

大権を自己抑止するのが近代立憲君主、他人に奪われるのが中世的な傀儡《かいらい》ですから、吉國は天皇と持ち上げているように見せて、おとしめているのです。

次章から上皇と天皇家の歴史を振り返ってみましょう。一番近い光格上皇のお話から始めます。

第一章　光格《こうかく》上皇の先例から学ぶ

天皇と上皇の正しい関係

光格《こうかく》天皇は、今上陛下の直系の御先祖様です。光格天皇の御世《みよ》は、江戸時代後期の安永《あんえい》八（一七七九）年から在位三十九年です。文化《ぶんか》十四（一八一七）年に譲位した後、崩御されるまでの二十三年間を上皇として過ごしました。

今回、「光格上皇以来二百年ぶりの譲位」が行なわれるので、間違いなく先例として重視されるはずですが、その前に原点として踏まえておかねばならない先例が、平安時代の嵯峨《さが》上皇以来の慣習です。

平安時代の嵯峨上皇は「太上《だじょう》天皇」の尊号《そんごう》をいったん辞退しましたが、淳和《じゅんな》天皇から「上皇」の尊号を宣下《せんげ》（天皇の命を公文書にして伝える）されて受けいれました。

これが先例となり、「上皇宣下」は江戸時代まで行なわれ、宸翰《しんかん》（天皇自筆の文書）集に書面が残っています。「尊号御辞書《ごじしょ》」「尊号御辞表《ごじひょう》」といい、『皇室制度史料・太上天皇』（吉川弘文館、一九八〇年）で内容を一覧できるようになっています。徳川幕府が成立してからすでに百七十六年が経過し、家康《いえやす》が制定した諸法度《しょはっと》が基本法規として運用を確立していますが、朝廷運営においては律令以来の慣習も生きているからです。

太上天皇の尊号辞退に対して、天皇から「では上皇で」という返事が出されるところまでが慣例です。読者の皆さまには、今回の御譲位で、この「嵯峨上皇の先例」が踏襲《とうしゅう》されるかどうかを注視していただきたいと思います。

面倒な儀式のように思われたかもしれませんが、歴史的に重要な意味があります。

嵯峨上皇、光格上皇ともに、在位中に政治史的にも重要な御事績《じせき》が多い天皇です。一方で、譲位後に後継の天皇とどのような関係だったのかは、ほとんど知られていません。日本史の教科書などで上皇の記述が出て来るのは、とくに事件がある場合や上皇が政治に関わった時が主です。院政期が上皇の代表例のように思われてしまうのは、そのためです。

さて、なぜ譲位した天皇が尊号を辞退し、新たな天皇から宣下されるのでしょうか。嵯峨天皇は、辞めた天皇、つまり自分が影響力を持つことを恐れたのです。

天皇と上皇の関係を分かりやすく図にすると、次のようになります。上皇と天皇のうち、実権を持っている側を□で囲んでいます。

① 上皇　天皇 → 自然な状態
② 上皇　天皇 → 院政

嵯峨天皇は、後の平安末期の院政のような事態が起きるのを想定し、これを避けようとしたのでした。自身も兄の平城《へいぜい》上皇に苦しめられました。嵯峨天皇の居る平安京に対し、平城上皇は平城京に臣下を引き連れて住み、まるで朝廷が二つあるかのような状態になったので、「二所《にしょ》朝廷」と呼ばれたほどです（詳しくは第二章）。

院政がはじまると、天皇のお住まい兼政庁《せいちょう》である「禁裏《きんり》」と、上皇の住居である「仙洞《せんとう》」（仙洞御所）の関係も、先ほどの図の②の状態になります。仙洞御所にいる上皇が朝廷での決裁権を持ち、天皇の禁裏に代わって政《まつりごと》を行なったことで、仙洞御所の規模が拡大します。本来であれば朝廷で決めるはずの物事が仙洞御所で決定されるのです。

院政期には、天皇の名前で発給されるはずの行政文書や命令書が上皇の名前で発布されました。上皇が発給する文書を「院宣《いんぜん》」といいます。この名称が付いたのは十一世紀半ばの白《しら》河《かわ》上皇以来ですが、その先例となったのが平安時代後期の院宣による官位叙任《かんいじょにん》です（注1）。

後の章では、各時代の上皇が出て来ますが、図の①と②どちらに当てはまるのか、それぞれ参照しながら読み進めてみてください。

光格上皇の時には、朝廷の決定権は禁裏にありました。①の状態です。近世初期には天皇が成人した時点で、上皇から政務委譲をする慣例ができていたといえます。

光格上皇はそれらの先例に従い、譲位した後は息子の仁孝《にんこう》天皇に政務委譲をして、朝政には関与しません。最終的には禁裏と仙洞御所の両方でそれぞれ行なわれてきた祭祀も自身は行なわなくなりました。

このことは、仙洞御所に仕えた公家の日記にある職務記録からも読み取れます。村和明《むらかずあき》（東京大学准教授）氏は、光格上皇時代の仙洞御所の組織や役職について、中世期の名称は受け継いでいるものの、禁裏の統制のもとにあったと考えられるとしています。村氏によれば、いわゆる「院政」を可能にする規模と機能は、光格上皇の時の仙洞御所には無かったとのことです。仁孝天皇を立て、上皇ご自身は一歩身を引いたのだと推察されます。

禁裏も仙洞御所も、おおまかに対外的な事柄と内向きの処務を扱う役職に分かれます。天皇の禁裏では「武家伝奏《ぶけてんそう》」と「議奏《ぎそう》」、上皇の仙洞御所では「院伝奏《いんのてんそう》」と「評定《ひょうじょう》」がそれぞれの役職名です。

このうち禁裏の武家伝奏は、朝廷と幕府の間に立ち、関白《かんぱく》を補佐する重職です。仙洞御所の院伝奏も対外的に仙洞御所の公式な窓口となる重要な職ですが、職務は上皇の取次に限られました。

院伝奏、評定の人事には、関白が関与しています。一方で、関白は天皇と上皇の両方と直接対面するため、村氏は関白を通じた上皇の影響力が天皇と朝廷の決定に及ぶ可能性も指摘しています(注2)。

影響力は自ら行使しようとしなくても、発揮されてしまうことがあります。はからずも、嵯峨上皇がそうでした(第三章で詳述)。

光格上皇は在位中から学問に熱心で、とくに有職故実《ゆうそくこじつ》をよく学んでいました。関白が参院すると必ず上皇に直接会いに行ったといいますから、相談や報告は受けていたでしょう。仙洞御所に仕《つか》える人たちも、禁裏から人事異動を通知された時、上皇の意向を確認するまで返事を保留するなどの例がありました。

しかし、光格上皇はあくまでも「内慮《ないりよ》」という形で禁裏に意向を伝え、仁孝天皇を立てると同時に、文化的な権威として天皇を後見しました。仁孝天皇と禁裏も上皇を尊重します。光格上皇が在位中から興隆した学問は、仁孝天皇の下でも引き継がれて栄え、幕府との良好な関係を保ち、近世朝廷の中でもとくに穏《おだ》やかで成熟した時代となります。

今回の譲位に際して参考にすべき先例は、穏やかな時代だった仁孝天皇と光格上皇の関係でしょう。光格帝は傑出した天皇でありながら、上皇としては穏やかに過ごされました。だからこそ参考にすべきなのです。もう少し詳しく、この英主《えいしゅ》の横顔を見ていきましょう。

道徳が入り込む幕府の経済観念

江戸時代は、四代将軍家綱《いえつな》の頃には戦国の荒々しい気風は消え、「文治《ぶんち》政治」と呼ばれる時代に入ります。五代将軍綱吉《つなよし》の頃には元禄《げんろく》文化が花開き、経済も好況が続きます。元禄以降、幕府は景気を拡大させる積極財政と引き締める緊縮財政を繰り返します。

綱吉は積極、後任の新井白石《あらいはくせき》は引き締め、八代将軍吉宗《よしむね》の「享保《きょうほう》の改革」は最初こそ引き締めを引き継ぎましたが後半は景気拡大、田沼意次《たぬまおきつぐ》は積極、松平定信《まつだいらさだのぶ》の「寛政《かんせい》の改革」は緊縮です。その後、十一代将軍家斉《いえなり》の頃は積極、水野忠邦《みずのただくに》の「天保《てんぽう》の改革」は緊縮で幕末を迎えます。

なぜ景気が良くなることが悪いのか――。

江戸幕府は朱子学を推奨しましたから、儒教的理念を妄信する人が多かったのです。景気が良くなるとは皆がお金を使うようになることですから、贅沢《ぜいたく》が蔓延《まんえん》します。当然、時には目に余る散財も見受けられます。そうした光景は儒教的倫理観では許しがたいため、いわゆる三大改革は前代の散財を引き締め、質素倹約の政策を採《と》り、結果として景気を下降させてしまうのです。

綱吉の時代に勘定奉行《かんじょうぶぎょう》だった荻原重秀《おぎわらしげひで》は、従来よりも金銀の含有量を下げるという貨幣改鋳《かいちゅう》を行ない、通貨量を増やして逼迫《ひっぱく》した幕府財政を改善しました。現代の目で見ればリフレ政策です。しかし、当時の武士の感覚からすれば詐欺です。

ちょうど宝永《ほうえい》四（一七〇七）年十月の宝永地震があった頃で、大地震に対処する財源が捻《ねん》出《しゅつ》できたのは重秀の改鋳のおかげだったのですが、六代将軍家宣《いえのぶ》の相談役だった新井白石は、「こんな不道徳な改鋳などしたから天災が起こるのだ」とまで言い放ち、荻原重秀と鋭く対立しました。重秀は弾劾《だんがい》され失脚します（注3）。一事が万事こんな感じなので、不況と好況を繰り返すのです。こうした全体像を押さえておいてください。

さて、光格天皇が践祚したのは、安永《あんえい》八（一七七九）年十一月のことです。時の将軍は、第十代徳川家治《いえはる》、幕政は老中《ろうじゅう》田沼意次の全盛期です。

田沼意次は、腐敗の象徴のように言われます。最も顕著なのが賄賂《わいろ》ですが、これは確かに横行しました。もう一つ言われる経済政策ですが、当初の政策は前任の松平武元《たけちか》政権から引き継いでいます。武元は享保の改革末期に老中となり、九代将軍家重《いえしげ》、十代将軍家治の治世で積極財政政策を主導していました。

通貨制度改革と税制改革をやろうとした田沼は、他にも、失脚したため実現しなかった蝦《え》夷《ぞ》地《ち》開発計画、享保期に中断した印旛沼《いんばぬま》干拓の再開と、現在でいうところの公共事業に着手します。ちなみに蝦夷地開発とは、すでにシベリアに進出しているロシアへの警戒する国境防衛のことで、国防政策の一環です。

幕府重役の中で嫌われたのは、成り上がり者だからというのが主な理由です。紀州《きしゅう》藩（和歌山）の足軽《あしがる》の息子で、徳川吉宗が将軍になる時に付いて来ました。

紀州から江戸城に乗り込んだ人たちは政権基盤を閨閥《けいばつ》や縁故で固めて強化しますが、御三家出身の吉宗はともかく、側用人《そばようにん》から抜擢《ばってき》されただけの田沼に対して大名の目は冷ややかです。意次とともに幕政に携わった息子の意知《おきとも》が、江戸城内で斬りつけられるという事件が発生しますが、この時の理由がまさにそれです。斬りつけた犯人は佐野善左衛門《さのぜんざえもん》政言《まさこと》という人で、田沼家はもともと佐野家の家来筋だったのに、自分より出世したことが面白くないという私怨《しえん》による事件といわれます。

ちょうど田沼が政権を掌握した頃から、日本中で気象異変が続きます。安永八（一七七九）年に桜島《さくらじま》（鹿児島県）が大噴火し、光格天皇の代始《だいはじめ》改元が行なわれた天明《てんめい》元（一七八一）年からは、凶作が続き、大規模な飢饉《ききん》となりました。翌年には西日本で飢饉となり、さらに天明三（一七八三）年は北関東から東北にかけて、大飢饉に見舞われます。

この年は浅間山《あさまやま》（群馬県と長野県の境）が大噴火し、凶作に追い打ちをかけました。浅間山噴火の火山灰は、江戸でも三センチ積もったといいます。積もった火山灰で河床《かわどこ》が底上げ状態になり、利根《とね》川支流の吾妻《あがつま》川（群馬県）が決壊、利根川下流（埼玉県）でも河川の氾濫《はんらん》で米作に壊滅的な打撃を受けます。東北の藩では、餓死と飢餓《きが》による病死を合わせて領民の半数が失われるという大惨事となりました。

田沼の積極財政にもかかわらず、不況の影が押し寄せてきます。

天明四（一七八四）年、息子の田沼意知は佐野に斬りつけられた傷が原因で死亡します。佐野は切腹となりますが、世間では「世直し大明神《だいみようじん》」と佐野を囃《はや》し立て、意次も世論の逆風にさらされます。二年後、将軍家治の死とともに失脚、隠居謹慎の処罰を受けた意次は、大飢饉の被害が大きかった陸奥《むつ》に移封処分となりました。

将軍は第十一代の徳川家斉へ代わり、田沼の後任の老中に松平定信が就きました。ここで幕府は緊縮財政へと向かいます。定信は、田沼時代の好景気に踊った日本人への制裁を加えるかのように、質素倹約と奢侈《しゃし》禁止を唱《とな》えました。景気の下降局面で引き締め政策をすれば、不況になるに決まっています。しかし、「贅沢は敵だ」との信念を抱く定信は、そんなことは気にしません。

松平定信が幕府財政の立て直しを将軍に言上《ごんじょう》したきっかけとなったのは、当時の勘定奉行から逼迫《ひっぱく》した国庫の事情を聞いたことです。勘定奉行が「入用《いりよう》（必要経費）が多く、来年には百万両も不足しそうだから、金持ちから御用金を取り立てて不足に充《あ》てるより他ない」と進言し、これを将軍に言上した定信が任されることになったという経緯です。ところが定信の自叙伝には、「御出入不平之義を平《たい》らかにせんと」努力したと書き留められています。支出を減らすことにより、財政赤字を改善しようという考え方です（注4）。

定信が質素倹約を求めたのは、朝廷に対しても同様でした。

ちなみに、同時代のイギリスには、近代経済学の理論が生まれています。アダム・スミスの『国富論《こくふろん》』は、日本でいうところの安永年間、一七七六年の刊行です。それまでの経済学は「限られたパイをいかに分配するか」に終始したのに対し、スミスは「パイそのものを増やすには？」との視点を持ち込んだのです。この革命的な視点により、彼は「近代経済学の祖」とされます。当時の日本人は知る由《よし》もありませんが。

当然、松平定信も知りません。「パイが限られているのだから、支出を減らすしかない」としか考えません。だから、緊縮に走るのです。

日本では近世末期まで年貢米を基本財源としています。いわば「米本位制」です。江戸時代中期には江戸や大坂《おおさか》、京都といった都市を中心に、消費中心の商品経済が発達したことはよく知られています。しかし、経済の基本が米であるかぎり、凶作が来れば必ず不況になります。凶作による農地荒廃により、貧農が土地から逃げて都市に流入し、貧困層を形成するといった現象も現われました。

幕府財政の改善という目から見ると、年貢米生産体制の崩壊は、財源の喪失に直結します。そこで、元禄・享保期に盛んになった商品流通に目を付け、そこに課税することで新たな財源を求めようとしたのが田沼意次の税制改革でした。勘定奉行の「金持ちから御用金《ごようきん》を取り立てて不足に充《あ》てる」というのは、田沼の路線です。

これとは逆に、基本財源の年貢米生産を確実にするため、封建体制を再強化しようとしたのが松平定信でした。上下の別を明らかにして幕府の権威の下で生産地を治める旗本・大名の統制を引き締め、経済の問題を倫理で解決しようとするものです。

経済に道徳を持ち込むのは、江戸の武家経済の特徴です。新井白石も経済オンチでしたが、松平定信はそれに輪をかけます。定信が経済に道徳を持ち込めば持ち込むほど、景気が悪化していきます。景気が悪化すれば、また質素倹約をし、さらに餓死者が増えます。定信には、その法則が分かりません。

御所をお参りする庶民たち

いつまで経《た》っても無為《むい》無策な幕府に、庶民はいったいどう反応したでしょうか。

天明七（一七八七）年六月上旬、禁裏御所周辺に人が集まり始めました。初日は数人が、翌日には人数が二ケタに増え、日ごとに人が増えていきます。六月の半ばには三万人、最終的にふくれ上がった人数は五万人とも七万人ともいわれ、老若男女が御所を囲む築地塀《ついじべい》をぐるぐると周り、門の前で拝礼、祈願します。「御所千度参り」です。

時の為政者が無能である以上、頼れるのは「天子《てんし》様」、つまり天皇陛下しかないと庶民は考えたのです。日本全体で発生した飢饉で何万人という餓死者が出ているなか、地方では関所破りの暴動が、都市部でも米価高騰《こうとう》による打毀《うちこわ》しが頻発《ひんぱつ》しています。人心《じんしん》が荒廃し、騒擾《そうじょう》が起こっている時に、京都では光格天皇に助けを求める民衆が毎日デモをやっていたのです。

御所の門前で賽銭《さいせん》まで投げて、米の価格が下がることや豊作を祈願しました。祈願の中には京都奉行所に対する苦情もあったといいますから、御所千度参りには祈願と請願《せいがん》の両面があります。

藤田覚《ふじたさとる》氏（東京大学名誉教授）は『江戸時代の天皇』の中で、そのような参詣が起こった背景として、天皇の即位礼などの行事が一般庶民にも公開され、京都の人々にとって御所にお参りすることは珍しくなかったことを挙げています。また同書には、御所千度参りの様子が詳しく紹介されていて、人の集まるところには商機ありとばかりに、菓子や酒肴《さかな》を売る露店までたくさん出たのだとか。大坂から京都に上る淀川《よどがわ》の船も、船賃の御所参詣割引を行なうなど、影響と経済効果は京都周辺にも波及します（注5）。

御所の周囲は公家町です。近世初期から数度にわたり、京都は火事に見舞われますが、復興の時に幕府の都市計画にもとづいて、御所周辺、現在の京都御苑のあるエリアに朝廷の要職に就《つ》く公卿《くぎょう》の私邸・公邸が集められていました。

近隣を埋め尽くすように集まった「参詣者」に対し、当時の後桜町《ごさくらまち》上皇の仙洞御所をはじめ、宮家《みやけ》や関白鷹司《たかつかさ》家ら公卿も飲食物をふるまいます。

光格天皇は、何とか困窮した人々を救えないかと考えました。践祚した直後から異常気象や災害が相次いでおり、古来なら祈禱《きとう》でもさせるところですが、光格天皇は明晰《めいせき》でした。古代から高齢者や困窮者、病人などに対して食料品や衣類を支給する「賑給《しんごう》」の例があるからと、関白に何度も救済策を相談したといいます。そして、御所千度参りが始まって十日ほどのうちに、幕府に対して救済策の実施を働きかけるのです。

京都の治安維持は、京都町奉行所が担っています。奉行所がお役所仕事で話が通じないので御所千度参りに数万人が集まる事態となったのですが、奉行所の上部組織である京都所司代《しょし だい》は、むしろ治安のため、集まった人々の取り締まりを考えていたようです。

しかし、光格天皇も後桜町上皇も、取り締まりを認めません。関白鷹司輔平《すけひら》から武家伝奏に対して、天皇の意向を京都所司代へ伝達する旨の指示が出されました。前代未聞の事態です。

近世初期、徳川家康が定めた江戸幕府の基本法規は、天皇と公家の役割や序列の明確化、公武の別、寺社の統制を柱としています。徳川家に対抗する勢力が寺社と結んだり、天皇を担《かつ》いだりしないようにするためです。それぞれ「禁中 並《ならびに》 公家中諸法度」「武家諸法度」と、寺院に出された各種法度に明文化されました。

各法度が出された背景は後の章で述べますが、要するに天皇と朝廷は幕府のやることに口を出すなというのが主旨です。

天皇の仕事は学問と文化の伝承、公家の仕事は家業の精勤と朝廷の運営で、朝廷が何かする時には幕府と相談して行なうことと定めます。幕府の決定を朝廷に共有させる役職が「武家伝奏」ですが、「禁中並公家中諸法度」の第十一条では、朝廷に仕える公卿が関白・伝奏・奉行の申し渡しに背《そむ》いた場合の罰則規定を定めており、「逆らったら流罪」です。旧来は朝廷と幕府の間の取次・調整役だった武家伝奏に、朝廷での公的な指揮命令権が付与されました。武家伝奏の役に就くのは公家ですが、幕府から役料が支給される役職です（注6）。

法の下で天皇を文化的な権威とし、非政治的な存在とする。現代と考え方は同じです。ところが光格天皇は、具体的な施策の実施を幕府に要請したのでした。武家伝奏は、天皇の意思を書いた「書付《かきつけ》」を京都所司代に持って行きます。

交渉は「これは正式な申し入れの文書ではなく、伝える内容を間違えないための覚書《メモ》ですからね、カン違いしないでくださいね」と念を押すぐらい、恐る恐る始まりました。それは当然で、この一事を持って幕府は法度違反の咎《とが》で天皇を廃位することもあり得るのです。

結果は、幕府が京都所司代の裁量に任せ、救い米を放出することになりますが、奉行所の動きは遅く、六月末には収まっていた御所千度参りが七月に入って再び盛んに起こります。

京都奉行所の救い米手配が遅れている間に、夏が過ぎる頃には米価が下がり始めました。御所千度参りを発端とする一連の出来事で、行政の責任も問われる事態となっています。京都奉行所の不手際により、調達された米は相場が下がってから京都に搬入されたため、損失の責任を問われた現場の役人が処罰されます。また、米価を吊り上げ、奉行所と結んでリベートを渡したとされた商人も逮捕されました（注7）。

御年十六歳の英邁《えいまい》な天皇により、多くの民が救われたのです。

天皇、「警告権」を行使する

御所千度参りに端《たん》を発する光格天皇の行為は、実はイギリス憲法の理論に照らしてみると、驚くほど英邁さが際立《きわだ》ちます。

江戸幕府は、現代の政府・官僚組織と同様に、権限で動く組織です。日本史で近世以前の時代を扱う時に、封建制度や王権、身分制など支配・被支配の関係や、朝廷と幕府の対立関係が強調されます。最近の研究成果では、江戸時代の朝廷と幕府は協力関係だったという学説も出ています。しかし、日本の近世後期の天皇が近代立憲君主の用語で理解できることは、あまり知られていない側面でしょう。

前節で書いたとおり、江戸時代の天皇は法の下で文化的・非政治的な存在で、権限を持ちません。では、光格天皇が行なったのは何だったのでしょうか。

それはイギリス憲法の用語でいうと、「警告権」に当たります。

イギリスの憲法は、世界の近代憲法のお手本とされる法体系です。各国が持っているような統一された憲法典はなく、運用そのものが憲法とされますので、運用の歴史である憲政史が非常に重要です。イギリス憲法の権威ある解説書のひとつとされているのが、憲政史家ウォルター・バジョットによって書かれた『The English Constitution』(一八六七年発表。複数の翻訳があり、書名は『イギリス憲政論』とも『英国の統治構造』とも訳される)です。

バジョットは君主には三つの権利があると述べます。「警告する権利」「激励する権利」

「相談を受ける権利」です。

近代の憲法下での君主は儀式を行なう存在で、政治的な権限を持たず、実際に権限を行使するのは大臣です。権限を英語で言えば「パワー・オブ・コマンド」です。君主から権限を取り上げていったのが、ヨーロッパにおける近代憲法成立の歴史になります。

では、君主は法の下で何もしてはいけなくなったのでしょうか。

君主の三つの権利は、いずれも影響力です。英語では「パワー・オブ・インフルエンス」といいます。「パワー・オブ・コマンド」との違いは、責任の有無です。影響力には責任は伴わず、権限には責任が伴います。

「パワー・オブ・インフルエンス」は、権限を持つ大臣を通じて初めて具体化します。君主が常に賢明とは限りません。君主個人の資質が権限の行使を左右しない仕組みが近代憲法の考え方です。

しかし、賢明な君主の言うことを賢明な大臣が聞けば、君主の影響力は行使されます。賢明な君主の言うことを愚かな大臣が聞かなければ、それは大臣の責任です。逆に、愚かな君主の言うことを賢明な大臣が聞かないのも、愚かな君主の言うことを愚かな大臣が聞いてしまっても、大臣の責任です。つまり、立憲君主には言論の自由があり、それを聞くか聞かないかは大臣の責任によるのです。

ウォルター・バジョットの挙げた三つの権利は、君主は決して政権の傀儡《かいらい》ではないし、たとえ民選の政府が成立しても、国民は君主が単なる傀儡であることを望まないという主旨です。明治時代の大日本帝国憲法でも、現代の日本国憲法も、この点は同じです。明治時代は、君主と大臣の両方が賢明だったので、日本は世界の中で大国になりました。賢明な君主の言うことを愚かな大臣が聞かなかった昭和初期、大日本帝国は世界地図から消えてしまいます。

このあたりを詳しく知りたい方は、『帝国憲法の真実』（扶桑社新書、二〇一四年）、前掲『帝国憲法物語』、『真実の日米開戦　隠蔽された近衛文麿の戦争責任』、『学校では教えられない歴史講義　満洲事変』（KKベストセラーズ、二〇一八年）などを参照してみてください。

光格天皇の時代、君主が警告権を行使することは、「禁中並公家中諸法度」では想定されていません。徳川家に対抗する誰かが天皇を担がないようにするのが重要な制定目的のひとつですから、天皇や朝廷が自発的に何かをすることに対しての明確な禁止です。光格天皇による幕府への困窮民救済申し入れは、現代で言えば「憲法違反」、より正確にはイギリス憲法の用語でいう「Unconstitutional《アンコンスティテューショナル》」（非立憲）だということになります。

ちなみに条文そのものに照らして「違憲か合憲か」というのは、アメリカ（憲法学）的語法です。近代憲法の大元であるイギリスには統一された憲法典がありませんから、「Unconstitutional」とは運用の目的や趣旨に反するという意味です。英米の憲法の違いについては、『右も左も誤解だらけの立憲主義』（徳間書店、二〇一七年）に詳しく述べておきました。

では、条文を列挙した憲法典のないイギリスでは、何をもって「立憲」とするのかというと、選挙で決めます。

与党に対して、野党から「非立憲」だと声が上がっても、総選挙で与党が勝てば問題ないのです。仮に野党が選挙に勝っても、前の政府が行なったことを咎《とが》めだてしなければ、これもまた「立憲」とみなされます。咎められなければ違反ではないという考え方です。輿論《よろん》に「立憲である」と支持された結果、起こったことの責任は国民を含む政治が負う、本来の意味での結果責任です。

光格天皇の時代は選挙も世論調査も当然ありませんが、「禁中並公家中諸法度」の無視という、明らかに「非立憲」なことを乗り越えることができたのは、全国的な暴動を背景に、御所千度参りという圧倒的な輿論《よろん》の支持があったからです。

「米の値段が下がってほしい」、「今年は豊作になってほしい」、「庶民の困窮を幕府は助けてくれない」という現実的な願いが、救い米の放出という具体的な政策として実現しています。しかも、江戸幕府は朝廷からの申し入れを京都所司代に丸投げし、現場の京都奉行所はなかなか動きませんでした。

光格天皇の権威と民衆の支持は上がり、幕府の評価は下がります。「世の静謐《せいひつ》を御所に願うのは当然だ」という見方も出て来ます（注8）。いわば光格天皇の「非立憲的行為」（法度違反）は、輿論の支持によって「立憲」になったのです。

なお、これが先例となって、光格天皇が上皇になった後、仁孝天皇の代に起こった天保八（一八三七）年の飢饉では、今度は堂々と幕府に対策を申し入れることとなりました。

近代憲法の下で百三十年を過ごしてきた現代、今上陛下の「象徴としてのお務めについての天皇陛下のおことば」は、光格天皇の先例によると言えます。

すなわち「警告権」の行使です。九割以上の国民が天皇陛下を支持し、何年も放置していた日本政府がようやく対応に動きました。あるいは「相談する権利」の行使でしょうか。

ちなみに、東日本大震災を受けて発せられた、平成二十三（二〇一一）年三月十六日「東北地方太平洋沖地震に関する天皇陛下のおことば」は、「激励権」の行使でした。

儀式の再興と御所再建

光格天皇の時代の話に戻りましょう。

御所千度参りが盛んに行なわれたこの年（天明七年）、十一月二十七日、光格天皇は大嘗《だいじょう》祭《さい》を挙行しました。即位から七年後のことです。毎年の収穫を祝う新嘗祭《にいなめさい》のうち、天皇が即位して初めて行なう新嘗祭を「大嘗祭」といいます。古くは『万葉集《まんようしゅう》』の頃の収穫祭が宮廷行事となり、即位儀礼のひとつに発展したものです。

十五世紀半ばから、およそ二百二十年行なわれなかった大嘗祭は、近世初期に再興されました。貞享《じょうきょう》四（一六八七）年、東山《ひがしやま》天皇の時です。

再興当時は予算の問題で儀式が省略され、朝廷内でも賛否両論でした。再興したものの、次の代の中御門《なかみかど》天皇の時には行なわれず、さらにその次の桜町《さくらまち》天皇の時代には同じように略式で行なわれました。これを古来の儀式へ復興させることを目指したのが光格天皇です。

参照されたのは、九世紀後半の「貞観式《じょうがんしき》」、十世紀後半の「延喜式《えんぎしき》」です。

神様にお供えする稲穂を献上する地域の選定――「国郡卜定《こくぐんぼくじょう》」に始まり、選ばれた地域には朝廷から抜穂使《ぬきほのつかい》を派遣し、現地でも各種の儀式が行なわれます。そして、地域の代表が神様にお供えする作物を携《たずさ》え、使者に率いられて上京するのです。抜穂使派遣は、室町時代以来のことでした。

大嘗祭が例年の新嘗祭と大きく異なるのは、準備を管轄する役所です。新嘗祭では朝廷が担うのに対して、大嘗祭では各地を治める地方長官が準備を担当します。即位儀礼としての大嘗祭は、代替わりした天皇が先帝に引き続き統治の正統性を保持しているという宣言です。幕府がどれだけ認識していたかは分かりませんが、ともかくも儀式は復興されました。

この頃から、関白九条尚実《くじょうなおざね》の病気を理由に、光格天皇自身が朝廷政務の中心になっていきます。繰り返しますが、御年十六歳。践祚以来、即位礼や節会などで旧儀が取り入れられていましたが、ここから儀式の再興が本格化しました。

大嘗祭から二カ月、年が明けて天明八(一七八八)年一月末、鴨《かも》川東岸から出た火が延焼し、「天明の大火」と呼ばれる大火災に発展します。西岸に飛び火すると、数日間にわたって京都の町全体を焼き尽くし、禁裏や仙洞御所も焼け、被害は公家屋敷や二条城《にじょうじょう》にも及びました。天皇、上皇、皇族ともに近隣のお寺へ避難します。

そこで光格天皇は、焼失した禁裏御所を平安時代の内裏《だいり》に倣《なら》った設《しつら》えで再建することを決めます。御所は江戸時代になってからも何度か火事で建て直されていますが、平安時代に比べて規模が小さく、儀式を古礼で行なうには手狭《てぜま》でした。

禁裏の再建は幕府の責任です。近世の朝廷と幕府の関係が中世までと大きく異なるのは、朝廷財政を幕府が管理していることです。実務は京都所司代が担当し、日々入用な出費の財源は京都奉行所が取り扱いました。

財源の約半分は禁裏料の物成《ものなり》（年貢租税）で、残りの半分は幕府から京都代官が預かった現金です（注9）。日常の運営費や地下官人《じげかんじん》・女官などの人件費、退官した役人の年金まで禁裏料で賄《まかな》います。近世初期の後水尾《ごみずのお》天皇などは「財源が自由にならない」と言い、幕府の威勢の強さと捉《とら》えていましたが、光格天皇の頃には運用も固まっていました。

その分、巨額な予算が必要な御所再建には、幕府が用意した臨時予算が当てられました。諸大名にも資金の拠出や、資材提供、人足の動員を負担させます。「御手伝《おてつだ》い普請《ふしん》」といいます。江戸城や城下町の建設、河川の治水工事など、大規模な土木工事と同じやり方です。

天明八年三月、老中の松平定信が総奉行に就き、再建計画の具体化が始まります。朝廷側の担当者は議奏の中山愛親《なかやまなるちか》です。天皇・関白・左大臣が平安時代の大内裏に復旧することを決め、京都所司代へ具体的な意向の書付が渡されました。

しかし、松平定信は焼失前と同じ規模での再建を提示します。しかも幕府財政の逼迫を理由に、当面の手当てとして「ひとまず仮御所を建設する」という案です。

もちろん、光格天皇は妥協しません。五月には松平定信が上京し、関白鷹司輔平と直談判《じかだんぱん》になりました。松平定信は、「無理にやれば民が苦しむ。それでは復古の意味がないのではないか」とまで言い放ちますが、最終的には光格天皇の意思が通ります。

儀式を行なう紫宸殿《ししんでん》は、これまでの二倍近い広さに拡張され、平安時代の内裏の考証をもとに、毎朝の神事「御拝《ごはい》」の場として使われる石灰壇が四百五十年ぶりに復元されるなど、設備が整っていきました。

なお、造営された御所は、安政元《あんせい》（一八五四）年に再び火災で焼失しますが、光格天皇時代の規模で再建され、現代まで残ります。つまり現在の京都御所は、光格天皇が実現した再興の姿を伝えているのです。

しばしば松平定信が尊王家だったとされる例として、この時の御所再建と「将軍家御心得十五箇条」が挙げられますが、実際には光格天皇の強い意思が勝っただけです（定信は「しばらくは仮御所でよい」と考えていたのですから）。

ちなみに「将軍家御心得十五箇条」は、この年の十月に書かれていて、「六十余州は禁廷《きんてい》（禁中）より預かったもの」「将軍として天下を治めるのは皇天《こうてん》及び禁廷への御勤《おつとめ》」という内容で知られます（注10）。十四歳で将軍となった徳川家斉のために定信が作ったもので、幕末の「大政委任論《たいせいいいにんろん》」とともに取り上げられることも多い代物です。

ただ、松平定信が幕府にとっての利益を考えて行動していることは、彼の自叙伝『宇下人言《うげのひとごと》』に残されたとおりで、「将軍に仕える自分が京の人々の望むまま振恤《しんじゅつ》（貧窮を救うための施し）をすれば、主君の権威は上がるだろうが、下層の人々は金や食べ物を施すことが仁政《じんせい》だと思うのだから、キリがなくなる」とあります（注11）。

上京した時の儀礼や所作が天皇や朝廷を尊重していると評判になったことを受けての本音です。松平定信は、儀礼は儀礼として守りながらも怜悧《れいり》な政治家でした。

御所再建で光格天皇の意思が通った後、京都所司代に対しても「以後は何か新しいことをやろうとしたら、所司代がちゃんと断われ。後任にも引き継ぎをしておくように」と指示しています（注12）。

御所千度参りや文化の隆盛で光格天皇が輿論の支持を得たところで、松平定信はビクともしません。幕府の権威を高めるために、朝廷の権威を支えることが重要だという考え方です。ところが、この朝廷の権威によって松平定信は失脚することになりました。

尊号《そんごう》を拒否した裏の事情

光格天皇は、傍系の閑院宮《かんいんのみや》家から天皇になりました。後桃園《ごももぞの》天皇が皇女しか残さずに、若くして崩御したからです。閑院宮家は、江戸時代中期に新井白石によって建てられました。東山天皇の第六皇子、直仁《なおひと》親王が初代です。

新井白石は、六代将軍家宣に重用された相談役です。家宣は将軍在職三年半で死去、次の七代将軍家継《いえつぐ》は四歳で将軍職に就き、やはり在職三年、わずか八歳で亡くなります。ここで徳川宗家の血が絶えました。後継の八代将軍吉宗は、御三家のひとつ、紀州藩から呼び出され、徳川宗家を継ぐことになります。

この様相を目の当たりにした新井白石は、天皇の皇子たちが東宮《とうぐう》（皇太子）以外は出家してしまう慣例から、皇室でも同じ問題が起こるのではないかという問題意識を持ちます。そこで、徳川御三家が血統を継いだことに倣って、東山天皇の皇子による閑院宮家創設を建言《けんげん》

宮家から出た天皇

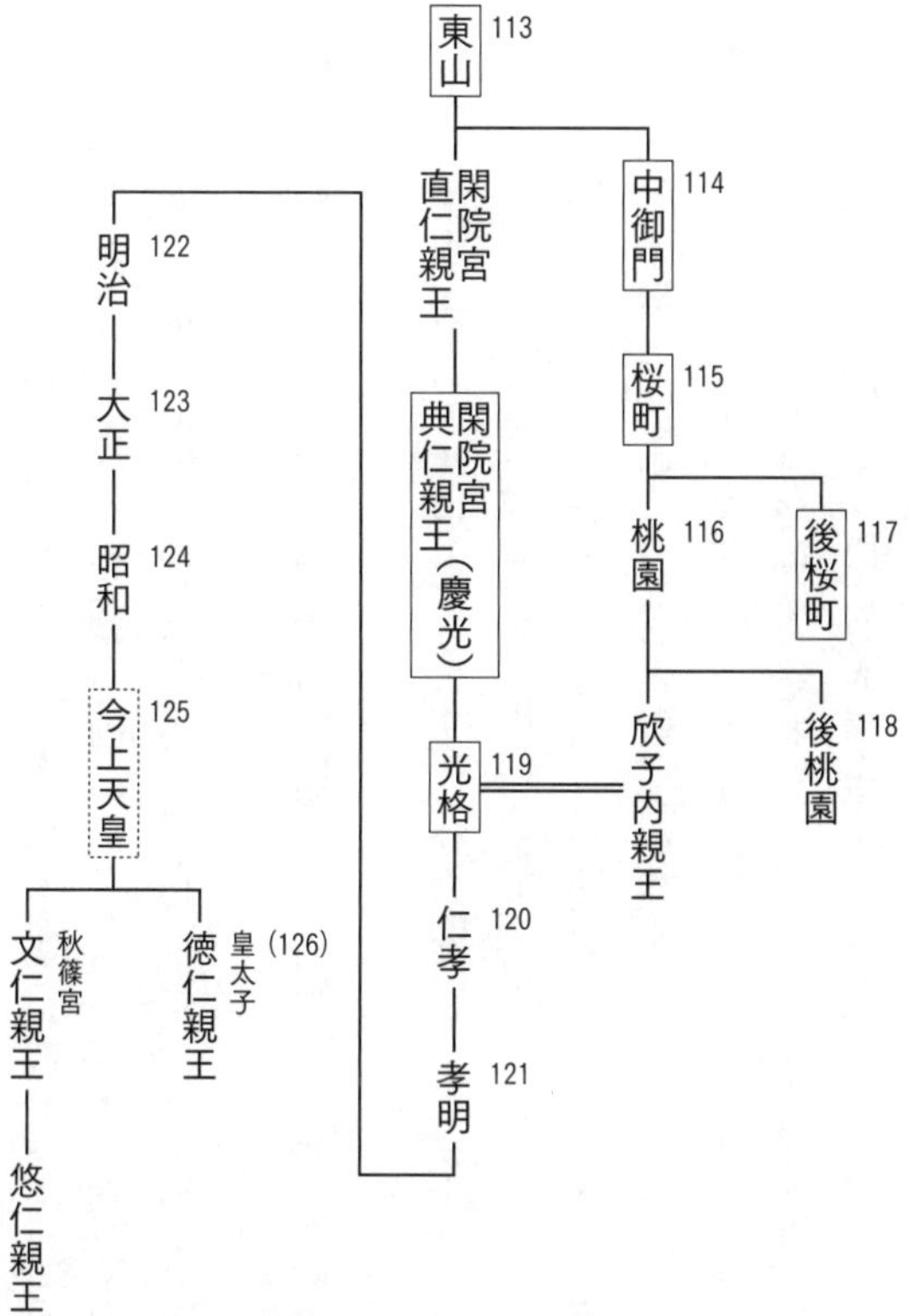

※数字は、天皇の代数
※□は、上皇になった方

しました（注13）。白石は経済政策には暗かったのですが、この点は慧眼《けいがん》です。

徳川吉宗の代には、その子供たちが一橋《ひとつばし》家、田安《たやす》家を創設します。さらに後、九代将軍家重の代で創設された清水《しみず》家を合わせて「御三卿《ごさんきょう》」といいます。幕府での格は、尾張《おわり》・水戸《みと》・紀州の御三家の次席、所領を治める藩主ではないものの、十万石取りです。宮家と似たような制度です。

これが問題の背景となります。松平定信の政権の時に起こった尊号問題です。「尊号一件」ともいいます。

光格天皇は、東山天皇の曾孫《ひまご》に当たりますが、父の閑院宮典仁《すけひと》親王は天皇になっていない皇族です。光格天皇の践祚を主導した先々代の後桜町上皇は、御所で過ごした経験のない新帝の教育のため、上皇肝煎《きもいり》で「御内会《ごないかい》」という勉強会を立ち上げます。古典和歌に通じた人々を集めた会ですが、その中心となったのが典仁親王でした（注14）。

典仁親王は、光格天皇にとっては父であり、上皇による後見でもあります。ただ、公的な官職として役に就いているわけではありません。「禁中並公家中諸法度」の規定では、宮中において無役の親王は、関白や大臣よりも席次が下になるのです。

光格天皇は即位礼を挙行した約一年後の天明二（一七八二）年、父典仁親王に「太上天皇」

の尊号を贈りたいと京都所司代へ伝えました。あくまでも内々の相談です。

ところが、幕府側は閑院宮家領に一千石を加増することで決着しようとしました。納得しない光格天皇は、老中が松平定信に交代した直後の天明五（一七八六）年には、武家伝奏に幕府との交渉を命じます。

この時、幕府でもまったく同じような問題が起こっていました。十四歳で将軍職を継いだ徳川家斉は、前将軍の称号である「大御所」を父の一橋治済《はるなり》に贈りたいと言い出したのです。一橋治済は将軍職を経ていませんから、異例のことです。

困ったのは松平定信です。

十代将軍家治が死去し、田沼意次が失脚した時に定信を老中に強く推したのは、新将軍の父である一橋治済なのですが、彼が大御所になるとなれば江戸城西の丸に引っ越して来ます。退任した前将軍は、西の丸に住むのが慣例だからです。将軍が老中よりも父親の言うことを聞いて、一橋家に権勢を振るわれてはかないません。

しかも、松平定信の出身家である田安家は、「一橋」に乗っ取られています。定信の兄、治察《はるさと》が家督を継いだものの、子供を儲《もう》けずに早逝《そうせい》して以来、ずっと後を継ぐ人がいないままになっていたところ、一橋治済の五男、斉匡《なりまさ》が田安家三代目当主となったのでした。ちょう

御三卿と将軍

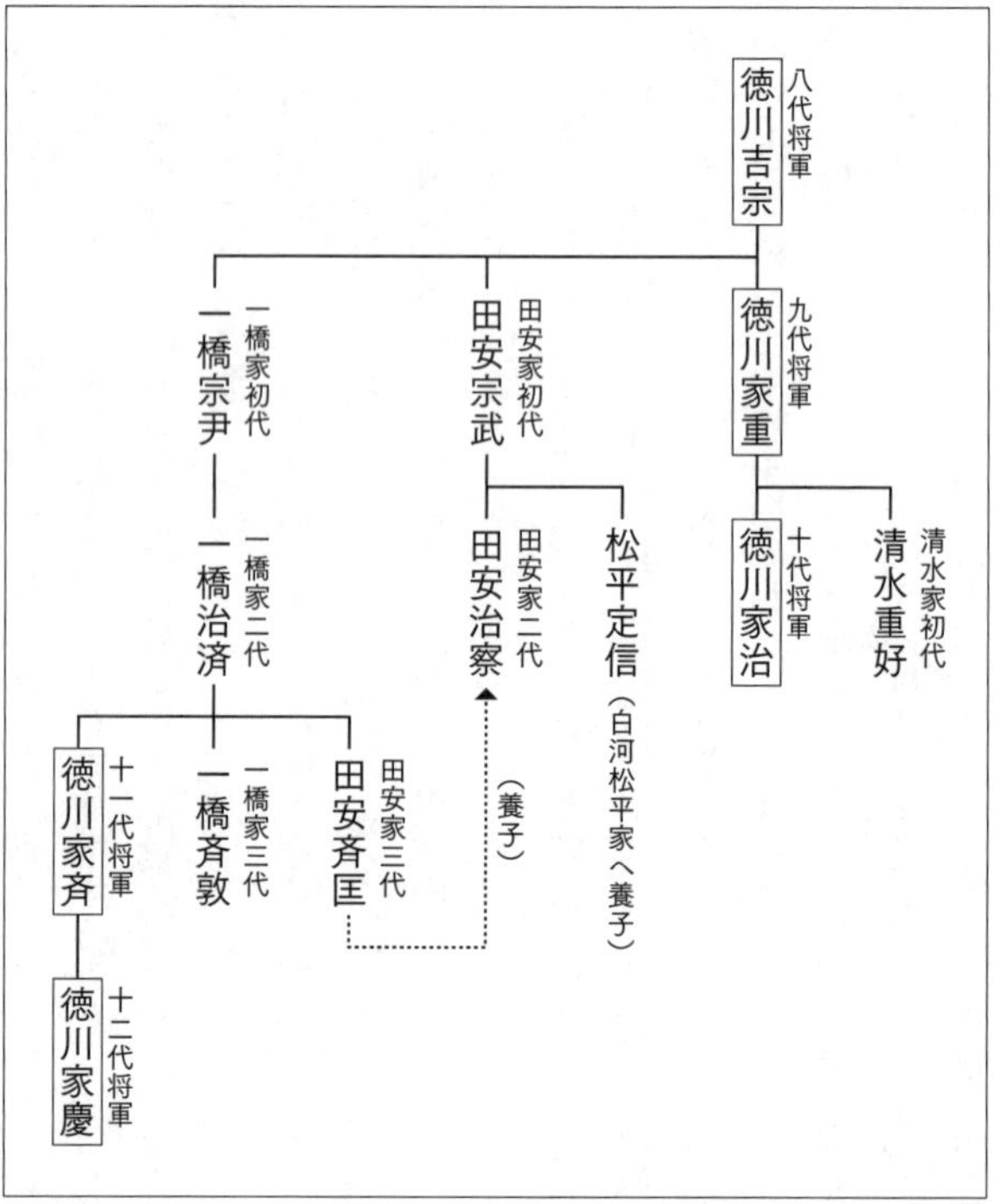

田安家三代も徳川十一代将軍も、一橋家出身である

ど天明七（一七八七）年のことです。

当初から、松平定信は光格天皇の「尊号宣下」を認めませんでしたが、これを認めれば一橋治済が大御所になることも認めなければならなくなるからです。自身も、関白鷹司輔平に対して何度も「幕府側は認めない」という意思を伝達したと書き残しています（注15）。

寛政二（一七九〇）年十一月、大火で焼失した内裏の再建が成り、規模を拡張した新しい御所が落成しました。ここまで松平定信との財源交渉に携わった鷹司輔平としては、御所の再建で突っ張ったのだから、ここは引こうという判断だったのかもしれません。交渉事の常です。あるいは、幕府内の政局と定信の事情を分かっていたのかもしれません。鷹司輔平は、一貫して典仁親王への尊号宣下に反対し続けています。

寛政三（一七九一）年、光格天皇は関白鷹司輔平を更迭します。後任には前左大臣の一条《いちじょう》輝良《てるよし》が就きました。四カ月後には武家伝奏の久我《こが》信通《のぶみち》を更迭し、前大納言の正親町《おおぎまち》公明《きんあき》を就けます。正親町公明をはじめ、交渉を補佐する議奏の広橋伊光《ひろはしこれみつ》や中山愛親《こうてつ》も、「御内会」から発展した光格天皇の歌壇の主要メンバーです。中山愛親は、光格天皇の命を受けて、「不《ふ》登極帝《とうぎょくてい》」（天皇にならずに上皇になった皇族）の先例調査も行なっています。

さらに、光格天皇は四十一名の公卿に対して、尊号宣下の是非について勅問《ちょくもん》を下します。

朝廷の意思決定は、幕末まで主に「三公《さんこう》」（太政大臣と左右大臣）が行なっていますから、異例の事態です。勅問を経て、朝廷から幕府へ正式な申し入れを行ないました。

交渉の過程で、光格天皇は条件を緩《ゆる》めていきます。最終的には、尊号を贈れなくても、実質的に上皇として処遇できればいいという条件を提示します。しかし、松平定信は是とも非とも返答しません。

寛政四（一七九二）年、光格天皇は強行突破を図りました。これ以上幕府からの返答がなければ、十一月上旬をメドに尊号宣下すると表明したのです。ここに来て、事態は大事に至ります。

松平定信も、武家伝奏の正親町公明と議奏の中山愛親を江戸に召喚し、尋問するという強硬手段に出ました。対する光格天皇は、新嘗祭の「親祭《しんさい》（天皇自ら祭祀を執行すること）ボイコット」を表明し、周囲の重臣も何が何でも尊号宣下だと盛り上がっています。尊号宣下の決定権を光格天皇と幕府老中が争い、直接対決の様相となりました。

ここで後桜町上皇が動きます。武家伝奏の万里小路政房《までのこうじまさふさ》と正親町公明に上皇の意向が伝えられました。「詳しく様子を聞いていますけれども、穏やかに御代が長く続くことが何よりの親孝行」と言い含め、武家伝奏に対して「両卿もよくそれをふまえるように」としています（注16）。

後桜町上皇にしても、閑院宮典仁親王とは懇意です。光格天皇の養育を通じた信頼関係がありました。和歌での交流もあります。ずっと後になってから、閑院宮典仁親王の薨去《こうきょ》後三回忌に寄せた後桜町上皇の手紙には、「何くれとへだてなく語り合ったことが懐かしい」と残されています（注17）。だからこそ、この事態の打開に動いたのです。

天皇は朝廷の最高位ですから、天皇自身がプレイヤーとなった場合、最終的な裁定者がいなくなってしまいます。矢面《やおもて》に立つのは天皇自身です。そこで上皇が仲裁に入り、本来矢面に立って調整すべき武家伝奏が状況を煽《あお》っていることを戒《いまし》め、レフリングを行なったのです。これにより、尊号事件は収束に向かいます。この時は閑院宮典仁親王に尊号を贈ることは断念されました。

ちなみに、典仁親王には明治時代になってから慶光院《けいこういん》の号が贈られました。

尊号事件の後日処理として、江戸に召喚された正親町公明と中山愛親の処分があります。ここで争われたのは、役職者を処罰する権限を朝廷と幕府のどちらが持っているかです。松平定信は二人に逼塞《ひっそく》・閉門《へいもん》の処分を下し、役人を付けて京都に返しますが、武家伝奏と議奏の役職解任は朝廷に任せました。朝廷は、三カ月後に幕府の下した逼塞・閉門の処分を解き、武家伝奏と議奏からそれぞれ解任しました。権限争いについては痛み分けです。

松平定信は、一橋治済が大御所になることは阻止できましたが、尊号事件は自身が失脚するきっかけとなりました。将軍から疎《うと》まれれば、幕政で意見が重視されることはなくなります。しかも、もともと質素倹約ばかりを口にするので、大奥での評判が悪かったということもあります。

寛政五（一七九三）年七月、定信は老中を解任されます。

当時少年だった将軍家斉は、後に歴代将軍の中で最長の在職五十年を誇り、大御所となってからも実権を離さず西の丸で院政を布いた人です。朝廷とも歴代将軍でもっとも良好な関係を築いたといわれます。朝廷へ献進する品物は、全部自分の目で確認するほどだったのだとか（注18）。

光格天皇もまた、後々まで将軍家斉を粗略《そりやく》にしません。御所が再建された時には、従一位《じゆいちい》への位階昇進を二度も打診しており、四代からは正二位（家光までは従一位）が慣例だった位階を引き上げようと働きかけています。幕府側が固辞《こじ》したため実際の昇進はずっと後年になりますが、さらに家斉は将軍在職中に太政大臣に任じられるという、異例の厚遇を受けます。

権限争いは朝廷と幕府の痛み分けとなりましたが、松平定信のその後の処遇を決めたのは、朝廷の権威でした。

光格天皇は尊号一件で戦術的には負けましたが、定信解任で戦略的に勝ちました。光格天皇は、家斉本人の昇進だけではなく、その孝心にも報《むく》いています。光格天皇が上皇となった文政年間（一八一八～一八三〇年）には、父一橋治済の官位も引き上げられ、亡くなった後の追贈によって、歴代将軍と同じ官位に並びました。

光格上皇が広めた学問指向

尊号一件と前後して、光格天皇は儀式を片っ端から復活させていきました。これを支えたのが学問です。

天明の大火で焼失した御所の再建が成ってから、朝廷ではいよいよ学問が大流行します。天皇の日常生活の場に伺候《しこう》できる高位の公家から、五位以下の地下官人までが儀式書の古典を読み漁《あさ》り、読書会や勉強会が設けられ、有識の学者が講義のために引っ張りだことなりました。

有職学や考証学の知見が充実していくにつれて、毎年のように復興される儀式が増えます。それに伴い、関係各所で必要な予算も増えます。朝廷にも倹約を押し付けた松平定信は失脚し、財政規模は拡大に向かいました。将軍との良好な関係を背景に、儀式のための臨時予算を確保し、また日常的な出費に関しても京都所司代は何とか捻出を続けます。

一方で、光格天皇は廷臣《ていしん》たちの引き締めも図ります。遊興や不行跡《ふぎょうせき》のあった公家をいっせいに処分しました。永蟄居《えいちつきょ》や閉門、戒告、譴責《けんせき》など合わせて五十名もの公家が処罰を受けました。

処分された中には、現職大納言や、後桜町上皇の仙洞御所に仕える院評定も含まれました。永蟄居となった中には、これを機に退官し、国史編纂《へんさん》に尽力した柳原紀光《やなぎわらのりみつ》もいます。この時から編纂に本腰を入れ、寛政十（一七九八）年に完成したのが『続史愚抄《ぞくしぐしょう》』です。

一八〇〇年代に入ると、将軍家斉の下で倹約の気風は次第に薄れていき、化政《かせい》文化が花開くことになりました。寺社参詣を通じた人の往来や、商品流通が全国的に活発となり、茶道や華道、香道、歌、音曲《おんぎょく》、絵画などが町人や農民まで広がります。家元制度が発達するのもこの頃で、文化芸能の古礼《これい》や秘儀の伝承を家職《かしょく》とする公家の権威が上がっていきます。

学問といえば江戸の昌平坂学問所《しょうへいざかがくもんじょ》と、寛政の改革から引き続いた朱子学の保護・奨励が有名ですが、もともとの目的は士族の綱紀《こうき》引き締めですから、官製学問です。政治の江戸、商売の大坂に対し、京都は光格天皇の下で学問の都として栄えます。高山彦九郎《たかやまひこくろう》のような身分の低い郷士出身者が上京し、学問を通じて天皇に近侍《きんじ》する公卿たちとも交流を持つという自由さです。

御所の学問は、御前《ごぜん》でのゼミ方式で行なわれました。課題となる書物が決められ、参加者の代表が読んだ部分を講義し、参加者全員で議論する会読《かいどく》と輪講《りんこう》の形式で進められました。月に一〜三回のペースで開催され、読了時には酒肴が出て打ち上げになります（注19）。

こうした勉強会のやり方は、次の仁孝天皇の時代にも引き継がれ、出欠が管理されるようになり、やがて学習院《がくしゅういん》の設立へとつながっていきます。

外交権は君主の大権《たいけん》

光格天皇の学問指向は、古礼だけではなく対外情勢にもおよびます。天明六（一七八六）年に刊行された林子平《はやししへい》の軍事地理書『三国通覧図説《さんごくつうらんずせつ》』にも目を通していました（注20）。

日本の開国は、とかく嘉永《かえい》六（一八五三）年のペリーの黒船来航でにわかに大騒ぎになったようにいわれますが、日本の対外情勢の変化は、この頃までには知識人層に認識されていました。長崎出島《でじま》のオランダ商館を通じた情報として、ロシアの動向が幕府に報告されていたからです。

蝦夷地は松前藩《まつまえ》の管轄です。実際に幕府の対外政策として取り上げたのが、田沼意次でした。医師であり貿易斡旋にも携わった工藤平助《くどうへいすけ》は、ロシア問題と対策を論じた『赤蝦夷風説考《あかえぞふうせつこう》』（一七八一～八三年完成）を田沼に献上し、これが蝦夷地調査隊派遣と大規模開発計画につながりました。蝦夷地の鉱山開発により産出した金銀でロシアと交易し、その利潤を使った蝦夷地整備、ロシアの南下への備えをするという富国強兵策です。

松平定信はそれとは逆に、広大な耕作面積を見込める蝦夷地の開墾と米作は、後々どのような害があるか分からないとして開発計画を中止させました。「昔から西国には山海の防備をするための施設があり、奉行や大名を置いているのだから、北方でも同じことをすればよい」と、直接的な沿岸防備を採用します。

寛政時代を代表する言論人である林子平も同様の、海岸線を防備するという主張を展開していました。光格天皇の叡覧《えいらん》に供したという『三国通覧図説』は、松平定信から幕政批判のかどで絶版とされると、かえって評判が上がり、海外へも伝わりました。天保三（一八三二）年にフランス語翻訳版がパリで出版されています。徳富蘇峰《とくとみそほう》によれば、松平定信の考えと近い主張をしている林が罰せられたのは、幕府を通さずに自ら宣伝して回ったからだといいます（注21）。

当時の学識者・言論界での対外政策の考え方は、幕末に「開国か攘夷《じょうい》か」でにわかに分裂したのではなく、この頃にはすでに「交易」と「直接防備」の二派が存在しているのですが、いずれにしても松平定信は、「めいめいに勝手なことをされては困る、対策は天下を治める幕府を通じてなされるべきだ」という考えでした。

とはいえ、後々のことまで考えた施策はできません。寛政四（一七九二）年、ロシア使節のラクスマンが通商を求めて根室《ねむろ》に来航し、江戸回航を主張すると、あわてて沿岸の藩に砲台設置をさせ、江戸湾防備を行なうといった具合です。

ラクスマンはエカテリーナ女王の国書を携え、日本人漂流民を送り届けて来ます。幕府から貿易がしたいのなら長崎へ行くように案内され、清国船に与えられていたのと同様の「信《しん》牌《ぱい》」（貿易許可証）を発行されたものの、長崎へは寄らずに帰国しました。

文化元（一八〇四）年十月、ラクスマン来航時に発行された信牌を持って、再び日本人漂流民を伴って長崎に来たのがロシア宮廷侍従長のレザーノフです。

ロシアとしては、信牌があれば長崎に限って貿易できる許可を得たという解釈だったようですが、幕府はラクスマンの来航時に限ってのものと対応します。半年も待たされたうえ、国書や進物も受理されず、通商も認められず、長崎を退去することになったレザーノフ一行は、帰りがけの駄賃《だちん》とばかりに樺太《からふと》、択捉《えとろふ》、礼文《れぶん》、利尻《りしり》に上陸し略奪狼藉《ろうぜき》を働きます。「文化の露寇《ろこう》」と呼ばれます。日本側は松前藩をはじめ、箱館《はこだて》奉行を通じて奥羽《おうう》四藩が兵を動かす事態となりました。

この時の江戸は、ペリー来航時とは様相がずいぶん異なっていたようです。江戸幕府から若年寄など幕僚が現地へ派遣され、江戸市中でも「すわ戦《いくさ》か」という噂が伝わり、人心を騒がせます。

人心の動揺が京都に伝わるに至り、文化四（一八〇七）年、ロシアとの軍事紛争について、京都所司代に報告を求めることとなりました。いわゆる「相談を受ける権利」（被諮問権《ひしもんけん》）の行使です。

しかも、京都所司代は天皇に気を遣って、「報告しましょうか?」と問い合わせをしてきたので、報告を要請しています（注22）。御所千度参りの経験、尊号一件でのタフ・ネゴシエーターぶり、将軍との良好な関係、最新情勢にも関心が強く学問に秀でているという世上の評判、そういった経緯があるので、天皇に権限がなくても、幕府が天皇と朝廷を軽んじることを許さないのです。ひとことでいえば、「権威が高い」のです。

光格天皇の「被諮問権」行使が先例となり、孫の孝明《こうめい》天皇の時には、天皇と朝廷は対外情勢について幕府から「奏聞《そうぶん》」を受けることが正式な慣例となりました。孝明天皇が践祚して間もなく、幕府に対して「異国船への対応の適切な指揮を行なうように」と御沙汰書を下しますが、発給の根拠としているのも文化四年の情勢報告です（注23）。

幕末期には、幕府の権限行使の正当性を説明する理論として、「徳川将軍は天皇から任じられて治めているのだ」という大政委任論が固まっていきます。ペリー来航以降は、「通商のための開港を天皇が許すのかどうか」という条約勅許問題が、何年も政局を左右します。政局を左右したのは、あくまでも孝明天皇が攘夷を主張したからです。最終的に徳川幕府が当事者能力を失い、明治維新へとつながります。

外交権が君主の大権《たいけん》なのは、遣隋使《けんずいし》派遣の大昔から変わりません。

一方、実際の権限は政府の責任で行使するという近代に通じる考え方は、明治の「帝国憲法」の外交大権へ引き継がれました。

最高の権威を実現する

光格天皇は、文化十（一八一三）年の石清水八幡宮臨時祭再興《いわしみずはちまんぐうりんじのまつり》（約三百五十年ぶり、以後隔年挙行）、翌文化十一年の賀茂社《かものやしろ》臨時祭の再興（以後隔年挙行）で、ほとんどの年中行事の復興を終えました。最後まで後桜町上皇に相談し、支持を取り付けています。

基礎財源となる御料《ごりょう》も多少増えていますが、基本的には日常の運用に消えてしまいます。儀式に必要な財源は、幕府の追加負担や、将軍や大名の官位昇進による献進《けんしん》で賄われていきます。予算・財源を心配しなくてもいい状態が安定的に続いているということです。

そして、文化十四（一八一七）年三月二十二日、光格天皇は第六皇子の仁孝天皇に譲位し、上皇になってからも家斉との良好な関係を維持します。文政五（一八二二）年には、将軍家斉は従一位左大臣に、後継者の息子家慶《いえよし》は従二位内大臣に昇進します。

昇進の返礼として、幕府の経費負担により光格上皇の「修学院御幸《しゅうがくいんごこう》」が行なわれます。現在も京都市に残る修学院離宮は、江戸時代初期に後水尾上皇が造営した山荘です。享保年

絵巻に描かれた上皇の行列

「桜町殿行幸図」（下図も）は、上皇になった光格天皇が禁裏から仙洞御所に遷る時の様子を描いたもので、上皇の乗る牛車の後に公卿たちが行列を作り、その全体が絵巻物になっている

上皇の行幸を京都所司代らがお迎えする　（国立公文書館蔵）

間に霊元《れいげん》上皇による御幸があって以来、途絶えていたものを光格上皇が再興しました。最晩年の十五年ほどの間、ほとんど毎年のように訪れています。

後水尾上皇の頃には、修学院離宮では茶会・歌会を中心に趣向を凝《こ》らした催しが行なわれました。光格上皇も茶会や歌会を催し、そこで供されたのでしょう、和菓子屋の老舗とらやは、光格上皇の修学院御幸に際して百五十種類もの菓子を納め、上皇より多くの銘《めい》を賜ったといいます（注24）。

さらに文政九（一八二六）年には、将軍家斉を太政大臣に昇進させるという話が持ち上がります。この時の関白は、幕末まで朝廷の中心となる鷹司政通《まさみち》（輔平の孫）です。武家伝奏を通さずに、関白が直接交渉にあたった数少ない例です。

政通は、律令以来の古代に行なわれていた、官位に応じて水田の占有権を配分する班田《はんでん》収授《しゅうじゅ》の再興を交渉していたといいます。恒久財源の確保です。さすがに土地の支給は幕府も認めませんが、上皇への毎年の予算増額と、天皇への臨時金が進上され、鷹司政通へは在職中の手当てが増やされました。

そして、この時の昇進により「朝覲行幸《ちょうきんぎょうこう》」の再興が認められます。朝覲行幸とは、新年に天皇が仙洞御所に行幸し、上皇が宴《えん》を賜る行事で、文献の初出は嵯峨天皇の時に行なわれたものです。仁孝天皇は大掛かりな行幸を計画しましたが、幕府側で莫大な経費が問題となります。朝廷の予算請求は、一万五千五百両あまり。勘定奉行の反対により、およそ十年をかけて交渉しました。幕府は一回限りの挙行の約束で一万両を支出することを認めますが、挙行直前に光格上皇は崩御します。

上皇崩御に際して行なわれたのは、「諡号《しごう》」と「天皇号」の再興でした。

天皇・上皇が崩御した際に贈られる名前を諡号や追号《ついごう》といいます。お住まいの場所、ゆかりの地名や、葬られる御陵《ごりょう》の名などが贈られ、また、歴代天皇の諡号にちなんで「後〇〇天皇」とするものも多く見られます。一般的に、諡号は御事績を讃える、あるいは不吉を祓《はら》う美称のことで、地名や御陵の名が贈られるものが追号です。

もうひとつの天皇号というのは、現代であれば元号と合わせて「明治天皇」「大正天皇」「昭和天皇」と呼びますから馴染み深いように思えますが、実は十世紀半ば以降、途絶えていた慣習です。その間は正式にも「〇〇院」という院号が贈られていました。

「諡号＋天皇号」は九世紀後半の光孝《こうこう》天皇が最後、「追号＋天皇号」は十世紀半ばの村上《むらかみ》天皇が最後で、それ以降は中絶していました。近世中期、桃園《ももぞの》天皇が崩御した際に、諡号・天皇号の再興が検討されたことがありましたが、幕府が承認しませんでした（注25）。

歴代の天皇・上皇の中には、遺詔《ゆいしょう》（遺言）で、あらかじめ「こういう名前をつけてください」と遺して崩御した例もあるのですが、この時は仁孝天皇をはじめ、光格上皇が在位時代からその下で学び仕えてきた側近たちが幕府に働きかけて実現します。実に九百五十年ぶりの再興です。朝廷が幕府に打診した時の理由は、朝儀や行事の再興という功績を讃えたいというものです。

幕府は仁孝天皇のご意思を重視し、生前の上皇が質素を重んじたという理由をつけて「光格」の謚号と天皇号を承認します。朝廷はその後の交渉で、謚《おくりな》の決定権が朝廷にあること、謚号か追号かを問わず天皇号を贈ることを幕府に認めさせました。

光格上皇は、その生涯を通じ、徳川幕府の作った仕組みの中にあって、権限ではなく影響力を用い、近世の天皇の中でも最高の権威を実現しました。天皇自ら、その権威に実質を取り戻していく過程が近世です。光格天皇・上皇の時代を経て天皇号を取り戻した時、その過程は頂点に達し、近代の扉を開いたのです。

第二章　古代の上皇と先例

最初の上皇は不吉による新儀

本章より、近世に至る上皇の歴史をたどっていきます。まずは古代です。

我が国の歴史で最初の上皇は、七世紀半ばの皇極《こうぎょく》上皇です。

よく、持統《じとう》天皇が上皇、つまり太上天皇の最初の例だと言われることがあります。これは、日本の君主を表わす言葉として「天皇」が使われ始めた時期に由来します。

天皇号の成立時期には諸説あり、七世紀前半の推古《すいこ》天皇から八世紀はじめの文武《もんむ》天皇まで開きがあります。言葉の由来も古代中国の文献から借りたものという説から、日本独自のものだという説まで様々で定説はありませんが、ひとついえるのは、「すめらみこと」という呼び方は神話の時代からあったことです。天皇号の成立とは「すめらみこと」に「天皇」の漢字を当てたのがいつかという話であって、「天皇」は推古天皇の時代よりはるか以前から存在したのです。

皇極天皇は、弟の孝徳《こうとく》天皇に譲位した後「すめみおやのみこと」と呼ばれたと『日本書紀』にあります。漢字で書くと「皇祖母尊」です。正式に上皇の尊号が贈られたのは持統上皇かもしれませんが、事実上は皇極上皇が最初の上皇と考えてよいでしょう。

初名は宝皇女《たからのひめみこ》です。舒明《じょめい》天皇の皇后となりました。舒明天皇は、六三〇年の遣唐使《けんとうし》派遣でよく知られています。舒明天皇は、皇極天皇との間に中大兄皇子《なかのおおえのみこ》（後の天智《てんじ》天皇）、大海人《おおあまの》皇子（後の天武《てんむ》天皇）、後に孝徳天皇の皇后となる間人《はしひとの》皇女を儲けます。

舒明天皇の皇子には、皇極天皇が生んだ子供たちのほかにも、当時権勢を誇った蘇我馬子《そがのうまこ》の娘である法提郎媛《ほてのいらつめ》が生んだ古人大兄《ふるひとのおおえの》皇子がおり、さらに寵愛する女官との間に蚊屋《かやの》皇子という子供がいました（注1）。

六四一年、舒明天皇が崩御すると、皇位継承候補の皇子が三人残されました。中大兄皇子、古人大兄皇子、そして聖徳太子の遺子の山背大兄王《やましろのおおえのみこ》です。中大兄皇子以外は蘇我氏から娶《めと》った母親から生まれています。山背大兄王は、舒明天皇の即位の時にも継承を争いました。

当時の即位儀礼は、皇位継承候補者から群臣が協議で選び、皇位の印となる璽印《じいん》を捧《ささ》げて位に就くことをお願いする形です（注2）。

舒明天皇崩御の時は、遺された継承候補者の三皇子のうち誰を推挙するのかが決まりません。嫡子の中大兄皇子は十六歳で、皇位を継ぐにはまだ若いとされたのです（注3）。後の時代には十代半ばで元服し、成人とされたので意外な気もしますが、当時は二十歳で成人とする慣習があったようです。『日本書紀』の記述では、聖徳太子の立太子《りったいし》（皇太子になる）と摂政《せっしょう》就任も二十歳とされています（注4）。

結局、崩御からしばらく経った六四二年、皇后だった皇極天皇が即位することになりました。中継ぎの女帝です。

即位してしばらくすると、蘇我蝦夷《えみし》の息子（つまり馬子の孫）、入鹿《いるか》が山背大兄王を斑鳩《いかるが》（奈良県）に攻め、山背大兄王は一族もろとも自害します。蘇我蝦夷・入鹿父子が住まいを武装し、兵を整えるに至り、反蘇我氏勢力は中大兄皇子の周囲に結集し、反撃の機会を待ちます。

ここで起こったのが六四五年の「乙巳《いっし》の変」です。「大化の改新」の端緒《たんしょ》となったとされる事件で、中大兄皇子が中心となり、蘇我入鹿を殺害しました。暗殺計画と実行の参謀は中臣鎌足《なかとみのかまたり》で、この後ずっと中大兄皇子の側近として重用されます。鎌足は、後の藤原氏の祖です。

蘇我入鹿殺害の現場は宮中大極殿《だいごくでん》（おおあんどの）、皇極天皇が出御《しゅつぎょ》して外交儀礼を行なっている真っ最中の事件でした。一説によれば、斬り伏せられた蘇我入鹿は皇極天皇の足元に這《は》って行き、「なぜ、こんなことになったのですか？」と問うたといいます。

この当時、後の平安時代のような儀礼と結びついた穢《けが》れ意識は確立していない時代だといわれますが、それでも「汚《けが》らわしい」「おそろしい」という観念で捉えられる出来事です。誰がどう考えても大惨事です。

即位からわずか三年で起こった事件ですが、皇極天皇はこの事件を受けて退位を考え、中大兄皇子に位を譲ろうとします。この時は異母兄の古人大兄皇子を慮《おもんばか》って、皇極天皇の弟の軽《かるの》皇子が即位することになりました。孝徳天皇です。

皇極天皇の即位までは、先帝崩御により次の天皇が選ばれるのが慣例でしたから、異例の新儀です。皇極天皇には「皇祖母尊」の号が贈られますが、これは後の代でも上皇に対して使われている尊称です。

八世紀初頭に譲位した元明《げんめい》上皇は、子の元正《げんしょう》天皇と孫の聖武《しょうむ》天皇から「皇祖母坐志々、掛畏岐我皇天皇」「王祖母天皇」と称されています（注5）。

上皇の初例として重要なのは、「皇祖母尊」という尊称が律令制における太上天皇と同等の意味を持つのかではなく、皇極天皇が自ら位を譲ったこと、不祥事の責を負った懲罰的な廃位ではなく、その後も「天皇の位に在った方」という礼遇を受けたことにあります。

皇極天皇の譲位後、孝徳天皇の皇太子となった中大兄皇子は、行政組織の整備に実権を振るいます。いわゆる大化の改新です。元号を制定し、都を難波《なにわ》（大阪府）に遷《うつ》し、土地所有の制度を変えます。当初、群臣を集めて誓盟《せいめい》を行なっていましたが、朝臣の中で反発する者も出るので、どんどん反対者を粛清します。

最終的には孝徳天皇とも対立し、中大兄皇子が皇極上皇をはじめとする親族、群臣、皇后の間人皇女までも引き連れ、孝徳天皇ひとり新都に残して、都のあった飛鳥《あすか》（奈良県）に帰ってしまいました。孝徳天皇は退位を考えたといいますが、病気になり、自分の都だったはずの誰もいなくなった場所で寂しく崩御します。

弟と息子のあくなき政争の間、皇極上皇はとくに積極的な干渉はしていませんが、息子の中大兄皇子の味方はしています。孝徳天皇が崩御すると、中大兄皇子は自身が即位する代わりに皇極上皇を再び天皇に立て、皇極上皇は斉明《さいめい》天皇として「重祚《ちようそ》」します。

皇極上皇は、強権的で人望のない中大兄皇子の上にいて、権力を裏付ける役目をした上皇です。現代でいえば、人望のない実力政治家が派閥の領袖《りようしゆう》に別の人を立て、傀儡としたようなものです。

斉明天皇即位後、引き続き中大兄皇子が皇太子として実権を握ります。孝徳天皇の遺子だった有間皇子《ありまのみこ》を処刑し、東北地方へ遠征し、唐《とう》と新羅《しらぎ》に攻められた朝鮮半島西南部の百済《くだら》の救援要請に応《こた》えて出兵するなど、戦の時代です。斉明天皇は筑紫《つくし》（福岡県）に本陣を張りますが、そこで病により崩御します。

中大兄皇子は即位しないまま国政を引き継ぎ、戦を指揮しました。「白村江《はくすきのえ》の戦い」で唐軍に大敗しますが、百済からの亡命貴族を連れて帰ります。対馬《つしま》に防人《さきもり》を置き、百済の亡命貴族の知識を活用して九州の防備を固めました。近江大津《おおつ》（滋賀県）に都を構え、天智天皇として即位します。斉明天皇崩御の七年後です。

万世一系《ばんせいいっけい》の「系」と「統」

前述したとおり、この頃までは践祚《せんそ》と即位の区別がない時代です。ですから、次の天皇が決まるまでは、空位になります。

斉明天皇が崩御してから天智天皇即位までの七年間も、天皇がいない空位の期間でした。

皇太子や皇后が亡き先帝に代わり、即位せずに国政を掌《つかさど》る中継ぎを「称制《しょうせい》」といいます。『日本書紀』では、天智天皇と持統天皇の二例のみ見られ、いずれもその後即位したので、称制が始まった時をもって治世《ちせい》元年としています。

天智天皇の時は戦時下での斉明天皇崩御という緊急事態でした。即位した天智天皇は、皇太子時代に引き続き官僚機構や法令の整備を行なっていきます。

皇位継承と関係のあるところでは、豪族の処遇です。皇室のことを古くは「朝家《ちょうか》」といい、豪族とは姻戚《いんせき》関係を結んでいますが、豪族もそれぞれ土地と民を治めていました。天智天皇の大化の改新から大宝律令《たいほうりつりょう》（七〇一年）までの期間は、有力な氏族が家を維持しながら、統一的な統治の制度に取り込まれていく過程です。

これにより、皇位継承者の決まり方も変わっていきます。過渡期にあるこの時期、初めて「太政大臣」（おおきまつりごとのおおまえつぎみ）という位が登場しました。天智天皇が愛息の大友《おおともの》皇子を太政大臣に任じています。

皇子たちの中から群臣が推戴《すいたい》するという慣習で次の天皇を決めるのであれば、天智天皇の弟である大海人皇子も有力候補でしたが、自身の皇子を政務の中心に置き、継承者の地位を確立させたかったのでしょう。自身が信頼できる豪族の代表である蘇我赤兄《そがのあかえ》と中臣金《なかとみのかね》を左右大臣に就けて補佐させました。

六七一年十二月、天智天皇が崩御します。蘇我入鹿暗殺以来、二十六年間にわたって実権を握り、自分に反対する者に容赦のなかった怖い人がいなくなりました。後継の有力候補だった大海人皇子は、いったん吉野《よしの》（奈良県南部）へ隠遁《いんとん》していましたので、近江の朝廷は大友皇子が引き継ぎました。

翌六七二年六月、「壬申《じんしん》の乱」が勃発《ぼっぱつ》します。大海人皇子が挙兵し、近江に攻め込んだ古代最大の内乱です。大友皇子は即位式を挙げる間もなく、大海人皇子に討たれます。六七三年二月、勝利した大海人皇子は飛鳥浄御原宮《きよみはらのみや》で即位しました。天武天皇です。

大友皇子と大海人皇子のどちらが正式な皇太子だったのかは、残っている文献上の記述が分かれています。

たとえば、『日本書紀』は天武天皇の第三皇子の舎人《とねり》親王が勅命により編纂したものですが、大友皇子が近江朝廷を引き継ぎ、称制したことは載せていません。一方、この頃の文献としてよく参照される詩集『懐風藻《かいふうそう》』は、天智天皇の治世を高く評価しています。編者は未詳とされていますが、大友皇子の孫、淡海三船《おうみのみふね》も編者とされている一人です。

壬申の乱以来、天智天皇と天武天皇の子孫の間で長年にわたる正統性の争いがあり、その経過の中で現代まで続く重要な先例ができました。主に三つあります。

まず、兄弟継承の慣習が直系継承優先へと転換していったこと、
次に、女帝による中継ぎは生涯独身だということ、
そして、女系天皇の否定です。

いずれも現代まで続く慣習です。

「万世一系《ばんせいいっけい》」や「男系男子」という言葉は、現代でも皇室の話題でよく聞かれます。万世一系というのは、天子の血統が変わらずに続いていることをいいます。大日本帝国憲法の条文は、「大日本帝国ハ万世一系ノ天皇之《コレ》ヲ統治ス」（第一章第一条）で始まります。

共通の祖先を持つ血族集団を氏族といいますが、皇室（朝家）もこのうちのひとつで、男系で現代までつながっています。男系というのは、それぞれの代のお父さんをさかのぼっていくと、初代神武《じんむ》天皇にたどり着くという意味です。皇室を万世一系だというのは、この意味においてです。

これを生物学的な話として捉えれば、男系男子であれば誰でも天皇になることができてしまいます。

序章で出てきた平将門は、八世紀末から九世紀初頭まで在位した桓武天皇の玄孫《やしやご》です。足《あし》

利《かが》義満《よしみつ》も九世紀半ばに在位した清和《せいわ》天皇の子孫です。いずれも「父親の父親……」とたどって行けば、天皇の誰かに行き着く男系男子です。鎌倉幕府を開いた源頼朝《みなもとのよりとも》も、父方をたどれば清和天皇です。近代でいえば、近衛文麿《このえふみまろ》も江戸時代初期に在位した後陽成《ごようぜい》天皇の男系子孫です。

彼らがどう頑張っても天皇になれなかったのは、皇族ではないからです。皇族という身位は、最大で五世までという先例があります。これを「五世の孫」といいます。続柄でいえば来孫《らいそん》が限界。①子―②孫―③曾孫《ひまご》―④玄孫―⑤来孫です。

天皇の来孫が天皇になった初例は、六世紀初頭の継体《けいたい》天皇です。武烈《ぶれつ》天皇に跡継ぎがなく、応神天皇までさかのぼって男系の男子が皇位を継ぎました。継承者となり得る男系子孫を全国に探し回った結果、越前《えちぜん》国三国《みくに》（福井県）で該当者が見つかります。探し出してでも継承させたということは、当時までに万世一系という大原則が確立していた証拠です。

継体天皇をもって王朝断絶とする言説がありますが、これは用語の混乱があるからです。王朝交代の話では、「どの天皇と血がつながっているか」という話が混同されやすいのです。特定の天皇を起点とした直系子孫、つまり「統《とう》」の話です。

天皇の系図を見てみましょう。第十七代履中《りちゅう》天皇まで、神武天皇から見て「一系」かつ

万世一系の天皇

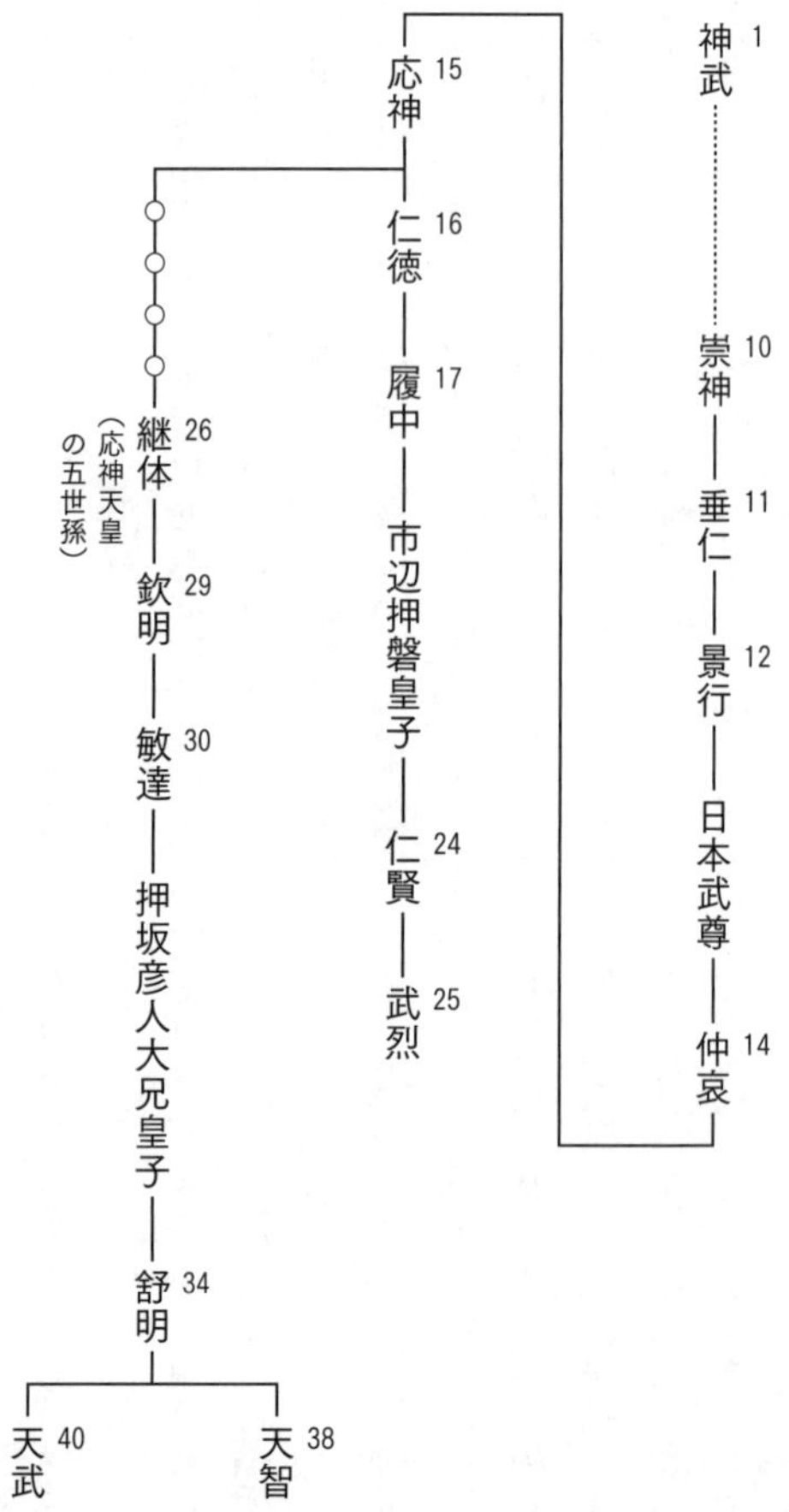

※数字は、天皇の代数

フランスの王朝

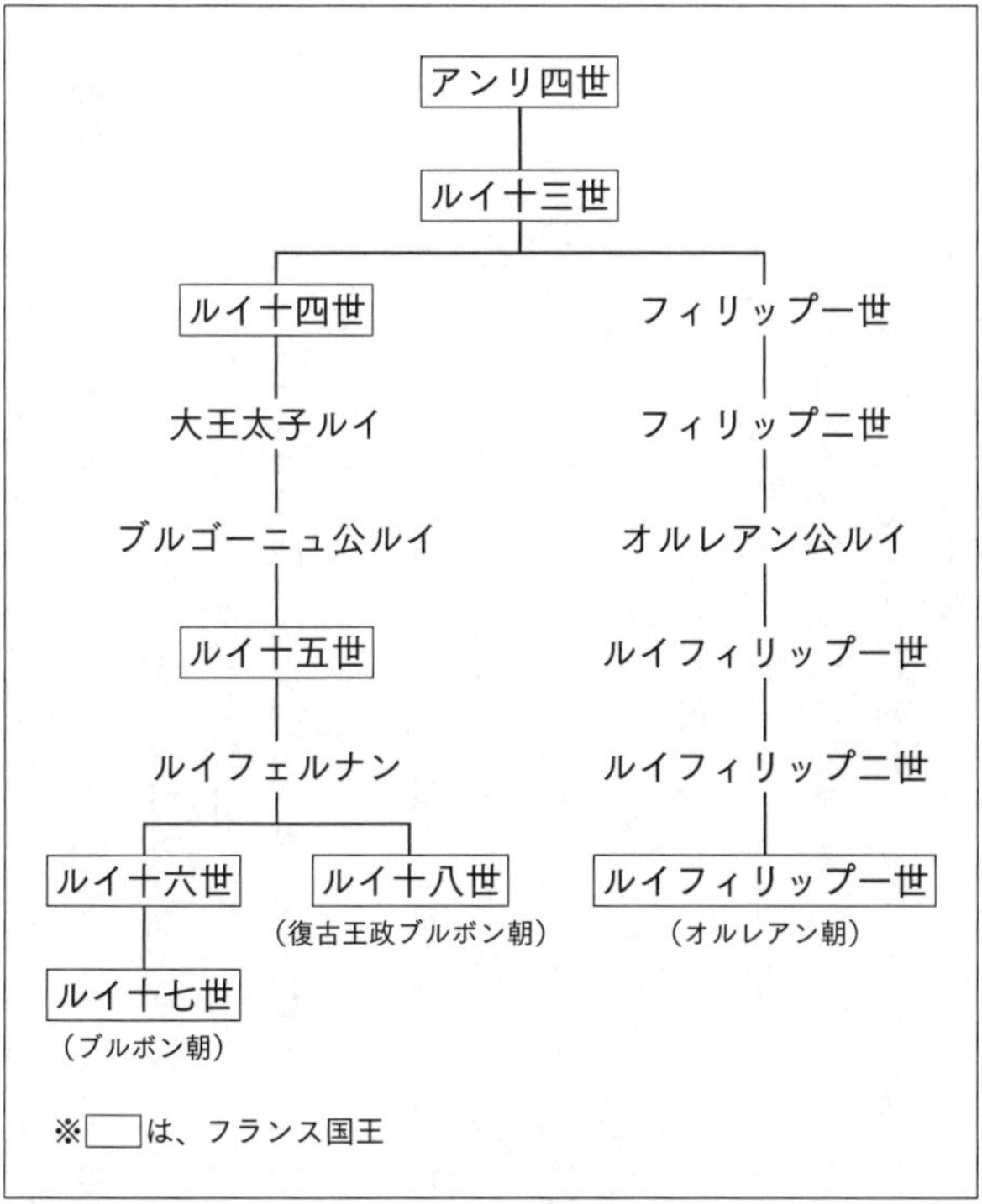

ヨーロッパの王室では、「統」が変われば王朝も変わる

「一統」なのが分かります。第十六代仁徳《にんとく》天皇の「統」が第二十五代武烈天皇で途絶え、第十五代応神天皇までさかのぼって、第二十六代継体天皇につながります。仁徳天皇の「統」はここで終わり、継体天皇の「統」に移りますが、神武天皇から続く「系」としては変わりません。つまり、「一統」ではないかもしれませんが「一系」なのです。

このように「系」と「統」は似ていますが、異なる意味の言葉です。両方を合わせて一語にしたのが系統です。

ちなみにヨーロッパの王室では、「統」が変わることを王朝交代と言っています。たとえばフランスの王朝でいうと、ルイ十四世からルイ十八世の「統」とルイ・オルレアン公の「統」は、日本の感覚から見れば両方とも同じ「系」ですが、別王朝（それぞれ「ブルボン朝」と「オルレアン朝」）とされます。これがナポレオンの王朝に移れば、明らかに「系」が変わります。こちらは日本の感覚でも王朝交代です。

つまり日本の皇室は、「系」が同じことが男系継承によって担保されています。だから世界で最長不倒の王朝が現代まで続いているのです。

また古代には、氏族内で叔父《おじ》─姪《めい》の婚姻のような近親婚も多いですから、「統」も分かれたりくっついたりして続いています。

では、天皇の子孫はみんな皇族かというと、そうではありません。皇族の範囲が明文化されたのは、「大宝令《たいほうりょう》」の「皇親の制」に始まります。

条文が確認できるのは「養老令《ようろうりょう》」（七五七年）にある「継嗣令《けいしりょう》」で、天皇の兄弟・子を親王（内親王）、五世孫までを王（女王）としています。数え方がややこしいのですが、親王を一世として以後を数えます。天皇の孫は二世王です。「五世の孫」の規定があるのは、皇統断絶の危機だった継体天皇の先例を最大としているからです。皇族のうち、皇位継承は親王から三世王（天皇の曾孫）までが通例として運用されました。また、「継嗣令」では、臣下と結婚できるのは、五世の女王に限られます。さらに、五世王が内親王を娶ることも禁じています。

制定から世代を経るにしたがって、厳密な運用は難しくなっていきますが、基本の規定はこのようなものです。平安時代、嵯峨天皇以降は二世以下の王に親王宣下を行なう慣習ができますが、これはまた後述します。

ちなみに、この「五世の孫」の唯一の例外が伏見宮《ふしみのみや》家です。伏見宮家は、南北朝時代の北朝三代崇光《すこう》天皇の皇子、栄仁《よしひと》親王から始まる宮家で、後花園《ごはなぞの》天皇により「御所号」が与えられ、五世を超えても親王宣下がされる「世襲親王家」となりました。明治時代に親王宣下の慣習がなくなってからも、昭和二十二（一九四七）年に第二十四代博明王《ひろあきおう》が皇籍離脱するまで五百年以上続いた宮家です。

兄弟継承から直系継承へ

天智天皇以降の皇位継承が武力で決したことは、壬申の乱のとおりです。ですが、一族を皆殺しにされたわけではないので、その後も天智天皇の血は絶えていません。天智天皇の皇子が天武天皇の朝政《ちょうせい》に参画しているほか、持統天皇をはじめ天智天皇の皇女たちが天武天皇に嫁《とつ》ぎ、皇子を儲けています。

天武天皇は、持統天皇との間に生まれた草壁《くさかべの》皇子を皇太子に立てるにあたり、有力な皇位継承候補となり得る六人の皇子を吉野に集め、草壁皇子の立太子を確認し、継承争いをしないという盟約を行ないます。「吉野の会盟」です。参加したのは、草壁、大津《おおつ》、高市《たけち》、忍壁《おさかべ》、川島《かわしま》、施基《しき》の六人で、このうち川島皇子と施基皇子は天智天皇の皇子、草壁皇子と大津皇子の母は天智天皇の皇女です。

朱鳥元《あかみとり》（六八六）年九月九日、天武天皇が崩御。持統天皇は草壁皇子とともに国政を執《と》りますが、一カ月も経たないうちに、いきなり大津皇子が謀反の疑いで逮捕され、自害に追い込まれました。この事件は、川島皇子の密告とも、持統天皇による謀殺ともいわれます。

事件の後も、持統天皇は草壁皇子を支えて朝政を切り回しますが、六八九年四月、草壁皇子は即位しないまま若くして亡くなってしまいました。『日本書紀』では、この三年間を含めて、天武天皇の崩御後から持統天皇が称制したと記録されています。本人に国政を執る能力がなければ即位できないのが当時の天皇で、草壁皇子は病気のため、即位の条件が整わなかったのだろうと推察されます（注6）。

この時、草壁皇子の遺子、軽《かるの》皇子はまだ七歳です。他にも皇太子候補となる優秀な皇子たちがいます。そこで持統天皇は、孫のライバルたちを抑えるために自身が即位するのです。

また、草壁皇子よりも年長だった高市皇子を太政大臣に任じます。高市皇子は、壬申の乱で全軍の統帥を任されて以来、天武天皇をはじめ、周囲の人望も高かった人物です。この時の太政大臣は大友皇子の時と同様に、皇太子による国政補佐に近い立場です。ところが、持統天皇が高市皇子に譲位することはなく、六年後に高市皇子も亡くなりました。

持統天皇は、成長して十代半ばに差しかかった軽皇子を皇太子に立てますが、その前に主だった廷臣を集め、後継者を誰にするかという意見を聞きます。皇極天皇の頃の群議を彷彿《ほうふつ》とさせます。この時もみんなが好き勝手なことを言い出し、結論が出ません。

そこで群議による推戴に代わり、天皇の意思で皇太子が決定されました。『懐風藻』では、葛野王《かどののおう》が「兄弟相続は乱の原因だから、直系で継承を」と提言したので、持統天皇が「国を定むる」と喜び、軽皇子を皇太子に立てたとしています。天武天皇の皇子、弓削《ゆげの》皇子が口を挟もうとして、葛野王に一喝されたという逸話もあります。葛野王は大友皇子の長男で、『懐風藻』編者とされるうちの一人、淡海三船の祖父に当たります。

葛野王の提言によるものか、持統天皇の息子への愛情によるものか、ともかくも能力主義的に兄弟が皇位を継承する慣習に対して、直系の子供への継承が優先したのがこの時です。

六九七年八月、持統天皇は軽皇子に譲位します。文武天皇です。

十五歳で即位した若年の天皇とともに、持統天皇は太上天皇として引き続き政務を執り、「大宝律令」が完成、施行されます。これに携わったのは忍壁親王のほか、中臣鎌足の次男、藤原不比等《ふひと》です。藤原不比等は持統天皇の信任も厚く、その娘を文武天皇に嫁がせていま す。大宝元（七〇一）年に待望の皇子が誕生しました。幼名は首《おびとの》皇子、後の聖武天皇です。

大宝二（七〇二）年、夫の御世からの成果である律令施行と、愛息の後継がつながったことを見届けて、持統上皇が崩御しました。文武天皇はこの後、大宝令に沿って内政を整えつつ、三十二年ぶりに遣唐使を派遣し、薩摩《さつま》や種子島《たねがしま》、屋久島《やくしま》まで統治領域の拡大を進めます。遣唐使派遣は、百済出兵以来の唐との国交回復ですから、天智天皇が行なった対外政策からの大転換でした。

天武天皇の皇子たちのうち、忍壁親王が官僚組織を束《たば》ね、天皇を輔佐します。この時の忍壁親王は、「知太政官事《ちだいじょうかんじ》」という役に就任しました。律令が定まり、太政大臣が臣下の最高位と定まったことにより、官僚を統率するために親王が就く役職を「令の外」に作りました。律令の職員令に規定されていない臨時の役職なので、「令外官《りょうげのかん》」といいます。

こうして皇位継承者は、一時的に官僚組織にも組み込まれながら、律令の施行により改めて身分として位置づけられることとなりました。持統天皇は天皇としても、上皇としても、実権を握ることで幼い皇太子や若年の天皇を守り、天武天皇の子供から孫へという直系の継承を支えたのです。

「女帝は生涯独身」の先例

天武天皇からの直系継承は、持統天皇の権力に支えられ曾孫の代まで安泰であるかのように見えました。ところが、慶雲《きょううん》四（七〇七）年六月十五日、文武天皇が病のため二十五歳の若さで崩御してしまいます。遺された首皇子は、まだ七歳です。

文武天皇の遺詔により、一カ月後の七月十七日に文武天皇の母であり、持統天皇の妹でもある阿閉《あへの》皇女が即位しました。元明《げんめい》天皇です。首皇子の成長を待つため、中継ぎの女帝が連続して出現する時代です。女子皇族たちが一致団結して男系男子の灯《ひ》を守っていこうというわけです。

彼女は天智天皇の皇女で、即位の時、すでに四十六歳でした。現代よりも寿命の短い時代ですから、今の感覚では六十代半ばといったところですが、この後九年間在位しました。

天皇の即位の時に読み上げられる宣命《せんみょう》は、古くは「御言宣り《みことのり》」といい、代替わりで初めて発せられるおことばです。儀式として固まったのは平安時代半ばごろで、即位する天皇の施政方針を臣下に告げるものでもあります。

元明天皇は、即位の宣命で「不改常典」という言葉を使います。「かわるまじきつねののり」と読み、この頃の宣命に続けて登場します。何を指すのかには諸説ありますが、戦前からの国史学者、岩橋小弥太《いわはしこやた》が「直系による皇位継承の法のことだ」と指摘してから、有力説のひとつとなっています。

持統天皇は直系への継承を政治力で支えてきましたが、元明天皇の時には即位の宣命で「自分が皇位に就くことは、自分の子に皇位を伝えることが目的ではない」と、あらかじめ宣言しています。つまり継承の対象は、あくまでも幼い首皇子だということを確認しました。文武天皇の死後、元明天皇には二人の皇女がいます。

元明天皇は即位直後、「授刀舎人寮《じゆとうとねりりよう》」を設置します。御所で帯刀し、警備する舎人を管轄する部門ですが、ひとことでいえば天皇の親衛隊員です。長官には藤原不比等の次男、藤原房前《ふささき》を就けました。武力をもってしても、何が何でも首皇子を守るのだという対策がされていたのです。

その御世には、古代の貨幣として有名な和同開珎《わどうかいちん》の鋳造《ちゆうぞう》を行なったほか、和銅二（七〇九）年には、大化の改新の頃から行なわれていた東北地方への国郡設置を進めました。国や郡《こおり》は、現在でいう地方公共団体です。出羽国《でわ》（山形県全域と秋田県の一部）が成立し、丹取《にとりの》郡《こおり》（宮城県中部と南部）が設置されます。

他に大きな出来事としては、平城京への遷都、『古事記』や『風土記《ふどき》』の編纂などがあります。天皇の下でこれらの功績を支えたのが藤原不比等でした。「大宝律令」の編纂では条文解釈を定め、法整備の中心となっています。和銅元（七〇八）年には右大臣に昇進しました。本人が優秀な官吏でもあり、何より不比等の娘の宮子《みやこ》が首皇子の母でもあります。

元明天皇と不比等の利害は一致しています。「天智天皇の『統』に皇統と政権を渡さない。天武天皇の『統』を守る」です。元明天皇は天智天皇の娘ですから、ここでいう系統は、あくまで男系のことです。

不比等は同じ氏族からも恨みを買いそうな境遇です。藤原姓は、天智天皇が不比等の父、中臣鎌足に賜ったもので、鎌足の子供たちも藤原姓を名乗っていました。ところが文武天皇の生前、藤原朝臣の姓を不比等にのみ許し、鎌足の他の子孫から取り上げてしまいます。

しかも、文武天皇が即位した頃に不比等の嫁となった県犬養《あがたのいぬかいの》三千代《みちよ》は、壬申の乱で大友皇子の派兵要請を拒否した栗隈《くりくま》王の息子、美努《みぬ》王の元嫁です。持統天皇の信任も厚く、天武天皇以来の忠誠の功績によって、元明天皇から賜杯とともに橘《たちばなの》宿禰《すくね》の氏姓を賜りまし

橘氏と藤原氏

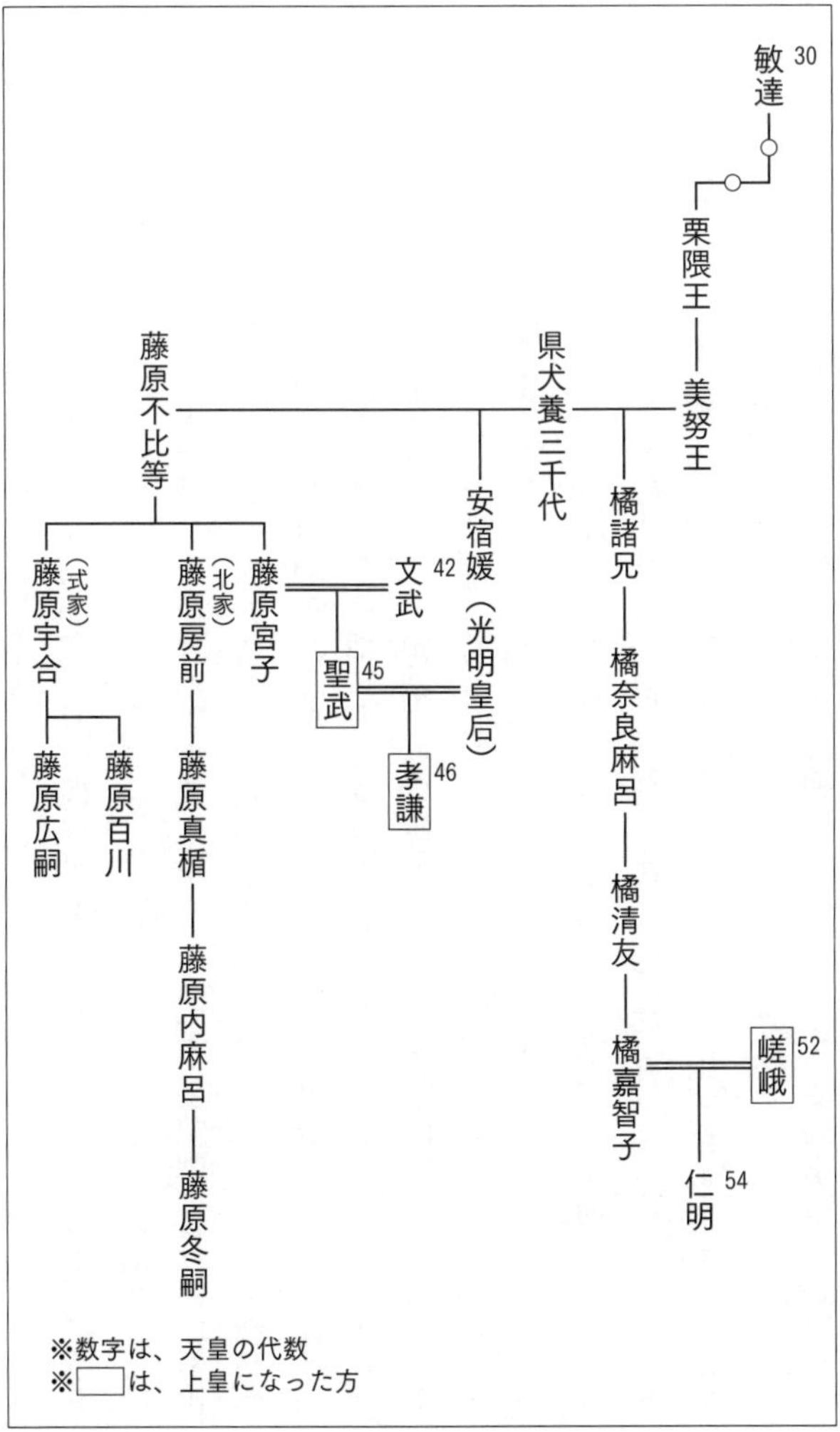
敏達 30
栗隈王
美努王
県犬養三千代
藤原不比等
橘諸兄
橘奈良麻呂
橘清友
橘嘉智子
嵯峨 52
仁明 54
安宿媛（光明皇后）
文武 42
聖武 45
孝謙 46
藤原宮子
（北家）藤原房前
藤原真楯
藤原内麻呂
藤原冬嗣
（式家）藤原宇合
藤原百川
藤原広嗣
※数字は、天皇の代数
※□は、上皇になった方

た。大嘗会《だいじようえ》の宴の席ですから人目に立ちます。

もっといえば、「黒作懸佩刀《くろづくりかけはきのかたな》」という守り刀の継承があります。首皇子への皇統継承を前提として、世代をまたいで継承された物品があったといい、「正倉院文書」に遺されている記録では、草壁皇子から不比等へ、不比等から文武天皇へ、文武天皇崩御により再び不比等へ、不比等の死去で聖武天皇へ献上されるという経路で伝わっています（注7）。「天武系」（正確には「天武統」）の直系継承という目的に、藤原不比等は深く関わりすぎていたのです。

歴史の教科書では、「藤原不比等とその他勢力の権力闘争が日本史だ」といわんばかりですが、この時代の主軸は「天武系」と「天智系」の皇統争いです。藤原氏はその周辺の一番近いところにいて、周囲の貴族を片っ端から潰していく役回りなのです。もっとも重要な脇役ですが、主役ではありません。

和銅七（七一四）年、周囲の人々に守られてきた首皇子は無事に元服し、十四歳で皇太子に立ちました。この皇太子に藤原不比等は、県犬養三千代との間に儲けた安宿媛《あすかべひめ》、後の光明《こうみよう》皇后を嫁がせます。不比等の一族はこれで安泰かといえば逆で、周囲から憎まれる要素がもうひとつ増えたことになります。

翌年九月、元号が和銅から霊亀《れいき》に変わります。霊亀元（七一五）年、元明天皇は譲位しました。受禅したのは皇太子の首皇子ではなく、娘の氷高《ひだかの》皇女でした。つまり皇太子の姉が、元正《げんしょう》天皇として即位します。

元明天皇は譲位の詔《みことのり》で、はっきりと「首皇子がまだ若いので、氷高皇女に譲位します」と述べていました。この時、首皇子は十五歳。文武天皇が即位したのも十五歳ですから若年天皇の先例はありますが、後見する側に不安があったのです。政権基盤を固めるべく、さらにもう一人の中継ぎの女帝を立てたということでしょう。すべての先例が自動的に適用されるわけではありません。

この当時、天皇の輔佐は皇族の役目です。藤原氏をはじめとする各豪族は、天皇に代わって「朝政を聴く」ことはできません。天皇を輔佐する知太政官事は、忍部親王の薨去《こうきょ》後、同じく天武天皇の皇子の穂積《ほづみ》親王が引き継ぎました。十年間にわたって務めていましたが、この年の七月に薨去します。ちょうど天武天皇の皇子たちが寿命を迎えていく頃合いでした。

ここまで、旧来の慣習を抑えて直系でつないでいますから、いまだ皇太子の地位は安定していない時代です。強い後見者がいなければ、皇族の中から首皇子にとって代わる者が出てもおかしくありません。

元明天皇にしても、この時すでに五十五歳、現代でいえば七十代半ばの感覚です。晩年は病気がちでもあり、首皇子の後の世代まで託せる年齢の娘に皇位を譲りました。首皇子に譲位した後、太上天皇の立場で天皇を支えることが前提の即位です。母の元明天皇と同様、中継ぎとしての自覚が強く見えます。上皇、天皇ともに女性が並び立ち、皇太子を後見するという珍しい時代です。

養老三（七一九）年六月、首皇子は初めて朝政に出ました。

元正天皇は、即位の時に三十五歳。幼い頃から才色兼備だったと言われますが、この時まで独身です。元明天皇までの女帝は、即位するまでは天皇や皇太子の皇后ですから皇子や皇女を儲けています。しかし、女帝が即位後に再婚して子供を生んだ先例はありません。もともと独身のまま即位した元正天皇は、女帝が「生涯独身である」という先例になりました。

女帝の先例として挙げられるのは、主にこの頃の女帝ですが、あらかじめ自身の次の継承者が決まっていますから、子供を儲ける必要がないのです。女性で正式に皇太子となって即位したのは、後の孝謙天皇だけです。その孝謙天皇にしても、生涯独身で、子供はありません。即位後に皇太子として立てたのは、いずれも天武天皇の男系孫です。

また、元明天皇から元正天皇に譲位したことで、元正天皇が女系天皇の例として引き合いに出されることがありますが、元正天皇は草壁皇子の子ですから、「天武系」の男系女子です。「男性か女性か」ではなく、男系であることが重要です。元正天皇は、男系で「天武系」、女系で「天智系」という、両統につながっています。

草壁皇子が天皇に即位していないから「天武系」には含まれないかというと、それも違います。慶雲四（七〇七）年、文武天皇は草壁皇子の命日を「国忌《こくき》」と定めました。国忌は、歴代天皇の崩御した日から選んで定められる国の忌日《きにち》です。草壁皇子には、さらに五十年後の天平宝字《てんぴょうほうじ》二（七五八）年、「岡宮御宇天皇《おかのみやにあめのしたしろしめししすめらみこと》」の尊号が贈られています。

「民間人皇后」という新儀

養老四（七二〇）年八月、藤原不比等が死去します。

元明上皇は、すぐさま舎人親王と新田部《にいたべ》親王に政治・軍事の監督に当たらせます。官僚組織を束ねる「知太政官事」と、「知五衛及授刀舎人事《ちごえいおよびじゅとうとねりじ》」への任命です。知五衛は、衛門府《えもんふ》・左右衛士府《えじふ》・左右兵衛府《ひょうえふ》という宮城警固を担う軍の統括です。

その年の十二月、自身の亡き後を心配しながら、元明上皇が崩御しました。即日、三カ所の関門を閉じるため、固関使《こげんし》を発します。

防衛に重要な三カ所の関を「三関《さんげん》」といいます。伊勢国鈴鹿《すずか》、美濃《みの》国不破《ふわ》、越前国愛発《あらち》の各所です。「養老令」以降は「軍防令」によって、兵制や軍規とともに、関の防備が定められています。

これらの関を固め（封鎖し）、交通を遮断するのが「固関」で、反乱などがあった時に、首謀者や反乱を起した勢力が東国へ逃亡するのを防ぎます。後には上皇や天皇の崩御の時に行なわれる儀礼となります。

固関が元明上皇の崩御の時に初めて実施されたのも、それだけ政情不安を予測し得る情勢だったからです。『続日本紀《しょくにほんぎ》』には、崩御直後に天皇を非難したという虚偽告訴が起こったことが記録されています。天皇批判は律に定められた大不敬罪ですから、穏やかではありません。

とはいえ、元正天皇の御世には表立って謀反や反乱は起こりません。翌年からは、高市皇子の子、長屋王《ながやおう》が右大臣、藤原房前を内臣《うちつおみ》として政務を執ります。

神亀元（七二四）年二月四日、元正天皇は首皇子に譲位しました。持統上皇が準備し、元明上皇が守り育て、元正天皇が意思を受け継いで、ようやく聖武天皇が即位します。二十四歳の青年になっていました。

この時の即位の宣命では、「不改常典《かわるまじきつねののり》」の語を改めて使い、文武天皇から位を賜ったことを強調しました。元正天皇は太上天皇として新帝を後見します。天皇が意思決定する時に、上皇が常に相談を受け、適切な指示を与えていたことは、数年後に聖武天皇自ら宣命として発しています。

即位直後、母の藤原宮子に対する尊号の問題でひと悶着《もんちゃく》あります。宮子尊号事件です。新帝が母である宮子に「大夫人《だいぶにん》」の尊号を贈ったのですが、長屋王が「先例がない」と撤回させたのです。異母妹である宮子のために動いた藤原房前の面目は丸潰れとなりました。

長屋王は天武天皇の孫ですが、天武～草壁皇子の直系に継承しようとする藤原氏の政敵です。皇親と藤原氏の板挟みになって、聖武天皇の立場は安定しません。

何よりも待たれていたのは後継の皇子です。藤原不比等の娘、安宿媛（光明子）との間には、すでに皇女をひとり儲けていますが、この後に聖武天皇の取った行動は、女帝が決して当たり前に容認されていたことではなかったと分かります。

神亀四（七二七）年、光明子が皇子を出産します。聖武天皇は、なんとこの皇子を生後一カ月で立太子するのです。

父帝が崩御した時に十歳に満たなかった首皇子が無事に立太子するまで、どれほどの努力がなされたのかを思い起こせば、聖武天皇の行動は暴挙でした。成人とともに立太子、天皇には三十歳以上の人生経験が資質として求められる時代です。

皇太子を出して外戚となる藤原家にとってはこれ以上ない慶事で、群臣たちがお祝いに駆け付けますが、政権の一翼を担う皇親はどう思ったでしょうか。ことに長屋王などは、元明天皇、元正天皇の苦労を見ていますから。

せめて皇子が元気に育てば、次代の天皇の養育問題程度のことだったのでしょうが、翌神亀五（七二八）年秋頃、皇太子が病気になります。聖武天皇は自ら看病したと伝わります（注8）。

九月十三日、天皇の願いむなしく皇子は亡くなりました。文献上、名前すら明らかではありません。「基王《もとい》」とされますが、「某王」の誤りではないかという説も有力です。

皇子が亡くなった年のうちに、長屋王が謀殺されました。「長屋王の変」です。嫌疑は謀反ですが、『続日本紀』には冤罪《えんざい》だったとはっきり残されています。「先代、先々代から引き続いて、直系継承を守護しながら聖武天皇の治世を守ってほしい」と元明上皇が後事を託した皇親が無実の罪で亡くなりました。翌年、安宿媛が立后します。光明皇后です。

藤原氏出身の安宿媛が皇后になったこと、つまり臣下である豪族出身者の立后《りっこう》は新儀に他なりません。皇后は、場合によっては皇位を継ぐことがあることから皇族に限られていました。有力豪族の娘が嫁いでも皇后にはなれません。その慣習を破り、一般人が皇族になる初例となったのが光明皇后です。

長屋王は、反対することが予想されたために排除されたといわれますが、定かではありません。冤罪だと分かったのは、長屋王に謀反の考えがあると密告した者が五年以上経ってから真相を漏らしたからだとか（注9）。

光明皇后の立后には、内親王の立太子の環境を整えるという意味もあります。

今の美智子《みちこ》皇后陛下は、ほとんどの日本人から敬愛されています。もとは正田《しょうだ》家のお嬢さんでした。皇族の数が少なくなっている現在、「皇后は皇族に限る」などといっても、いまさら無理でしょう。

しかし、「民間人皇后」の新儀が、長屋王の変で血塗《ちぬ》られていたのは事実です。新儀は無理やりやることではないのです。

「脱・藤原氏」という難題

さて聖武天皇には、もうひとり皇子がいました。県犬養広刀自との間に儲けた安積親王《あさか》です。ところが、母親の身分が低いのです。県犬養広刀自は、父親が従五位下《じゅごいげ》ながら、県犬養三千代の推挙で後宮に入ったといわれる人です。

上皇や天皇、主だった近臣たちは、阿倍《あべ》内親王（後の孝謙《こうけん》天皇）の立太子へと固まっていきます。安積親王という男系男子がいるにも関わらず、男系女子に皇位を継承させようとするのは、藤原氏の横暴というしかありません。ただ、その横暴を可能にしたのは、「男でも女でも何でもいいから、自分の子供に皇位を継がせたい」という聖武天皇の無責任さでした。

時代は天平《てんぴょう》へと変わります。天平十（七三八）年、阿倍内親王は女性としては初めて、正式に皇太子となります。同日の人事で右大臣に任じられたのは、県犬養三千代の子、橘諸兄《もろえ》です。藤原不比等に嫁ぐ前の元夫、美努王との子でした。敏達天皇の玄孫にあたります。

立太子の前後は、天災や疫病の大流行で世の中も不穏な時で、大地震や凶作が続きます。

天平七（七三五）年には凶作に追い打ちをかけるように疫病が襲い、元明上皇の崩御以来、官僚組織と軍隊を統括していた舎人親王や新田部親王も相次いで薨去します。また、政務の中心だった藤原不比等の息子たちは、阿倍内親王の立太子前年までの三年間で全員疫病により死去しています。

聖武天皇は民の救済策を実施し、皇族から臣籍降下した橘諸兄（葛城《かつらぎ》王）が朝廷の立て直しに奮闘します。

もともと光明皇后の影響もあって仏教に深く帰依《きえ》していた聖武天皇は、いよいよ仏道に傾倒しました。世上《せじょう》、長屋王の祟《たた》りという噂も飛びかいます。

朝廷の重鎮がバタバタと亡くなるなか、唐から帰朝した僧玄昉《げんぼう》や吉備真備《きびのまきび》が重用されていきます。疫病で亡くなった参議藤原宇合《うまかい》の長男、藤原広嗣《ひろつぐ》は橘諸兄と対立したため、大宰《だざいの》少弐《しょうに》（大宰府官僚のナンバー4）に左遷されました。広嗣は、僧玄昉と吉備真備を非難し、朝廷から除くことを文書で要求したのち、天平十二（七四〇）年、九州の豪族を取り込んで挙兵するに至ります。

橘諸兄政権は、全国から兵を集め広嗣を討ち取りました。壬申の乱以来の武力による反乱が起こり、天皇と皇太子を支える官吏の勢力図が変わっていく中で、本来であれば政治の動揺を抑え込めるのは、聖武天皇ただ一人です。

聖武天皇は、生まれた瞬間に権力を約束されていた天皇です。藤原氏の庇護《ひご》のもと、元明・元正という二代にわたる上皇の強い皇統保守の意思を後見に、やりたいことは何でもできた人です。

ところが、藤原広嗣の反乱を避けて伊勢へ行幸した聖武天皇が行なったのは、平城京の放棄でした。あまりにも疫病が酸鼻《さんび》を極めたので、清浄な土地を求めたといいます。以後、六年間の間に恭仁京《くにきょう》（京都府木津川《きづがわ》市）、難波宮（大阪府、上町《うえまち》台地）、紫香楽宮《しがらきのみや》（滋賀県甲賀《こうか》市）と転々とします。そのたびに、もれなく大仏の建立《こんりゅう》も付いて来ますが、ひと所になかなか落ち着きません。恭仁京は建設途中に放棄され、古い宮城の街路など設備の整った難波宮の再利用を決める頃には、当初離宮として建設を始めていた紫香楽宮に執心しているという具合です。

紫香楽宮に遷ってからは地震と火災が頻発し、聖武天皇は都を平城京へ還《もど》します。ぐるっと回って、結局元の場所へ帰って来ました。この間、「奈良の大仏」で有名な東大寺《とうだいじ》盧舎那《るしゃな》仏《ぶつ》の建立が進められ、その勧進《かんじん》（資金や人足の調達）に功のあった行基《ぎょうき》が力を得ていきます。

還都の直後、聖武天皇自身も病が重くなり、天平十七（七四五）年には、知太政官事に就いていた長屋王の弟、鈴鹿王が薨去します。重用されていた僧玄昉も左遷され、行基が大僧正に昇り、政界の変動は続きます。

そして天平十九（七四七）年、長らく聖武天皇を後見してきた元正上皇が崩御しました。元正上皇は、光明皇后を信頼し、阿倍内親王の立太子を支持していたといいますが、貴族たちがそれで納得していたわけではなく、上皇が重きをなしているので表面化しなかっただけでした。

草壁皇子の系統に継がせるために、他の「天武系」の皇族を排除しようとしたのが元明・元正の二代の上皇です。藤原氏はそれに乗っかっただけです。しかも、聖武天皇が平城京の周りをグルグルしている間は、家長にあるべき人が次々と死去し、政権中枢から外されていますから、乗っかれてすらいません。

遷都が続いていた間、天平十六（七四四）年には、安積親王も恭仁京で病死しています。根本的な問題である後継問題をより深刻な状態で引きずったまま、天平勝宝《しょうほう》元（七四九）年七月、聖武天皇は阿倍内親王に譲位しました。聖武上皇は譲位前に病気のため出家しており、皇太后となった光明子に後事を託します。歴代の太上天皇が担ってきた天皇後見の役割を皇太后が引き継ぎ、藤原仲麻呂《なかまろ》が皇太后の輔佐に就きます。そうした環境の中で孝謙《こうけん》天皇は即位しました。

ここに藤原氏は復権を果たすことになります。

天皇より、上皇や皇太后のほうが上？

大仏の建立も大詰めです。陸奥国から献上された金を用いて銅像の上から塗金《ときん》が行なわれ、天平勝宝四（七五二）年に黄金に光輝く大仏の開眼供養《かいげんくよう》が行なわれました。

この時代の大仏建立については、銅を溶かすための溶炉の遺構が出土しているほか、古文献から塗金の技術が解明されています。この頃の疫病は大陸からも入っているのですが、実は鋳造の銅や塗金の際に使われた水銀の鉱毒ではないかという説もあります。疫病がおさまるように熱心に大仏を作れば作るほど、疫病が悪化したのであれば、皮肉なことです。

上皇の病や崩御のたびに、政情不安を示す小さな事件が重なっていきます。元正上皇崩御の時には、直後に怪文書が飛びかいました。聖武上皇の病気が重くなった時には、薬師寺《やくしじ》や宇佐八幡宮《うさはちまんぐう》で厭魅《えんみ》（人を呪い殺す妖術）が行なわれたとして僧と神職が遠流《おんる》となります。薬師

天智系と天武系

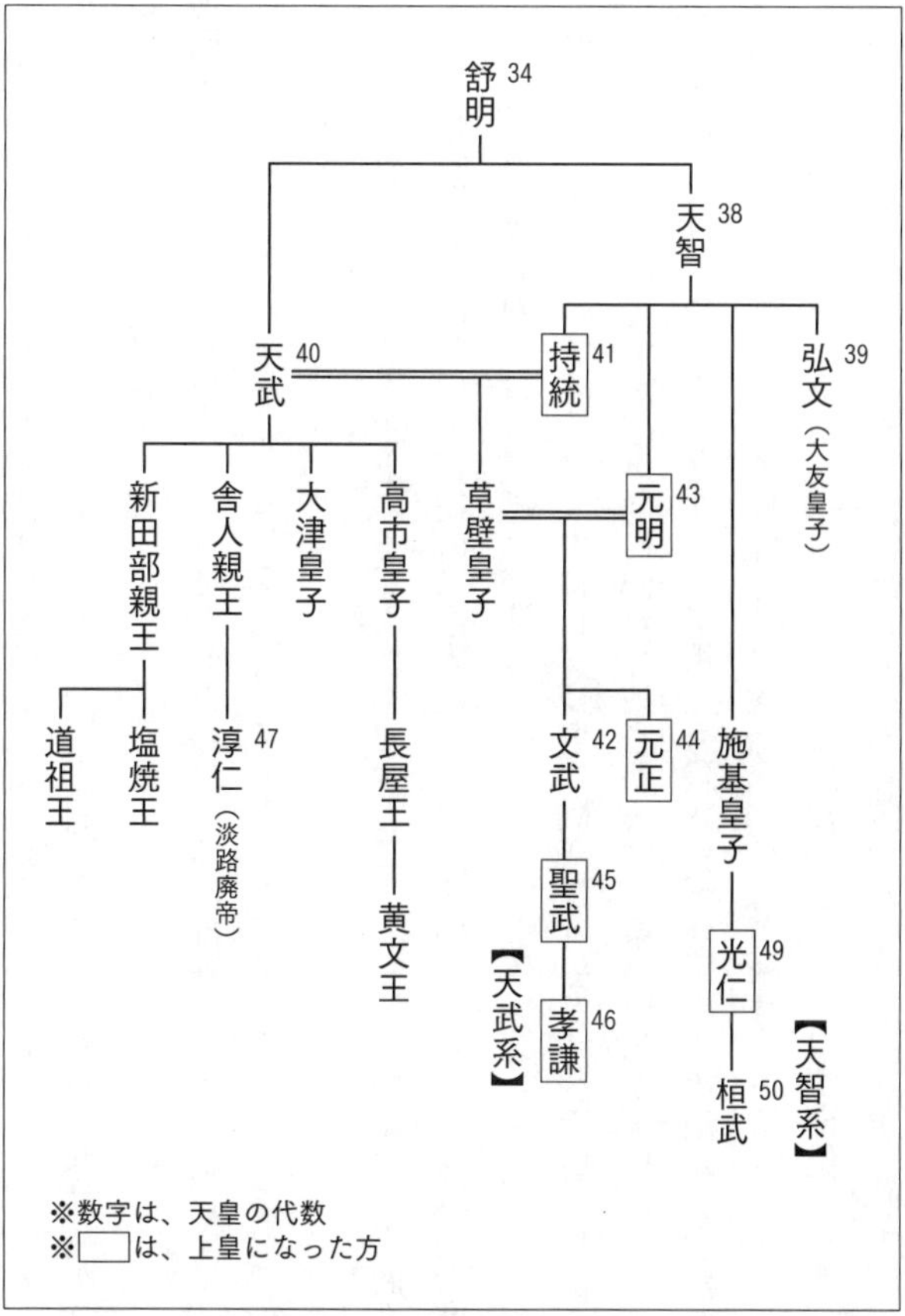
舒明 34
天智 38
天武 40
持統 41
弘文 39
（大友皇子）
新田部親王
舎人親王
大津皇子
高市皇子
草壁皇子
元明 43
道祖王
塩焼王
淳仁 47
（淡路廃帝）
長屋王
黄文王
文武 42
元正 44
施基皇子
聖武 45
光仁 49
孝謙 46
桓武 50
【天武系】
【天智系】
※数字は、天皇の代数
※□は、上皇になった方

寺も宇佐八幡宮も、それぞれ孝謙天皇と聖武上皇に縁の深い寺社です。

そして、天平勝宝八（七五六）年、聖武上皇が崩御すると、重石《おもし》が取り除かれたように、ここから後継問題が噴出します。

聖武上皇の遺詔により皇太子に立てられたのは、新田部親王の子、道祖王《ふなど》です。天武天皇の孫にあたる傍系の皇子です。ところが、この皇太子は天平宝字元（七五七）年に廃されてしまいます。

次に立てられたのは舎人親王の子、大炊王《おおい》です。こちらも傍系ですが「天武系」です。大炊王は、藤原仲麻呂の長男・真従《まより》の未亡人だった粟田諸姉《あわたのもろね》を妻とし、仲麻呂の邸に住んでいました。仲麻呂から見れば「婿殿《むこ》」です。

仲麻呂の台頭によって橘諸兄は失脚し、長男の橘奈良麻呂《ならまろ》が孝謙天皇の廃位も含むクーデター計画を立てるのですが、事前に洩《も》れて潰されます。奈良麻呂が天皇に擁立しようとした黄文王《きぶみ》（長屋王の子）や廃太子となった道祖王も殺され、廷臣の大粛清が行なわれました。処刑された者は、関係者の家族や郎党含めて数百名にのぼります。

天平宝字二（七五八）年、孝謙天皇は大炊王に譲位。淳仁《じゆんにん》天皇が即位すると、藤原仲麻呂の権勢が強まります。この時に仲麻呂が天皇から賜った名前が、恵美押勝《えみのおしかつ》です。光明皇太后のもとで政治を掌握し、軍を握り、通貨発行権・徴税権も得ています。藤原不比等の顕彰を兼ねて「養老令」を公布し、二年後には太政大臣に昇ります。さらに正一位《しょういちい》に進むと、私兵を持つ特権まで得ます。

仲麻呂は自ら恵美押勝と改名したのを皮切りに、それまでの先例をことごとく無視します。朝廷の官職を片っ端から唐風（中国名）に改名しました。太政官を「乾政官《けんせいかん》」、太政大臣を「大師《だいし》」といった具合に。光明皇太后のために仲麻呂が設置し、その指揮下に置く組織は、「紫微中台《しびちゅうだい》」と名づけられていました。要するに、日本を中国化しようとしたのです。やりたい放題ですが、淳仁天皇は傀儡ですし、孝謙上皇は病気療養中でした。

上皇の療養場所は、仲麻呂が建設した副都、近江保良宮《ほらのみや》です。仲麻呂は中国でいう陪都《ばいと》（首都に準ずる都）に倣って造営しています。孝謙上皇と淳仁天皇が平城宮の改装工事を理由に行幸すると、淳仁天皇が「しばらくここにいたいです。税金はこっちに納めてください」という詔勅を出しました。この保良宮で療養していた孝謙上皇の病を治したといわれているのが道鏡《どうきょう》です。

道鏡は、河内《かわち》国（大阪府南東部）の豪族、弓削《ゆげ》氏の出身です。古くから物部氏の配下で弓の製造を担ってきた一族です。道鏡は山籠《やまご》もりの苦行により、験力《げんりき》を得たといいます。

孝謙上皇は道鏡を重んじて、淳仁天皇や藤原仲麻呂と対立していきます。

天平宝字四（七六〇）年六月、光明皇太后が薨去します。藤原仲麻呂は後ろ盾を失い、道鏡に批判的だった淳仁天皇は、孝謙上皇に「国政は、日常の小事だけやっていなさい」と諫《いさ》められました。上皇自身は出家しますが、「大事なことは私が決めます」と宣言しました。

光明皇太后の死によって孝謙上皇の影響力が強まりました。古代では、上皇や皇太后の力が天皇を上回る場合が多くありました。

藤原仲麻呂は、道鏡を排除するため兵を動かすことを決めます。一方、反仲麻呂勢力はカウンタークーデターを計画します。首謀者の藤原良継《よしつぐ》は藤原式家《しきけ》、宇合の子です。反仲麻呂クーデター計画の発覚で処罰された良継は、兄である藤原広嗣の挙兵にも付き合って伊豆《いず》に流されたことのある人です。

ただ、いかに武力に訴えたところで、政治の最高決定権は上皇が持っています。文書の決済に必要な「鈴印《れいいん》」（駅鈴と天皇御璽《ぎょじ》）の奪い合いとなり、仲麻呂の息子、訓儒麻呂《くすまろ》が上皇のもとから鈴印を強奪して逃げます。この愚行で、仲麻呂は完全に大義名分を失いました。

孝謙上皇の命を受け、親衛隊から派遣された坂上苅田麻呂《さかのうえのかりたまろ》が訓儒麻呂を射殺、鈴印を守りました。苅田麻呂は、後の征夷大将軍で有名な坂上田村麻呂《たむらまろ》の父です。

ここからの追討戦で近江に逃れた仲麻呂は、塩焼王《しおやき》を立て、天皇を名乗らせます。塩焼王は、廃位されて殺された道祖王の兄です。橘奈良麻呂の事件の時にも関わっていました。仲麻呂たちは越前へ脱出しようとしますが、固関のため愛発関で阻まれ、決戦となります。仲麻呂と塩焼王はここで死亡し、仲麻呂の一族も壊滅しました。以上は、「恵美押勝の乱」と呼ばれます。

天平宝字八（七六四）年十月、反乱を鎮《しず》めた孝謙上皇は淳仁天皇を廃位し、淡路《あわじ》に幽閉します。前天皇は一度脱走を図りますが捕らえられ、翌日亡くなりました。「淡路廃帝《はいてい》」と呼ばれます。

廃帝というのは、名誉剝奪刑です。中華皇帝のように過去にさかのぼって事実を抹消するようなことはしません。過去に天皇だった事実はあるけれども、死んだ後に天皇号を贈らないという扱いをするのです。令制のもとでは天皇が位を退くと、自動的に太上天皇となるからです。

なお明治三年、淡路廃帝には「淳仁天皇」の号が贈られました。本文でも「淳仁天皇が即位」とすんなり書きましたが、明治以前の名称はあくまでも「淡路廃帝」です。

この時、非業の死を遂げた三人に天皇号が贈られました。淳仁天皇の他には、壬申の乱で敗死した大友皇子に「弘文天皇《こうぶんてんのう》」の号が贈られ、即位が確認されます。また、承久《じょうきゅう》の乱に際し、践祚しただけで廃位された「九条廃帝《くじょうはいてい》」は「半帝」とも呼ばれてきましたが、「仲恭天皇《ちゅうきょうてんのう》」の号が贈られ、名誉回復がなされます。

天武《てんむ》天皇の「統」が絶える

さて、話を戻しましょう。

淳仁天皇の廃位の後、孝謙上皇が「重祚《ちょうそ》」し、称徳《しょうとく》天皇となります。称徳天皇はすでに出家していたのですが、自ら政務を執ると宣言します。輔佐するのは道鏡です。

天平神護《じんご》元（七六五）年、道鏡は「太政大臣禅師」に昇りました。僧侶は基本的には政治のような俗世に関わらないのが通例なのですが、天皇も出家していますし、また、道鏡は腹心の円興《えんこう》に政務を補佐させました。この人物の役職名が「法臣」というくらいですから、仏教の教義を重視した異例の政治になります。

鷹や犬を狩猟に使うことを禁じ、魚を放った池での漁も厳禁します。神社への供物《くもつ》は許されましたが、それ以外は宮中への魚や肉の献進も禁止です。寺の造営を奨励し、各寺の所領は国司や郡司の管轄外として保証し、寺院による墾田《こんでん》は認める一方、権門《けんもん》（有力貴族）の墾田は厳禁としました。

それ以前の天平年間に「墾田永年私財法」が発布され、新たに自分たちで開墾した耕地は、一定の条件を満たしさえすれば開墾者の永世私有を認めていました。しかし、貴族の権利は停止し、寺院の所領拡大を保証したのです。貴族たちから不満が出るのは当然です。

道鏡が太政大臣禅師となってからは、治部省《じぶ》を掌握します。氏族内の婚姻や継嗣、訴訟を扱い、僧侶や尼の許認可を行ない、儀式や外交儀礼を掌る役所です。公式の決済印に代わり、道鏡の私印を押させていました。

肝心の後継者問題ですが、称徳天皇は「皇太子は立てない」と宣言していました。取り付く島もありません。独身の称徳天皇の後継者が誰か定まらぬまま、不穏《ふおん》な政局の中で道鏡らの専制が強まります。

天平神護二（七六六）年十月、道鏡は「法王」の位を得ます。わざわざ道鏡のために設置された地位です。

後に太上天皇が出家すると「法皇」になりますが、それとは別で、僧侶である道鏡に俗界の天皇と同じ待遇を約束したものでした。つまり、これまで天皇と上皇が並び立っていたものが、天皇と法王が並び立つようになったのです。

称徳天皇が法王位を作ったきっかけが仏舎利《ぶっしゃり》（お釈迦様の骨）の出現で、それを知らせた基真《きしん》という僧は、道鏡の昇進とともに参議となっています。僧侶なので法参議です。二年後には失脚し、仏舎利の出現はこの男のやらせだったと『続日本紀』に記録されてしまったのですが。

こんな調子で政務が続いていたある日、道鏡はついに天皇の位に手をかけました。神護景雲《けいうん》三（七六九）年、宇佐八幡宮から「道鏡を天位に就ければ、世の中が平和になる」と神託が下ったとしたのです。

皇統の危機です。しかし、忠臣がいました。

近衛将監《このえのしょうげん》の和気清麻呂《わけのきよまろ》は、宇佐八幡宮に詣《もう》でて、「天《あま》つ日嗣《ひつぎ》は皇緒《こうちょ》を以《もつ》てせよ」というまったく逆の神託を持って帰って来ました。このため、和気清麻呂は位階剝奪《いかいはくだつ》、左遷され、さらに「別部穢麻呂《わけべのきたなまろ》」と改名の上で流罪となりました。「和」と「清」の文字は、天武天皇の頃から使われていた秩序という意味を持つ言葉だからです（注10）。

称徳天皇はこの後、道鏡の郷里（大阪府八尾《やお》市）に建てられたという由義宮《ゆげのみや》に行幸し、「西京」と称する詔を発したと伝わりますが、由義宮が実在したかは分かっていません。ただ、「天武系」の皇統継承を目的に続いてきた努力は、皇族以外へ皇位を譲るという、まったく異なる結論へと称徳天皇を導いたのです。

和気清麻呂が持ち帰ったという神託は、「我国開闢《かいびやく》以来、君臣定まりぬ」（日本ができた時から、皇族と臣下の別は決まっている）です。別の系を認めない、つまり皇族以外は、天皇になれないことが確認されたのがこの時なのです。

神護景雲四（七七〇）年八月、称徳天皇は崩御しました。

その日のうちに左右大臣をはじめとする群臣が協議し、白壁《しらかべ》王を皇太子とします。その時点での皇族の中で最年長だったからです。

白壁王は天智天皇の二世王、つまり孫です。父は施基《しき》皇子です。天武天皇が諸皇子を集めた「吉野の会盟」に参加した皇子の一人ですが、文献によっていろいろな漢字が当てられ、表記が定まっていないくらい、ここまで歴史の表舞台には上っていない皇子です。

『続日本紀』には、「白壁王は孝謙天皇の御世、後継者争いが佳境の時には、皇子が次々と廃されていくのを見て、酒におぼれるふりをして難を逃れた」とあります。

立太子の時、すでに六十二歳。今の感覚で八十代です。朝廷では官吏として大納言まで昇っていました。聖武天皇の皇女である井上《いのえ》内親王を妻として、他戸《おさべ》皇子という後継者もいます。他戸皇子は父方で「天智系」、母方で「聖武系」、つまり「天武系」の皇子です。

権勢を誇った道鏡は、白壁王によって下野薬師寺《しもつけやくしじ》（栃木県）に追放されました。身位は一般人です。法王の位は廃絶され、朝廷は旧に復します。

宝亀《ほうき》元（七七〇）年、白壁王が即位します。光仁《こうにん》天皇です。井上内親王を皇后として、年明けには他戸親王を皇太子に立てました。ちなみに、和気清麻呂も光仁天皇により召し返され、位階も戻りました。

壬申の乱から百年、「天武系」と「天智系」の争いは天智系の勝利に終わりました。争いの最後は、天武天皇の「統」が絶え、「オレは天皇になるのだ」と鼻息の荒い一般人など目もくれずに、皇位を取り上げて終了です。皇統の正統性というのは、本来、侵害しようとする一般人など存在しないかのごとく強固なものなのです。

蘇我入鹿は正統性を守る仕組みが未熟な頃に登場しました。天智天皇が構築しようとしたのは、正統性を守る仕組みであり、「天武系」はそれを引き継ぎます。しかし、直系継承にこだわり、その目的を守るために多くの新儀が行なわれました。積み重ねられた先例をゆるがせにした時に、藤原仲麻呂や道鏡が力を持つことになりました。

一方で、この時代は重要な教訓と先例も残しています。女帝の位置づけ、宗教との関係、法律の運用、君臣の関係などです。

さて、この時代の後日譚《ごじつたん》です。結果として「天武系」が「天智系」に皇統を渡さない最後の抵抗となったのが道鏡でしたが、しばらくは尾を引きます。

宝亀三（七七二）年三月、井上皇后が厭魅《えんみ》のかどで皇后を廃されます。五月には他戸親王も廃太子とされました。後を受けて皇太子となったのは、長男の山部《やまべ》親王です。この時、三十七歳の壮年。母の高野新笠《たかののにいがさ》は、百済武寧《ぶねい》王の裔《えい》だといわれます。井上・他戸の粛清で「天武系」は完全に排除されました。

天応《てんおう》元（七八二）年、元々高齢だった光仁天皇は、病気を理由に山部親王に譲位します。桓武《かんむ》天皇です。母の高野新笠は、藤原宮子の先例により「皇太夫人《こうたいふじん》」となりました。

桓武天皇の践祚直後、氷上川継《ひがみのかわつぐ》が謀反を起こそうとして捕まります。川継は塩焼王の子で、母が聖武天皇の皇女の不破《ふわ》内親王、妻は藤原不比等の孫、藤原浜成《はまなり》の娘です。宝亀十（七七九）年、無位だったところを従五位下に叙《じょ》せられました。兄が聖武天皇の呪詛《じゅそ》事件に関わったことや、塩焼王の顛末《てんまつ》からすれば、光仁天皇の寛大な処置です。

ところが、川継の従者が武器を隠し持って宮中に乱入、逮捕されたあげく、主人のクーデター計画を自白してしまいました。

本人と妻は伊豆に流され、参議だった父の藤原浜成は官位剝奪、不破内親王は淡路に配流となりました。三十五人もの廷臣が連座して処罰されます。この中には、万葉歌人として有名な大伴家持《おおとものやかもち》や、舎人親王につながる諸王も含まれます。諸王の中には、道鏡と称徳天皇を殺害し、自身が皇位に就こうと計画した和気《わけ》王の親族もいました。

桓武天皇の時代は、波乱の中で始まります。

第三章　名君の死と摂関《せっかん》政治

祟《たた》りと平安京

壬申の乱に勝利した天武天皇は、皇統を独占しました。しかし、光仁天皇の登場で、皇統は天智天皇の子孫に戻ることとなります。実に百年をかけた争いは「天智系」の勝利に帰しました。

その余韻は冷めやみません。

光仁天皇とその近臣は、天武系の朝廷で官吏として働いた人でした。天皇は白壁王として朝廷に仕えていた時、光明皇太后の陵墓の造営を指揮する山作司《やまつくりのつかさ》に任じられています。称徳天皇崩御の時に光仁天皇を推戴《すいたい》した藤原永手《ながて》や藤原百川《ももかわ》は、いわば同僚のようなものです。この時にはすでに六十二歳の晩年で、もともとの人生設計では天皇の位に就くことなど想定外でした。

施策も道鏡の行なった極端な寺院優遇策は改めますが、基本的には廷臣たちの協議で方向性が決まります。協議の中心となったのは藤原氏です。

藤原百川は、光仁天皇の息子であり、大学頭《だいがくのかみ》などを務めていた山部《やまべ》親王（後の桓武《かんむ》天皇）の能力に当初から目をつけていたといわれます。

天応《てんおう》元（七八一）年、光仁上皇は桓武天皇に譲位した年末に崩御します。桓武天皇の皇太子には同母弟の早良《さわら》親王が立ちます。喪が明けて新帝が最初に行なったのは、出自を整えることです。

光仁上皇は、在位中の宝亀元（七七〇）年、父の施基皇子に「春日宮天皇《かすがのみやてんのう》」と追尊《ついそん》していました。そこで桓武天皇は、他の場所に葬られていた光仁上皇を施基皇子の山陵《さんりょう》のある田原《たわら》（奈良市東部）の地に改葬し、自身が天智天皇直系だと強調します。即位の宣命で、「天智天皇の定め賜《たま》える法のとおりに受け賜わった」と宣言していますが、それを目に見える形に整えます。後々まで国家の重大事を御陵《ごりょう》に報告するといった儀式に活用されました。

次いで、母方の百済王《くだらおう》氏への叙任《じょにん》を行ないます。桓武天皇の生母の高野新笠は、百済系コリアンです。その母方の土師《はじ》氏に姓《かばね》を賜りました。

土師氏は、相撲の祖とされる野見宿禰《のみのすくね》から始まると伝わる氏族で、古くから天皇の古墳や陵墓の造営、葬儀の執行を担ってきた一族でした。この時に賜った姓が、大枝朝臣《おおえのあそん》（後に「大江」と改姓）、菅原《すがわらの》朝臣、秋篠《あきしのの》朝臣です。以降、土師氏の系統からは、大江氏を中心に文《もん》章博士《じょうはかせ》などの学者を多く輩出しています。

ひとまず足元を固めた桓武天皇は、自身が皇太子となった経緯や、即位直後に起こった謀反未遂事件、折からの凶作といった不吉もあったことから、新都の建設を決意します。この時に建設されたのが、当初は長岡京《ながおかきょう》、次いで平安京です。二都ともに、天智天皇が築いた近江大津京の近くです（ちなみに、平安京と平城京の直線距離は約三十七キロですが、大津京との直線距離は八キロほど）。

長岡京は、建設中の不具合や、外郭にある河川の氾濫《はんらん》により、十年で平安京への再度の遷都が決められます。この間に皇太子の早良親王が謀反の罪で廃されました。

きっかけとなったのは、延暦《えんりゃく》四（七八五）年、長岡京の造営を建議し、桓武天皇の信任も厚かった藤原種継《たねつぐ》が射殺された事件です。長岡京遷都の反対派が種継を除こうとして起こしたものですが、皇太子に仕える関係者が含まれていたため、早良親王が罪に問われることになりました。身柄を拘束されて以降、早良親王は飲食を断ち、淡路へ配流される途中で衰弱死します。無実を訴える抗議のハンガーストライキだったともいわれます。

以降、桓武天皇の周囲では不幸が相次ぎます。

長岡京では藤原百川から娶った旅子《たびこ》が延暦七（七八八）年に死去し、延暦八（七八九）年には母の高野新笠も薨去します。皇太子に立てた安殿《あて》親王（後の平城天皇）が病気で寝付き、安殿親王の母、藤原乙牟漏《おとむろ》も五年ほどして亡くなるなど、近親者の不幸が立て続けに起こりました。延暦九（七九〇）年になると、全国で疫病が流行し、凶作により飢饉となります。その翌年夏には伊勢神宮が荒らされて放火されるという事件まで起こります。

早良親王の祟《たた》りだと、人心も落ち着きません。桓武天皇は怨霊となった親王の怒りをおさめようとし、「崇道《すどう》天皇」の尊号を追贈しました。

桓武天皇はすぐに次の候補地を選定し、長岡京の建物を移築するなどして新都へ遷り、延暦十三（七九四）年に遷都の詔を出しました。こうして誕生したのが、平安京です。

もうひとつ、桓武天皇の重要な事業は蝦夷征討です。この頃までに三回にわたり征討軍を派遣し、現在の青森県まで日本となりました。坂上田村麻呂が活躍した戦です。しかし、相次ぐ都の建設と軍役で国民も疲弊しています。

平安京への遷都の後も、暴風雨といった天災や怪異に悩まされますが、藤原緒嗣《おつぐ》の進言により民力休養のため征討を中止し、平安京に腰を落ち着けることとなりました。

武力に訴えた上皇

大同《だいどう》元（八〇六）年三月十七日、桓武天皇崩御により、長男で皇太子の安殿親王が践祚します。平城《へいぜい》天皇です。なお、平城天皇の時に践祚と即位が分離します。先述したとおり、践祚とは天皇の位に就くこと、即位はそれを内外に示すことです。

父帝の死で悲しみに暮れる平城天皇を助け、剣璽《けんじ》（剣と勾玉）を奉《たてまつ》ったのが坂上田村麻呂です。現代まで、践祚の儀式でもっとも重要な「剣璽渡御《とぎょ》」は、『日本後記《にほんこうき》』に記録されたこの時の様子が文献での初見です。次第に儀式として固まっていき、皇位が継承される時の天皇と皇太子の御座所《おましどころ》によって、剣璽が殿舎間《でんしゃ》を移動する場合は近衛府の将が渡御の役を担い、同じ殿舎内での渡御は女官である内侍《ないし》が務めるようになりました。

なお、千年後の明治四十二（一九〇九）年に制定された「登極令」では、侍従が渡御を担い、内大臣が奉ると定められています（注1）。

平城天皇は践祚当時、三十三歳です。皇太子には、十二歳年下の弟、賀美能《かみの》親王（後の嵯峨天皇）を立てます。桓武天皇の下で内外の実務を担ってきた優秀な廷臣を引き継ぎ、朝政に乗り出しました。

新帝の基本政策は、桓武天皇の施策を引き継いでいます。藤原緒嗣も引き続き要職にありますから、「軍事（征夷）と造作《ぞうさく》（造都）を行なわない」という基本方針も変わりません。桓武天皇の時に着手した地方行政改革が停滞していたため、推進のために「観察使」という官職を設けてテコ入れしました。租税の徴収状況や、地方長官である国司を監督する役目ですが、朝廷の参議を廃止し、観察使とします。特別手当付きの特権です。

平城天皇は政務に精励します。父の桓武天皇は鷹狩を好み、親王や近臣と華やかに宴を楽しみ、また正統性の主張として儀式を多く行ないましたが、平城天皇はあまり興味を持たなかったようです。必要な儀式や行事は残しましたが、財政は緊縮です。

そんな平城天皇の側で寵愛を受けたのは、藤原薬子《くすこ》です。長岡京で殺害された藤原種継の娘だといわれますが、出自がはっきりしていません。平城天皇が皇太子時代、御所へ上がりました。ただし、皇太子妃の母として。

その皇太子妃になった娘は藤原縄主《ただぬし》の娘といわれています。母娘ともに年齢もはっきりしないのですが、平城天皇は立太子当時、十一歳です。娘が同年代だとしても、薬子は縄主との間に三男二女を儲けているのですから、すでに相当な年齢の熟女のはずです。

桓武天皇は皇太子と薬子の関係を嫌ったといわれ、一時は遠ざけられますが、平城天皇の即位と同時に尚侍《ないしのかみ》として戻って来ました。この縁により、薬子の兄とされる藤原仲成《なかなり》は、順調に出世します。平城天皇は、法改正により、後宮《こうきゅう》に仕える女官の位階を引き上げます。

同じ頃、平城天皇の弟、伊予《いよ》親王が謀反の罪に問われる事件が起こります。伊予親王は、桓武天皇在位の頃からの重鎮です。平城天皇に経緯を話し、釈明したものの許されず、母の藤原吉子《よしこ》とともに幽閉され、服毒死しました。前後の状況から薬子や仲成と関係があるのではないかと推測する見方もあります（注2）。

ところが事件の二年後、大同四（八〇九）年に平城天皇は、病気で気弱になったのか、皇太弟の賀美能親王に譲位の意向を伝えます。平城天皇は三十五歳、即位から二年しか経っていません。賀美能親王も当初は固辞するのですが、この年の四月に践祚し、十三日には即位式を挙行しました。嵯峨《さが》天皇です。皇太子には平城上皇の第三皇子、高丘《たかおか》親王を立てます。

嵯峨天皇がまず行なったのは、平城天皇が新設した観察使の改編でした。参議格だった観察使を地方長官格とし、特別手当を削り、地方の税負担を軽減します。かねてからムダが多いと指摘があった部分の改善です。

譲位した平城上皇は、病の療養のため平安京の中で転々と居所を変えます。もともと病気がちで、なかなか病の癒《い》えない兄に嵯峨天皇も気を遣《つか》います。結局、平安京の外に療養場所を探すこととなり、平城京への遷幸《せんこう》が決まりました。上皇の住まいを整える責任者には、薬子の兄、藤原仲成が就きます。大同四（八〇九）年の年末に遷幸が行なわれます。

それはいいのですが、平城宮が完成しないうちに仲成が大工事を始めます。官吏が大勢供奉《ぐぶ》し、造営のための資金や人足を周辺地域から独自に徴発しました。

そして、上皇の居所ができると、京都と奈良の双方から命令が出されるようになります。上皇と天皇、双方の文書に効力があります。「二所朝廷《にしょちょうてい》」と呼ばれる状態です。平城上皇の病が回復するにつれて、今度は嵯峨天皇が体調を崩します。やがて、どちらの権限が正統なのか判別できない深刻な状況に陥ります。それまで上皇の行動を尊重していた嵯峨天皇は、意を決し、組織改編によって権限の強化に動きました。

大同五（八一〇）年三月、嵯峨天皇は皇室の家政機関だった蔵人所《くろうどどころ》を、朝廷での天皇直属機関に改編します。現代の内閣官房に当たる組織です。天皇が発布する宣旨《せんじ》（法や命令）を取り扱う部門なのですが、律令制では内侍司《ないしのつかさ》の管掌《かんしょう》です。その長官が尚侍で、薬子はここを押さえていたのです。

嵯峨天皇は機密保持のため、腹心の藤原冬嗣《ふゆつぐ》を蔵人頭（長官）に就けます。律令に規定されない令外官です。内裏に事務所を設けたようですが、ちょうどこの頃は、詳しく何をやったのか史料が残っていないそうです。

平城上皇が大きく動きます。六月、自ら設置した観察使を廃止すると、それを参議に戻し、特別手当は復活させ、反嵯峨天皇勢力を形成しようと試みました。要するに利権のバラマキをやって、味方を増やそうというのです。

九月六日、上皇は天皇を差し置いて、平城京への遷都を宣言します。これでは朝政に容喙《ようかい》どころか、クーデターです。

仲成と薬子の兄妹が裏で煽《あお》っているのは誰の目にも明らかですが、上皇のあまりの強硬策に温厚な嵯峨天皇は悩みます。しかし、側近には人を得ていました。ブレーンは弘法大師空《こうぼうだいしくう》海《かい》ですし、蝦夷征討の英雄の坂上田村麻呂もついています。

九月十日、嵯峨天皇は固関《こげん》を命じ、京中にいた藤原仲成を拘束します。即座に大規模な人事異動を行ない、仲成と薬子を馘首《かくしゅ》しました。つまりクビです。官吏たちは、天皇と上皇、どちらに従っていいのか大混乱です。

平城京では急激な状況の変化に、上皇が近臣の諫言《かんげん》を聞かずに挙兵を決意するに至りました。この時、薬子は上皇の側におり、決戦を進言するのです。天皇に役職を解任されて無位無官となった以上、上皇に戦って、勝ってもらうしか生きる道はないのですから、彼女の立場からしたら当然でしょう。

この時、嵯峨天皇は平城京にいる何人かの官吏を召し返しています。平城京での上皇の動きに混乱した官吏たちの多くは、天皇の召還《しようかん》に応じて帰京し、拘禁《こうきん》されました。これらの官吏が上皇の挙兵を報告します。

九月十一日、拘禁されていた藤原仲成が謀反の首謀者として射殺されます。

同日、嵯峨天皇から坂上田村麻呂に出撃命令が下りました。田村麻呂は、平城京から召還・拘禁されている者のうち、文室綿麻呂《ふんやのわたまろ》の禁を解くことを天皇に進言します。嵯峨天皇は逡巡《しゆんじゆん》しません。即座に綿麻呂へ参議の資格を与え、田村麻呂と綿麻呂は共に出陣します。

文室綿麻呂は舎人や近衛将監《このえのしようげん》（判官）、兵衛督《ひようえのかみ》（長官）を歴任した人で、桓武天皇時代の蝦夷征討戦経験者でした。

上皇は畿内諸国で兵を集めつつ伊勢に下り、朝廷と相対しようとしていました。近臣と兵を率いて平城京を進発した上皇は、すでに街道筋を固めていた嵯峨天皇の兵に阻《はば》まれ、平城京へ引き返します。平城京へは坂上田村麻呂が乗り込み、制圧しました。

九月十二日、平城京へ戻った上皇は出家し、薬子が自害します。翌十三日、嵯峨天皇は終息宣言を出します。「太上天皇を伊勢に行幸せしめたる諸人」による犯行だという詔です。

平安京を「桓武天皇がお定めになった万代《よろずよ》の宮（永遠の宮都）」と呼び、歴代天皇が転々と都を遷してきた慣習を取り止めました。

こうして「薬子の変」と呼ばれる反乱は、三日で収束しました。

上皇が支える穏《おだ》やかな御世《みよ》

平城上皇による「二所朝廷」と挙兵は、対処を間違えて長引けば、五百年早く南北朝の動乱が始まっているところです。事を誤れば、朝廷はこの時に滅んでいたかもしれません。

嵯峨天皇は、上皇の出方を読み、組織を整えて情報を分析し、相手の力を上回る力と迅速さで政軍両面から制圧しました。

歴史の教科書では、空海や橘逸勢のおまけのようにして、能筆《のうひつ》で知られている程度の紹介しかされない嵯峨天皇ですが、実は政治力も傑出していました。深刻な危機に適切な対処をし、戦後処理の手腕も見事です。

まず、出家した平城上皇の処遇ですが、崩御するまで平城京に住み、太上天皇の礼遇はそのままです。

上皇の実子で皇太子の高丘親王は、終息宣言とともに廃太子となります。ただし、親王の身位はそのままです。同日中に、上皇と天皇の異母兄弟である大伴《おおとも》親王（後の淳和天皇）が皇《こう》太弟《たいてい》（皇位継承権を持つ天皇の弟）に立ちました。

高丘親王は、十三年後には四品《しほん》に叙せられています。「品」は親王の位階のことです。最終的には出家し東大寺を経て、空海に学びました。法名は真如《しんにょ》です。嵯峨天皇の崩御後のことですが、勅許を得て唐に渡り、唐から天竺《てんじく》を目指す途中で入滅《にゅうめつ》したと伝わっています。

高丘親王には異母兄がいました。上皇の第一皇子の阿保《あぼ》親王です。いったん大宰員外帥《だざいのいんがいのそち》に左遷されましたが、後に召し戻され、親王の位階の最上位である一品《いっぽん》を贈られます。和歌で有名な在原行平《ありわらのゆきひら》・業平《なりひら》兄弟の父です。

つまり嵯峨天皇は、朝廷を二分するような紛争に敗れた関係者を、誰一人処刑しなかったのです。以後、戦時を除いて保元《ほうげん》元（一一五六）年の「保元の乱」まで死刑が廃絶されます。

実に三百年の間、我が国には死刑がなかったのです。

いくら日本がノンキな国とはいえ、皇位をめぐる争いには血がつきものでした。『古事記』の時代の安康《あんこう》天皇や武烈《ぶれつ》天皇、そして崇峻《すしゅん》天皇のように殺された方もいます。蘇我と物部《もののべ》の争いでも多くの血が流れ、聖徳太子の一族は滅ぼされています。壬申の乱以来の「天智系」と「天武系」の抗争も、薬子の変の時には近過去です。

首謀者である仲成・薬子兄妹はともかく、嵯峨天皇は負けた側に寛大な処置をとりました。それでいながら、乱後の政治をうまく取りまとめます。

嵯峨天皇は、首領の平城上皇の罪は問わず、反乱勢力を物理的にも心理的にも遠ざけ、分断します。公的な立場からは皇太子ともども降りてもらいますが、その後も上皇、親王として遇することで近臣の不満や再起を抑え、同時に皇統や皇族の権威を守りました。

一方で、この事件の七年ほど後に、検非違使《けびいし》を創設しています。京中の治安維持を担う職で、現在の警視庁のようなものです。当初は蔵人所と同様に、天皇直属で発足しました。嵯峨天皇の在位中に行なわれた法整備で職掌《しょくしょう》と編成を明文化し、万一に備えます。

さて、薬子の変が収束した九月十九日、嵯峨天皇は元号を弘仁《こうにん》と改めました。人心一新です。

名君の書

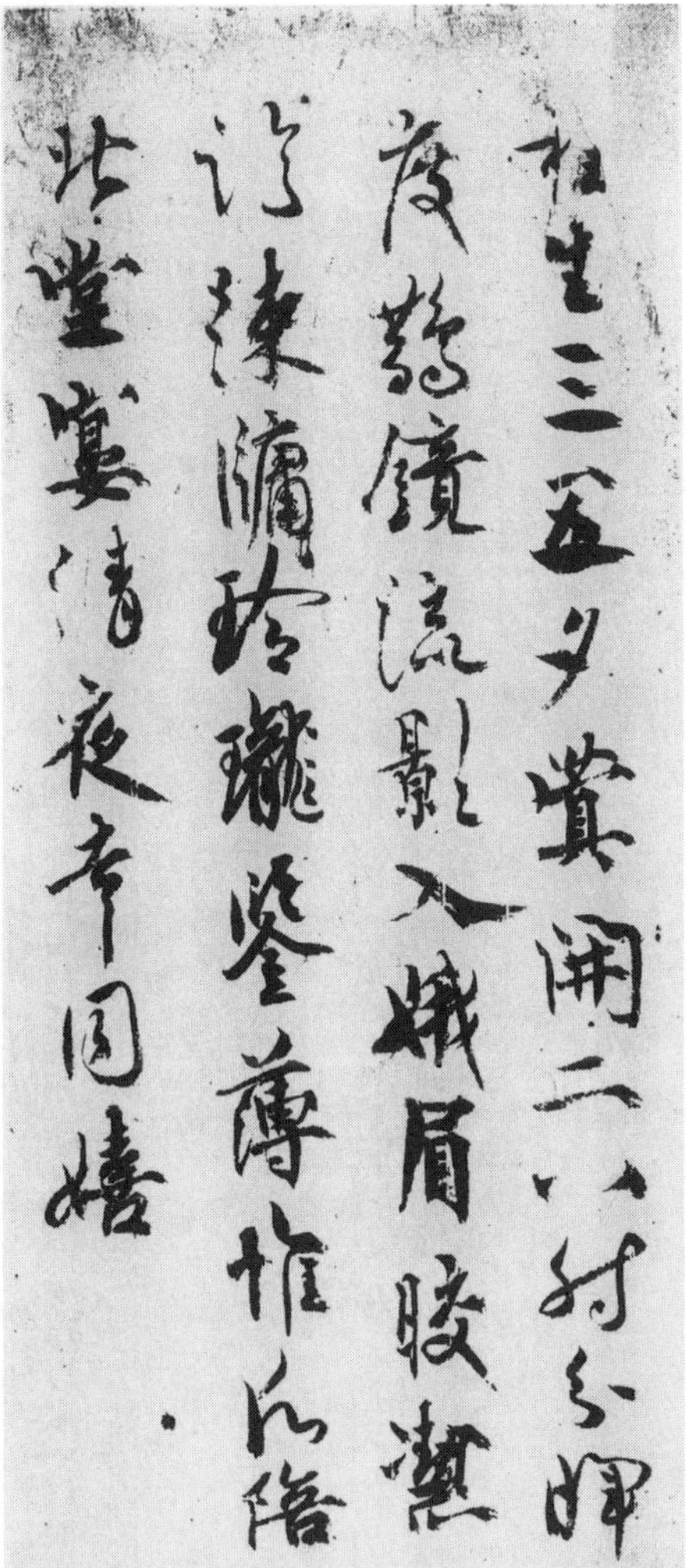

嵯峨天皇筆「李嶠詩」（りきょうし）。空海、橘逸勢と並ぶ三筆の一人（宮内庁蔵）

平城上皇は天皇在位中に宮中行事を廃絶していきましたが、嵯峨天皇がそれらを少しずつ復活させ、法整備を進めることで、世の中も落ち着きを取り戻していきました。安定した統治のもと、弘仁文化が開花します。唐風の学問と文化の最盛期です。桓武天皇以来、仁明《にんみょう》天皇までの五代にわたる七十年ほどの期間、唐風の学問や文化が重視されたのは、律令制度の運用に必須の知見だったからです。

弘仁十四（八二三）年四月十六日、嵯峨天皇は三十八歳の壮年で譲位します。践祚した大伴親王は淳和《じゅんな》天皇となりました。

淳和天皇の御世《みよ》も穏やかです。嵯峨天皇の施策を引き継ぎ、地方官吏の権限を拡大し、朝廷財政を強化しながら安定した治世を築きます。四年間の観察使時代に地方行政の経験を積んだ廷臣が施策を支えました。地方官吏の権限を拡大できるのは、中央政府の権威が高いからです。

また、当時の法学者の間で基本法典の条文解釈が分かれていたものを一本化し、『令義解』にまとめます。法解釈の安定は、行政運用の安定をもたらしました。

嵯峨上皇は、譲位後は大内裏の東に位置する冷泉院《れいぜいいん》に居を定め、皇太后とともに静かに暮らしながら、淳和天皇の治を見守ります。

　嵯峨上皇が太上天皇の尊号を固辞したというのは先に述べたとおりですが、本気で隠遁《いんとん》したかったようです。もともと風雅を好む性格でもあり、重い立場から離れたいという正直な気持ちでもあったようです。

　譲位直後、自身の持つ「嵯峨山荘」（大覚寺《だいかくじ》と大沢池《おおさわのいけ》あたりにあったと推測される）に御幸《ごこう》する際にも、淳和天皇から御幸の行列儀仗《ぎじょう》を整えてくれるよう「再三苦請」されたのを固辞《こじ》し、自分で馬に乗り、前駆《さきのり》もなくさっさと出かけてしまったという記録が残っています（注3）。「儀容《ぎよう》を整えるのは天皇だけでよいのだ」と言わんばかりです。

　平城上皇までは、太上天皇は権力を握ることが前提でした。儀容は権力の印でもあります。嵯峨上皇は形式と実質の両方を手放しました。とはいえ、天皇からどんなに請われても、上皇が「不要」と言い張れば、その意思が通るのですが。

　譲位の翌年、天長《てんちよう》元（八二四）年に平城上皇が崩御します。この時だけは嵯峨上皇が意思決定を行ないます。薬子の変の関係者の赦免《しやめん》です。詔を出し、帰京を許します。事件の最終的な後始末《あとしまつ》がようやく終わりました。

子だくさんは正義だ

嵯峨上皇の譲位には、強く反対した人が一人います。藤原冬嗣《ふゆつぐ》です。理由とされたのは財政です。この頃は例年凶作が続き、平城上皇も存命で、このうえ上皇が一人増え、現職天皇とあわせての暮らしを財政的に支えきれないからです。嵯峨上皇は、在位中から信頼し、重用してきた冬嗣の言葉に、この時だけは耳を貸しませんでした。

平城上皇からも太上天皇の尊号返上と平城宮の人員削減が申し出られて、譲位が実現しますが、嵯峨上皇には朝廷財政から独立して家政を営むに十分な規模の封戸《ふこ》が献進されます。太上天皇の尊号辞退と並んで、朝廷財政からの独立は、より公的な地位から離れることを可能にしました。

嵯峨上皇が実権を手放しながらも、家父長的な性質が強かったという点を、研究者たちが一様に指摘しています。

理由の一つとして、淳和天皇の皇后に嵯峨上皇の皇女正子《まさこ》内親王が立ったことが挙げられ

嵯峨天皇の子孫

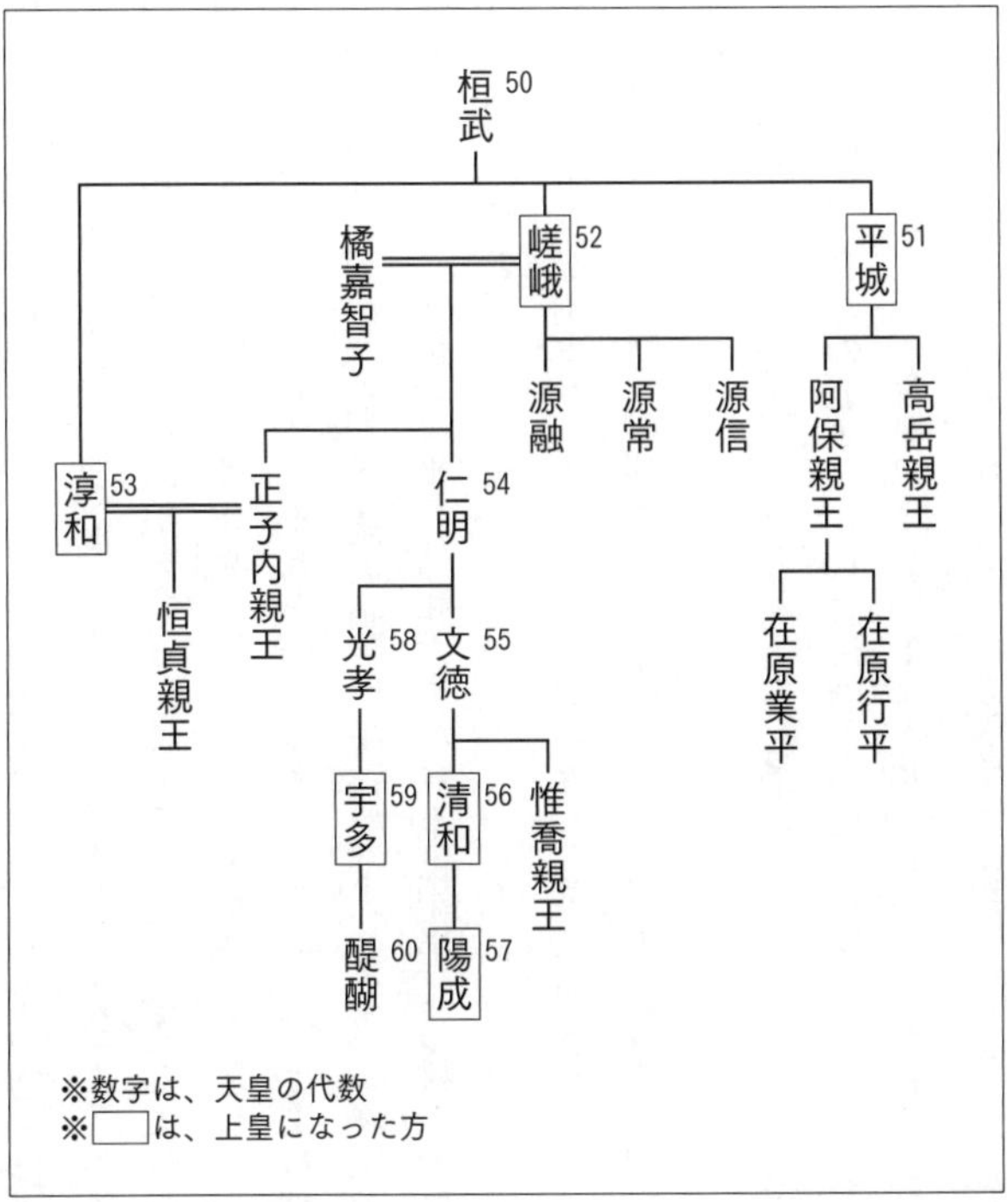

仁明天皇の後が二つの統に分かれている

ています。皇后の正子内親王と、淳和天皇の皇太子となった正良《まさら》親王（後の仁明天皇）は、嵯峨上皇と橘《たちばなの》嘉智子《かちこ》皇太后の間に生まれた双子の皇子女です。

つまり淳和天皇は、上皇の娘を娶り、息子を皇太子に立てました。嵯峨上皇が淳和天皇の大政を尊重すると同時に、淳和天皇は兄の嵯峨上皇を舅《しゅうと》としても尊重しました。

また、嵯峨上皇は生涯で五十人を超える大勢の子供を儲けました。財政的な理由もあり、多くの子供たちが源《みなもとのあそん》朝臣の姓を賜り、臣籍降下《しんせきこうか》します。「嵯峨源氏」です。

後の世代でも、九世紀後半の清和《せいわ》天皇から十世紀半ばの村上《むらかみ》天皇まで、賜姓《しせい》降下した皇子女は百人を超えます。

多くの皇子女が生まれたことによる賜姓降下は、令制での「天皇の兄弟・子を親王（内親王）とする」という規定の運用に、「誰を親王（内親王）とするのか」という判断の必要性を生み出しました。

そこで嵯峨天皇の時代、皇子女の中から天皇の宣下を受けた子供が親王となる「親王宣下《しんのうせんげ》」の慣習ができたのです。さらに後の十一世紀初頭には、三条《さんじょう》天皇が自身の孫に親王宣下を行なったことで、令制では王とされる世代までその運用が拡大しました。

源氏は臣下として左右大臣や納言《なごん》、参議など重職に就き、宮廷で一定の勢力を形成します。とくに嵯峨上皇の子、仁明天皇の御世では、嵯峨天皇時代に賜姓降下した皇子女の子供たちが若い公卿として次々と政界に入りました（注4）。

その存在は、藤原氏に対抗し得る一大勢力であるのと同時に、天皇さえも、嵯峨上皇の五十人もの子供たちを無視して勝手なことはできません。

この時代、嵯峨上皇の息子として嵯峨源氏を引っ張っていたのが、源信《まこと》、源常《ときわ》、源融《とおる》などで、左大臣職を歴任しました。上皇は、これら宮廷の勢力となった賜姓源氏の家々の祖でもあるので、上皇自身は政治の実権から離れても、一族の長として重んじられました。

天長十（八三三）年二月二十八日、淳和天皇は譲位します。正良親王が践祚し、仁明天皇となりました。嵯峨、淳和の二人の上皇が並ぶなか、二十四歳の天皇は、淳和上皇の皇子の恒貞《つねさだ》親王を皇太子に立てます。

仁明天皇は、即位して最初の新年、承和元（八三四）年一月二日、淳和、嵯峨両上皇の院に行幸《ぎようこう》します。正月の朝覲《ちようきん》行幸です。

嵯峨上皇の在位時代に、即位から間もなく平城上皇に行幸したのが、朝覲行幸の文献上の初出といわれますが、正月の行事として行なったのは仁明天皇が初めてです。嵯峨・仁明時代の朝覲行幸は、後に江戸時代の仁孝《にんこう》天皇が光格天皇への朝覲行幸の手本としようとして果たせなかった行事です。

仁明天皇の御世は、前半は嵯峨上皇・淳和上皇の後を引き継いで安泰で、大掛かりな儀式や宴を催しました。漢詩とともに和歌が盛んになるのも、この頃の宴です。

南北朝時代に記された『神皇正統記《じんのうしょうとうき》』は歴代天皇の列伝です。その中で著者の北畠親房《きたばたけちかふさ》は同時代の後醍醐《ごだいご》天皇にもっとも紙数を割いていますが、次いで記述が多いのが嵯峨天皇です。「政治的な権力を自ら手放し、文化的権威として君臨することで睨《にら》みをきかす。そしていざというときだけ介入する」という趣旨のことを書いています。

その姿は、近代史に登場する立憲君主そのものです。ちなみに、イギリスは世界最初の立憲君主国を誇り、その起源を「大憲章《だいけんしょう》」（マグナ・カルタ）に求めます。その大憲章は嵯峨天皇から四百年後です。マグナ・カルタは何の実効性も持ちませんでしたが、嵯峨天皇は実際に専制的な君主と決別しました。

ここまで偉大すぎると、上皇本人が静かな余生を過ごしたくても、周囲がほっておかないということもあったのでしょう。

藤原氏が生み出した人臣摂政《じんしんせっしょう》と関白《かんぱく》のシステム

承和《じょうわ》七（八四〇）年五月八日、先に淳和上皇が崩御します。次いで承和九（八四二）年七月十五日、嵯峨上皇が崩御しました。

嵯峨上皇崩御の二日後に早速、政変が起こります。「承和の変」です。偉大な上皇の死によって、微妙に保たれていたものの不安定だった宮中の構造が露《あら》わになりました。

改めてこの頃の系図（157ページ）を見ると、そのまま続けば「両統迭立《りょうとうてつりつ》」になる形です。

桓武天皇以降、平城・嵯峨・淳和の三兄弟が皇位を順番に継ぎました。薬子の変以来、平城上皇の子孫は完全に皇位継承から除かれていますが、嵯峨上皇の子である仁明天皇の皇太子には、淳和上皇の皇子（恒貞親王）が立てられています。嵯峨上皇、淳和上皇、仁明天皇のうち誰に仕えるか、誰が皇位を継承するかで派閥を形成していたのが当時の朝廷です。

承和の変は、皇太子恒貞親王の春宮坊《とうぐうぼう》（皇太子のお住まい）に仕える武官による挙兵計画が発覚し、大規模な政変となった事件です。

発覚の発端となったのは、亡き平城上皇の皇子、阿保親王が橘嘉智子太皇太后へ送った密書です。権中納言藤原良房《よしふさ》が奏《そう》し、公になりました。

朝廷の動きは迅速で、六十名あまりの官人と家族など関係者が処分され、密書に名前の挙がった橘逸勢や伴健岑《とものこわみね》は流罪となり、恒貞親王は皇太子を廃されました。あっという間の出来事です。

八月には、代わって仁明天皇の皇子の道康《みちやす》親王（後の文徳天皇）が皇太子に立てられます。道康親王の母、藤原順子《のぶこ》は藤原冬嗣の娘で、藤原良房の実妹です。結果として良房は、政敵の橘逸勢を排除し、次の天皇の叔父という位置を獲得します。

「承和の変」を境に両統迭立の可能性は消え、直系継承に戻ります。また、朝廷内では淳和上皇に仕えてきた側近の派閥が潰されました。嵯峨上皇につながる賜姓源氏と藤原氏が勢力を二分します。

こうした背景のもと、十一世紀に全盛を極める「摂関《せっかん》政治」の基礎となる法解釈や先例ができあがっていくこととなります。

摂政《せっしょう》は、藤原良房による幼年の天皇擁立が二代に渡ったことで成立します。ここに、いわゆる摂関政治の始まりがあります。

摂関政治は、天皇の後見となる摂政や関白《かんぱく》によって執政が行なわれることです。摂政は、主に天皇の決裁権の代行です。関白は、太政官《だいじょうかん》から天皇へ奏上される文書を内見し、奏上と裁下を取捨選択します。天皇に先立って文書を内見し、決裁処理することを「内覧《ないらん》」といいます。

天皇の代行をするのは、古代は原則として皇族だけです。藤原氏のような皇族以外の「一般人」が天皇の代行をすることを「人臣摂政《じんしんせっしょう》」といいます。ちなみに、前章で出てきた恵美押勝や道鏡は、異常事態なので先例には入りません。しかし良房は、押勝や道鏡のように失脚することなく、人臣摂政を定着させていきます。逆にいうと、もし良房が失脚していれば、異常事態にとどまり、先例とはならなかったわけです。

嘉祥《かしょう》三（八五〇）年三月、仁明天皇の崩御により道康親王が践祚し、文徳天皇となりました。文徳天皇の皇子には、すでに惟喬《これたか》親王がいましたが、良房の娘の藤原明子《あきらけいこ》が惟仁《これひと》親王を生みます。良房は、生後八カ月で惟仁親王（後の清和天皇）を皇太子に立てます。文徳天皇は、無理にでも惟喬親王を立てようとして、源信に諫止《かんし》されたといわれています。

天安《てんあん》二（八五八）年、文徳天皇は生来病弱ということもあり、三十一歳の若さで崩御します。惟仁親王が九歳で践祚し、清和《せいわ》天皇となりました。外戚の藤原良房が後見し、太政大臣として朝政を摂行《せっこう》することとなりました。

貞観《じょうがん》八（八六六）年、大内裏正門の焼失事件が発生します。「応天門《おうてんもん》の変」です。廷臣の中から、左大臣の源信が放火を教唆《きょうさ》したという流言が飛び、清和天皇が良房に政務の摂行を命じたことで賜姓源氏が排除されました。放火犯が捕まり、事件は落着しますが、源信は事件以後二度と出仕せず、二年後に亡くなります。

これが人臣摂政の初例といわれます。

この時、清和天皇は十七歳です。元服後も摂政が置かれ、二十六歳で譲位するまで良房による摂行が続いています（注5）。

貞観十四（八七二）年、藤原良房が死去すると、清和天皇の後見は、藤原基経《もとつね》が引き継ぐことになります。基経は良房の甥で、養子に入り、後を継ぎます。応天門の変以降、良房の下で実務を行なっていました。

貞観十八（八七六）年、清和天皇が譲位し、陽成《ようぜい》天皇に皇位を継がせます。再び九歳の幼い天皇です。清和上皇から基経に対して、良房の例に倣い、摂政に任ずる詔が出ました。幼年の天皇に対して正式に摂政が置かれる先例となったのは、この時からで、以降、基経の専横が続きます。

いずれにしても、上皇が、幼い天皇と人臣摂政を結びつける役割を果たしているのは、興味深いところです。

清和上皇は元慶《がんぎょう》三（八七九）年に出家し、基経の山荘で崩御しました。この方には、崩御に際して姿が消えたとか、悟りを開いて異次元に行ったとか、不思議な伝説が残っています。

ただ、次の陽成天皇は不思議どころではありません。陽成天皇は、基経に退位させられた天皇です。

後世に「物狂帝《ものぐるいのみかど》」と伝わるほど素行に問題があったのは確かで、闘鶏を好み、内裏で馬に乗り、動物を飼うという嗜好が元で基経と対立したともいわれます。元慶六（八八二）年に十五歳で元服してから、とくに問題が深刻化し、宮中で自身の乳母の子、源益《まさる》を殴り殺したとして位を追われます。廃位ではないので、太上天皇の尊号が贈られました。十六歳で譲位した後、八十二歳まで六十六年もの間、上皇です。

ひっそり暮らしたというわけでもなく、後の宇多《うだ》天皇の日記には、近臣からの報告として「太上天皇が馬で乗りつけて乱暴を働いた」という話が書き留められています（注6）。

陽成天皇の訳ありの退位後、基経が連れて来たのは、文徳天皇の弟の時康《ときやす》親王です。元慶八（八八四）年、時康親王は光孝天皇として践祚しました。系図としては二代さかのぼっての践祚ですから、時に五十五歳、高齢の新帝です。

光孝天皇は、「朕《ちん》の即位は基経のおかげ」として、基経に対して大変な気の遣いようです。何を憚《はばか》ったのか、皇子女をほとんど臣籍降下させてしまいます。残っていたのは、賀茂と伊勢の斎宮に立てた内親王だけでした。光孝天皇は、「自分は一代限りのつもりで子供たちに皇位は譲らない」と、臣籍降下の詔をしていました（注7）。

ところが、即位から三年後の仁和《にんな》三（八八七）年八月、光孝天皇は病にかかり、たちまち重態となってしまいました。皇太子は立てられておらず、継承にふさわしい皇子もことごとく臣籍にあり、皇族として残っていません。

そこで基経が行なったのは、臣籍降下していた皇子の皇籍復帰です。光孝天皇の第七皇子、定省《さだみ》親王（後の宇多天皇）に白羽の矢が立てられます。

定省親王は臣籍降下の後、源定省として陽成天皇の侍従を務めていました。学問好きで和歌に秀《ひい》で、頭のいい人です。臣籍にある間に結婚し、子供も生まれています。それが皇族に復帰し、同年八月二十六日に皇太子に立てられたところ、当日のうちに光孝天皇は崩御し、践祚して宇多天皇となります。天皇をクビにされた陽成上皇は、新帝に対して「元家臣のくせに」という態度だったとか。

陽成天皇の頃からここまでの間、「太政大臣の職掌とは何ぞや？」という議論が行なわれ、関白職が成立していきました。解釈を立てて、宣命として正式に宣言したのは光孝天皇です。

本来、実務を統括する左右大臣とは異なり、太政大臣は権威の位です。徳がある人が就くとされる位で、律令の規定では、「適任者がいなければ空席でよい」とされています。

幼年の陽成天皇から成人の光孝天皇になったので、基経は摂政を辞任しています。ただし、新たに太政大臣に就いていました。「引き続き基経に政務を任せたい」と考えた光孝天皇は、学者を集め、太政大臣の具体的な役目について調査と報告を命じます。現代でいう有識者会議です。

そこでは、「太政大臣が具体的な職務を担当していない一方、太政官の長として政《まつりごと》を総括する」という解釈が立てられました。解釈を主導したのは、文章博士の菅原道真です（注8）。

あくまで基経を頼りにしたい光孝天皇は、「奏上も宣下も、まず太政大臣（基経）に諮稟《しりん》（相談）せよ」（原文は宣命体）と、宣命を出します（注9）。これが、臣下による内覧という役割の初例となりました。

宇多天皇の時にも、光孝天皇の宣命を引き継いで詔を出します。引き続き基経に内覧の役を命じるもので、この時、「関白」の言葉が初めて使われました。宇多天皇は内心では基経の専横を苦々しく思っていましたが、藤原氏の勢力を無視することはできません。

そのやり取りの過程で、基経が言いがかりをつけます。「阿衡《あこう》の紛議《ふんぎ》」です。最初の詔を基経がいったん断わるところから話は始まります。この態度は、天皇の詔に対して臣下が遠慮を表わす形式的なものでもあるのですが、基経に、「こちらのほうが立場が上だ」という本心があったことは否定できません。

宇多天皇は重ねて「優諚《ゆうじょう》（ありがたい仰《おお》せ）の勅答」を出しました。これも儀礼的なやりとりです。ここで臣下は謹《つつし》んでお受けするのが通例です。しかし基経は、勅答の文中に使われた「阿衡」という言葉に反応し、難色を示します。

阿衡は、古代中国の故事に由来する「人臣最高の地位」を表わす言葉ですが、基経は「ただの名誉職なんですから、執政の職掌はなしということでいいですね？」と出仕拒否で応じたのです。最終的に宇多天皇が折れ、詔の訂正という異例の対応となります。

この騒ぎの背後には、菅原家が主宰する学派と、藤原氏の息のかかった学者たちとの対立もありました。詔は訂正されましたが、詔書作成の責任問題が収束しません。

問題となった詔書の文案作成を担当したのは、参議の橘広相《ひろみ》（橘諸兄の五世孫）です。橘広相は陽成・光孝・宇多の三代にわたって学問を進講してきた学者官僚の重鎮で、菅原是善《これよし》（菅原道真の父）門下の学者です。

広相の娘の橘義子《よしこ》は、皇籍に戻る前の宇多天皇に嫁ぎ、子女を儲けていました。必然的にその子供たちも皇族となっています。したがって橘家は外戚となり得る勢力ですから、基経にとってでも邪魔でした。基経は橘広相の責任を追及し続けます。

結局、宇多天皇に基経の娘温子《おんし》を入内させることで決着します。基経は天皇に娘を押し付け、支配下に置くことに成功しました。

阿衡の紛議は一年近くかけて、仁和四（八八七）年十月、ようやく収束しました。

人臣摂政、関白、大量の皇籍離脱。いずれも不吉によって生じた新儀であることに気づかれましたでしょうか。

何もできない上皇

賢明で知られた宇多天皇も、政界最大実力者の藤原基経の前に屈服を余儀《よぎ》なくされました。

しかし、阿衡の紛議の四年後の寛平《かんぴょう》三（八九一）年に、基経が病死します。基経の死後は、朝廷も左右の大臣が七十代の高齢となっており、基経の嫡子時平《ときひら》もまだ二十歳になったばかりの若年です。宇多天皇は摂政と関白を用いるのを止め、「親政《しんせい》」を行なうようになります。輔佐として登用したのは、菅家の学派を継いだ菅原道真でした。

第五十九代宇多天皇の「寛平の治《ち》」、第六十代醍醐天皇と第六十二代村上天皇の時代は「延喜《えんぎ》・天暦《てんりやく》の治」と称され、君主の徳がいきわたった時代と評されます。親政を布《し》き、摂政や関白を置かなかったこと自体が評価されるのです。

宇多天皇の親政は、菅原道真を重く用いて様々な制度改革が行なわれた改革期でした。内政では朝廷内の組織改編を大規模に行ない、ムダな官庁を統廃合します。国司の行政権行使を妨げる事柄に禁制を出し、地方行政改革と税制改革を進めていきます。

朝廷では、菅原道真の位階がどんどん上がっていくのですが、天皇に重用された道真は、藤原氏一門から徹底的に虐《いじ》められることになりました。成り上がり者として藤原氏以外からも嫌われます。朝廷での人脈は藤原氏が押さえていますから、宇多天皇の側近という政治的基盤しか持たない道真は、次第に孤立を深めます。

寛平九（八九七）年七月三日、宇多天皇は敦仁親王《あつぎみ》（後の醍醐天皇）に譲位します。上皇になると仏道に励み、二年後には自ら発願《ほつがん》して建てた仁和寺《にんなじ》で出家しました。

宇多上皇は、「法皇」の尊号の初例となった上皇です。それまでも出家した上皇は、聖武上皇や平城上皇がいましたが、正式に法皇と呼ばれるようになるのは宇多法皇が初例です。法皇が住した仁和寺は「御室御所《おむろ》」とも呼ばれ、遅咲きの桜で知られるところです。

昌泰《しょうたい》二（八九九）年一〇月、仁和寺で出家した宇多上皇は、尊号と封戸支給の停止を求める書簡を醍醐天皇へ送っています。書面のやり取りの末、最終的には延喜七（九〇七）年七月の「太政官符《だいじょうかんぷ》」（命令通達の公文書）で、正式に「太上法皇」と記載されました（注10）。

十二歳の敦仁親王は、践祚して醍醐《だいご》天皇となりました。宇多法皇は、譲位にあたって「寛平御遺誡《ごゆいかい》」を若い天皇に授けます。十九カ条の訓戒と逸文で、生活や御所の運営、人事の注意事項から学問のことまで多岐にわたります。左大臣の藤原時平を頼りにし、右大臣の菅原道真を登用せよと記していますが、他にも学者の名前が挙がっています。

醍醐天皇は素直に、時平と道真を同時に昇進させ、二人とも内覧に任じていたのですが、時平の讒言《ざんげん》により道真が大宰府に左遷され、病を得て失意の中で死去した話はよく知られています。いわゆる「昌泰の変」です。

この時、宇多法皇は処分の撤回を求めて、御所に乗り込もうとします。ところが近衛兵に阻まれ、一晩中そこで粘ったのに御所に入れませんでした。朝廷は藤原氏が押さえていますから、協力者も得られません。醍醐天皇は藤原氏側に付いています。学者たちにしても藤原氏の息がかかっていて、文章博士兼大学頭の三善清行《みよしきよゆき》も、道真に辞職を勧告していたくらいです。

上皇であっても、いったん権力を手放してしまえば、御所の門ひとつ開くことができないのです。藤原基経の時代の上皇には何の権力もありませんでしたが、宇多法皇もまた腹心の道真の失脚を防ぐことができない無力な法皇でした。

昌泰の変で、宇多法皇の影響力は完全になくなりました。政治的に完全に過去の人です。承平《じょうへい》元（九三一）年に崩御するまで、仏道に生きました。

醍醐天皇は延長《えんちょう》八（九三〇）年九月二十二日、病のため寛明《ゆたあきら》親王に譲位します。病が重くなったことによる譲位で、その七日後に落飾すると、当日中に崩御しました。

寛明親王は、践祚して朱雀《すざく》天皇となります。八歳です。早逝《そうせい》した藤原時平に代わり、弟の藤原忠平《ただひら》が左大臣に出世していました。忠平は朱雀天皇の摂政となり、天皇の元服後は関白として政務を執ります。

朱雀天皇の御世に、地方統治の瓦解を象徴するようにして起きたのが、「承平・天慶《てんぎょう》の乱」です。東国では有名な「平将門の乱」、西国で「藤原純友《すみとも》の乱」が同時に起こりました。

平将門の概要は序章で書いたとおりで、藤原純友は瀬戸内海沿岸の海賊です。朝廷は、何十年ぶりかの大将軍任命を行ない、将門に対しては征東《せいとう》大将軍、純友に対しては征西《せいせい》大将軍を派遣して征討させています。乱は承平五（九三五）年から天慶四（九四一）年まで続いたので、この名があります。

朱雀天皇は皇子が授からず、皇太子には弟の成明《なりあきら》親王を立てました。天慶九（九四六）年四月、二十四歳で譲位します。その後は出家して仏道に生きますが、生来の病弱で三十歳で病死します。

成明親王は践祚して村上天皇となり、親政を布きます。文化や学問が栄えつつ、倹約が重んじられた御世となりました。後半には大火や地方での反乱などが相次ぎ、しかも火災は内裏を含む官庁や朝廷の要職者の邸宅、歴代上皇の住まいとなった院で起こるなど、不幸が相次ぎました。

不穏《ふおん》な情勢の中で、康保《こうほう》四（九六七）年五月、村上天皇が崩御します。村上天皇の親政を最後に、藤原氏の摂関政治が定着していく時代となります。

平安時代にもあった両統迭立《りょうとうてつりつ》

村上天皇の崩御を受けて、憲平《のりひら》親王が践祚し、冷泉《れいぜい》天皇となりました。践祚した時には十八歳と成人の年齢ですが、関白を就けざるを得ない理由がありました。幼い頃からの奇行グセです。父である村上天皇に巨大な男根の絵を描いて送り付けたという逸話も伝わります。

左大臣、藤原実頼《さねより》が関白を務めます。康保四（九六七）年九月、異母弟の守平《もりひら》親王が皇太弟に立てられました。

安和《あんな》二（九六九）年、守平親王は十一歳で践祚します。円融《えんゆう》天皇です。

冷泉天皇は、在位二年で譲位しました。その母の藤原安子《あんし》は、関白実頼の異母弟である師《もろ》輔《すけ》の娘で、中宮（皇后）も藤原氏でなく、朱雀天皇の皇女です。師輔は摂関家の出身で、子孫はおおいに栄えますが、彼自身は摂政にも関白にも就いていません。そのため冷泉天皇は、権力から一歩引いたところに身を置くことになり、六十二歳までの四十年あまりの気楽な隠居生活を送ることとなります。

ただし、この時代では長命で、子だくさんで、その皇子が次々と天皇に即位していきますから、存在そのものが一大勢力と化すのですが。

藤原忠平の子、実頼・師輔の異母兄弟は九歳違いでしたが、出世のスピードは弟の師輔のほうが速かったようです。しかし、本来であれば関白に就くはずだった師輔が、天徳《てんとく》四（九六〇）年に死去したため、実頼は棚ボタで関白職に就きました。その在職中は師輔の係累《けいるい》から容喙されてやりにくかったようです。冷泉天皇の在位中、蔵人頭だった師輔の三男の藤原兼家《かねいえ》が頭角を現わします。

村上天皇までは、皇統の継承を政治の軸として歴史が展開してきましたが、冷泉天皇以降は藤原氏の権力闘争が軸となっていきます。その大きな原因が両統迭立です。

両統迭立と言えば、後世の南北朝の動乱が有名ですが、その前からありました。

古代に直系継承優先という慣習ができていますが、武力動乱にならなかっただけで、実はこの時期も五十年にわたって両統迭立の状態が続いています。皇室は二派に分かれ、ただでさえ権勢をふるう藤原氏の権力がさらに強まるのです。

両統迭立は、兄弟継承で複数の「統」ができ、両統から交互に天皇が即位することです。外戚として権力を持ちたい藤原氏の争いの中で、天皇は、政争をより有利に運ぼうとする道具と化してしまいます。

朝廷では、宇多法皇や醍醐天皇の頃に臣籍降下した賜姓源氏の子や孫の世代が一定の勢力となり、藤原氏と要職を二分する構図は変わりません。

ところが同年三月、「安和の変」が起こります。謀反の疑いで、現職左大臣の源高明《たかあきら》が失脚しました。高明は賜姓源氏の領袖《りょうしゅう》、さらに皇族につらなる橘氏も連座します。藤原氏の他氏排斥は、この安和の変で完成したとされます。

円融天皇の治世、最初の摂政は太政大臣の藤原実頼でした。実頼が高齢により死去すると、途中で右大臣の藤原伊尹《これただ》（師輔の長男）に代わります。さらに伊尹が病気で辞職すると、やはり師輔次男の権中納言藤原兼通《かねみち》と師輔三男の大納言兼家《かねいえ》が後継を争いました。結果は兼通が内大臣となり、内覧に就きます。

藤原氏と天皇家

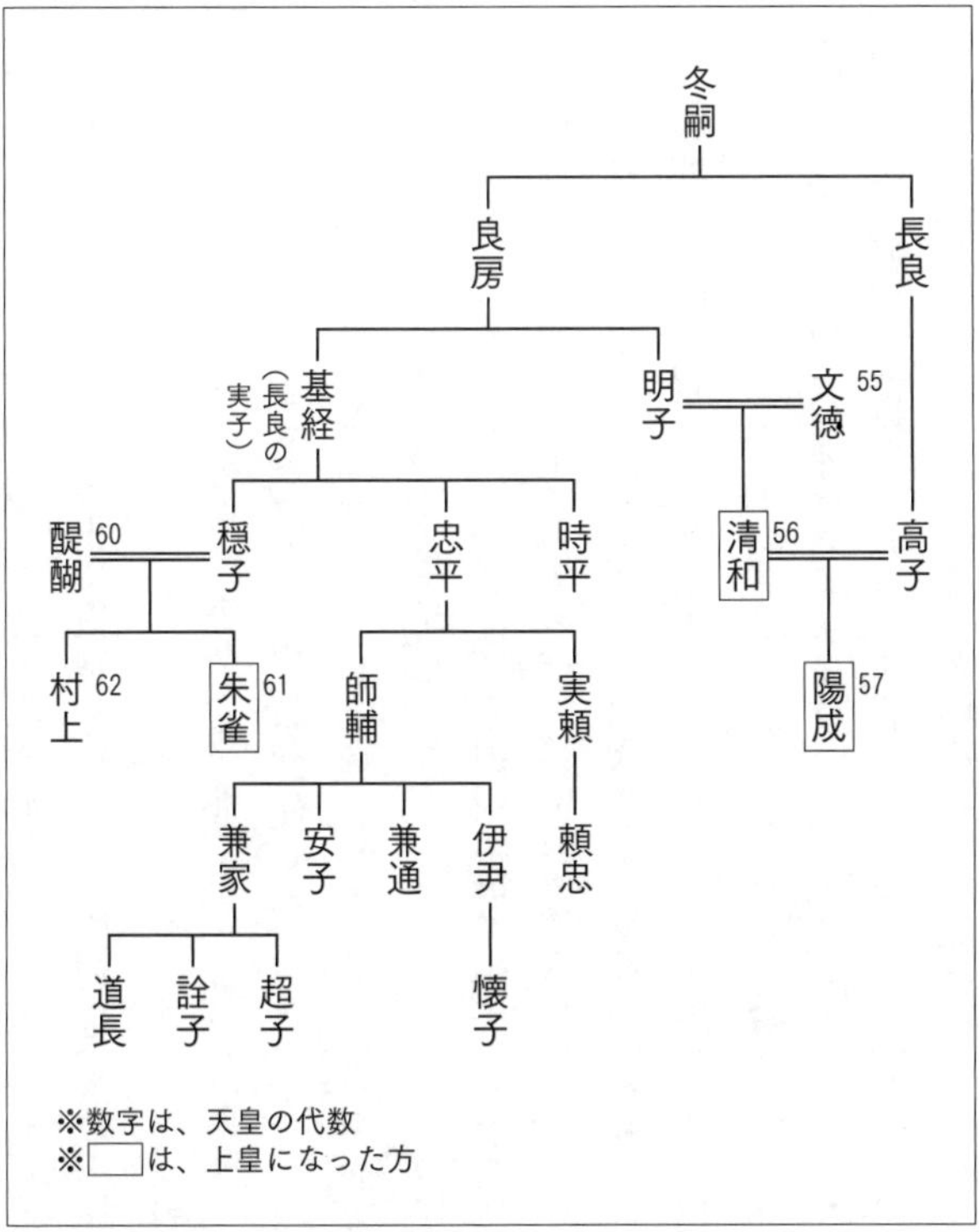

基経の子孫が栄え、摂関家となる

貞元《じようげん》二（九七七）年十月、関白太政大臣兼通が病気により辞職します。この頃、「醍醐源氏」の源兼明《かねあきら》が左大臣から親王に復帰しました。関白には太政大臣藤原頼忠《よりただ》（実頼の次男）が就きます。

円融天皇は十五年の在位の後、永観《えいかん》二年（九八四）八月、冷泉天皇の第一皇子、師貞《もろさだ》親王（後の花山《かざん》天皇）に譲位します。関白は頼忠が留任します。

円融上皇は、譲位後七年間を上皇として過ごしますが、悠々自適《ゆうゆうじてき》です。後の代の政治に口を挟んでみたり、在位中よりかなり元気です。

この頃の上皇は、基本的には亡くなる直前の譲位と出家が一般的になっていきます。その中で、譲位後に比較的長く生きた人々は、譲位前後で人が違ったようになっていることがあります。それだけ天皇の地位は重く、藤原氏への大変な遠慮を強いられたのです。

さて、践祚した師貞親王は、花山《かざん》天皇となります。十七歳です。円融天皇の第一皇子、五歳の懐仁《やすひと》親王（後の一条天皇、母は兼家の娘詮子《せんし》）が皇太子です。冷泉天皇の「統」と円融天皇の「統」が交互に皇位を継承する約束です。

花山天皇は、軽率な性格でした。寛和《かんな》元（九八五）年、寵愛していた女御の藤原忯子《しし》が亡くなります。悲しみのあまり「出家したいなあ」と呟《つぶや》いたら、「じゃあ私もお供します」と

冷泉系と円融系

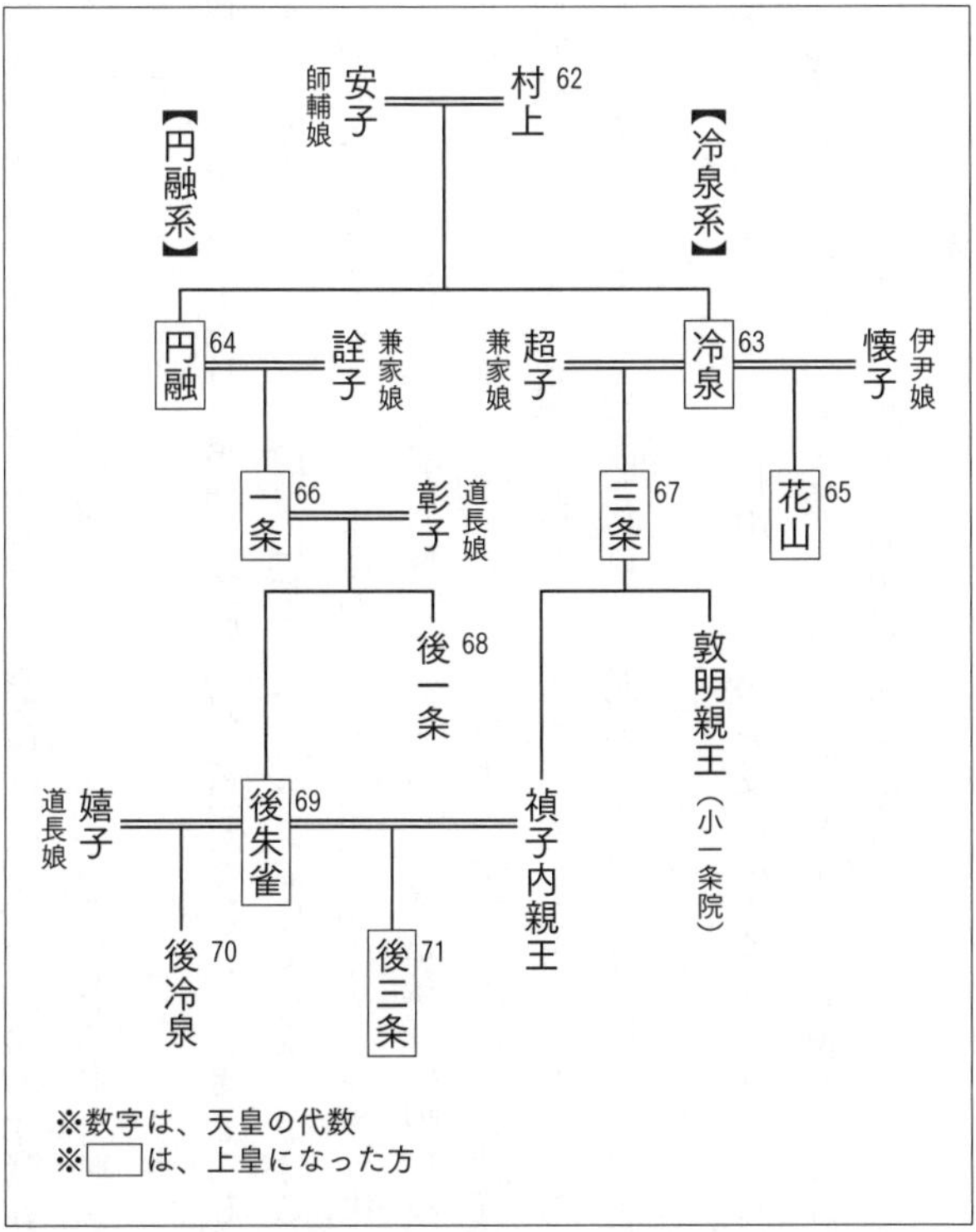

両統迭立の状態は、敦明親王の皇太子辞退によって終束する

藤原道兼（兼家の三男）に唆され、内裏を抜け出して、山科の元慶寺（別名花山寺）で剃髪します。その隙に三種の神器を東宮（春宮、皇太子の宮）に移され、譲位したことになってしまいました。

在位わずか一年十カ月。当然、藤原道兼は出家などしていませんし、その後も順調に出世します。要するに、家来の口車に乗って、ペテンで皇位を取り上げられたのです。

政治的には無能としかいいようがないですが、花山法皇は書写山《しょしゃざん》（兵庫県姫路市《ひめじ》）や比叡山、熊野《くまの》（和歌山県）で充実した修行生活を送り、帰京後は絵画や造園、和歌など風流事を楽しみ、プレイボーイで鳴らします。一条《いちじょう》天皇が差し向けた検非違使に邸を囲まれたり、女性問題のいざこざで狙撃されたり（しかも人違い！）と大変なこともありますが、少なくとも藤原氏の干渉がない上皇時代は、行動の自由度は在位時代よりも格段にあったようです（注11）。

寛和二年（九八六）六月、花山天皇の後を受けた一条天皇は、七歳で践祚します。外祖父でもある右大臣藤原兼家が摂政となり、その後二十五年在位しました。

一条天皇の誕生後、太政大臣の頼忠が政界を引退、失意のうちに亡くなると、いよいよ兼家の天下になります。

天皇家は、冷泉天皇の「統」と円融天皇の「統」が迭立して、最終的に後者が継承しますが、藤原氏もまた、実頼の家系と師輔の家系が争い、後者が勝ち残って摂関家を継いでいくことになったのです。

歪《ゆが》められた『源氏物語』の世界

正暦《しょうりゃく》元年（九九〇）、一条天皇が十一歳で元服すると、兼家の子供たちが次々と摂政・関白に就きます。五年後には兼家の四男（五男という説も）、藤原道長《みちなが》が内覧となりました。

東宮には、一条天皇の従兄弟《いとこ》の居貞《おきさだ》親王（後の三条天皇）が就きます。居貞親王は冷泉天皇の皇子ですから、ここでも両統迭立が守られています。東宮が天皇より年上という、異常な状態となりました。周囲の徒党はこうでもしないと納得しないのです。

道長は娘の彰子《しょうし》を一条天皇に入内させました。彰子は、敦成《あつひら》親王（後の後一条天皇）、敦良《あつなが》親王（後の後朱雀天皇）の兄弟を生み、藤原氏の絶頂期を築きます。

寛弘《かんこう》八年（一〇一一）六月、一条天皇は病気のため、従兄弟の居貞親王に譲位し、七日後に崩御します。

三条天皇《さんじょう》と藤原道長の確執は、皇太子時代に始まっていたようですが、即位後も皇太子の冊立《さくりつ》を巡って、在位中ずっと続きます。三条天皇には藤原娍子《せいし》という東宮時代からの妻があり、間に第一皇子の敦明《あつあきら》親王がいました。天皇が敦明親王を皇太子にしたいと思っているのに対して、それでは外戚になれない道長は認めません。自分の娘が生んだ一条天皇の皇子に継承させたいのは当然です。

さらに道長は、次女の妍子《けんし》を三条天皇に押し付けます。東宮の時代からの妻が居るにも関わらずです。道長は、三条天皇に個人的に恨みがあるのではなく、自分の支配下に組み込みたいだけなのです。

二人の中宮が並び立つ事態となりますが、三条天皇は、道長の意に反して娍子を皇后に立てます。天皇大権の発動です。しかし道長は、儀式をボイコットすることで応じました。大半の公家は道長に従い、天皇は真の権力が誰にあるかを思い知らされます。

中宮争いでも、皇太子冊立でも道長に負け続け、政務は道長にやらせる他の選択肢もなく、六年間の在位中は「早く譲位を」という圧力をかけられ続け、眼病に悩まされ……といったつらい経過をたどります。

長和《ちょうわ》五（一〇一六）年、三条天皇はついに譲位します。条件は、後一条天皇の皇太子に敦明親王を立てることです。約束どおり、敦明親王は皇太子に立てられますが、道長は皇位継承者の印である「壺切《つぼきり》の御剣《みつるぎ》」を渡しません。嫌がらせです。

寛仁《かんにん》二（一〇一七）年四月、三条天皇は出家し、五月初旬に崩御しました。八月、敦明親王は皇太子を辞退します。その月のうちに、敦明親王には「小一条院《しょういちじょういん》」という院号が贈られ、上皇待遇の「准《じゅん》太上天皇」となりました。

十一月、小一条院には道長から娘の寛子《かんし》をあてがわれます。すでに延子《えんし》という妻との間に子供もいたのですが、道長への忠誠を誓う儀式のようなものです。小一条院の子供たちは、本来は「王」「女王」の立場なのですが、格別の計らいで「親王」「内親王」の宣下を受けました。

延子とその父で左大臣の藤原顕光《あきみつ》は寛子を激しく恨み、死後に怨霊と化したと噂されました。顕光は敦明親王が天皇に即位したら外戚になれたのですから、完全敗北です。

恨まれた寛子の側も、かなりの大迷惑です。心労が重なったのか、二十七歳の若さで亡くなっています。寛子の母は、源　明　子《あきらけいこ》。安和の変で失脚した源高明の娘です。道長と結婚した時にはすでに父は亡く、しかも罪人の娘です。娘の寛子も道長の道具に使われるしかありませんでした。

明子とその子供には、強い後ろ盾がありませんから、息子たちは絶対権力者である道長に忠誠を誓って出世しようとします。その中でただ一人、藤原能信《よしのぶ》だけは反抗的な態度を取り続けます。能信の最大の反抗は、不遇の皇子である尊仁《たかひと》親王（後朱雀天皇の第二皇子）を庇《かば》い続けたことです。尊仁親王が後三条天皇として摂関政治にとどめを刺すのは後の話です。

道長が三条天皇を苛《いじ》め抜き、その息子の敦明親王を皇太子辞退に追い込んだ過程で、多くの人たちの人生が狂わされています。

この道長の所業を美化した作品が『源氏物語《げんじものがたり》』です。その中に登場する「朱雀帝」は、明らかにモデルが三条天皇です。紫式部は、「朱雀帝には徳が無く、光源氏が悩まされる」という描き方をしています。いうまでもなく光源氏のモデルは道長です。「朱雀帝」は失明してしまうところまで三条天皇と同じです。

『源氏物語』の完成は寛弘五（一〇〇八）年とされていますので、三条天皇の失明や退位より前なのですが、おそらく後で書き足しがされたのでしょう。

歴史事実を並べるだけで不愉快になるような陰険な話の羅列なのですが、では、なぜ道長はそういう挙に出たのでしょうか。

それは、いち早く両統迭立の状態を終わらせるためです。敦明親王の皇太子辞退によって「冷泉系」の皇統は絶え、「円融系」に一本化されました。

というのは、敦明親王と後一条天皇はすでに六親等も離れています。「両統から代わりばんこ」も、ここまで進むと、もはや皇室が二つあるに等しい状態でした。見方によっては、「道長は、二つの流れを一本化して、円融――一条の「統」が直系継承することで皇室を守ろうとした」という表現も不可能ではありません。

もっとも、強烈なエゴイストの道長にそんな意識があったかどうかは知りませんが、結果として、皇統の一本化には成功しました。

後一条、後朱雀、後冷泉《ごれいぜい》の三代の天皇の間、道長と頼通《よりみち》の親子は摂関政治の全盛期を築き上げます。この間、五十年です。

ところで、この頃には、在位中の天皇の崩御は不吉として避けられるようになります。つまり、天皇が危篤になると、慌《あわ》てて譲位するのが常例となるのです。しかし、譲位が間に合わない場合もあります。

今上天皇陛下の御譲位に際して「生前退位」という聞きなれない言葉が使われました。これに対し、「よほどの昔を除けば、明治以前に死後退位などあったのか？」と疑問を投げかけた人もいました。ですが、確かに「死後退位」の例はありました。

後一条天皇が、その「死後退位」の最初です。

危篤になった後一条天皇は、長元《ちようげん》九年（一〇三六）四月十七日に崩御します。関白藤原頼通が、後一条天皇の譲位の意向を昭陽舎《しようようしや》にいた敦良親王に伝えに行っている間に、にわかにお亡くなりになったのです。この時の朝廷は、後一条が上皇として崩御されたものと解釈しています。

ちなみに、藤原氏の先例運用は恣意《しい》的で、後冷泉天皇も譲位を行なうことなく崩御しています。「死後退位」が「先例」として繰り返されたのです。位を継ぐのは東宮の尊仁親王（後の後三条天皇）しかいませんが、最後に見苦しい抵抗をしたのでした。

尊仁親王の母は、禎子《ていし》内親王。その父（つまり東宮の祖父）は、藤原氏に苛め殺された三条天皇です。東宮自身もまた藤原氏に苛め続けられました。

尊仁親王は践祚し、後三条天皇となります。

第四章　院政《いんせい》――「治《ち》天《てん》の君《きみ》」の権力と陰謀

藤原氏の独占に風穴《かざあな》を開ける

長い摂関政治も終わりの日が来ます。後三条天皇が終わらせました。

後に後三条天皇となる尊仁親王は、父は後朱雀天皇、母は三条天皇の皇女禎子の間に生まれました。十二歳で異母兄である後冷泉天皇の東宮（皇太弟）に立てられます。兄のほうは道長の娘を母に持っていたので、兄弟間の待遇差は明らかでした。

禎子の父、三条天皇は、藤原道長に苛め殺された天皇でした。後三条天皇もまた、道長の子、関白藤原頼通に冷遇され、二十四年も皇太弟のまま据え置かれます。「もし、頼通の孫が皇室に生まれたら、その時点でお払い箱」という状況で四半世紀を過ごします。

同じような状況で三条天皇の皇子の敦明親王は、東宮の座を道長の孫である敦成親王（後一条天皇）に譲ってしまいました。一方の後三条天皇は忍びに忍びます。

結局、皇室に頼通の孫が誕生することはなく、兄の後冷泉天皇が崩御。長かった東宮時代を耐え抜いた後三条天皇が治暦《じりやく》四（一〇六八）年に践祚します。藤原氏を外戚としない天皇の誕生は、宇多天皇以来百七十年ぶりです。

頼道は引き際を心得ていて、関白を引退。ここに摂関政治は終わりを告げます。

繁田信一《しげたしんいち》氏（神奈川大学日本常民文化研究所特別研究員）の『殴り合う貴族たち』（角川学芸出版、二〇〇八年）は、お上品なイメージのある公家社会にあって道長やその息子たちの素行の悪さを描き出したユニークな書ですが、「彼らの中でとくに目立った暴力事件を起こしたことがない者といえば、長男の頼通くらいのものであろうか」と頼通だけは品行方正《ひんこうほうせい》と言わないまでも、まだマシだったと評価しています。

そのマシなほうの頼通でさえ、尊仁親王に対して、東宮の地位を返上するようにと苛めの限りを尽くすのですが。頼通の治世五十年の後半半分は、東宮への苛めが仕事だったといってても過言ではありません。しかし、後に「三条」の名を継いで後三条天皇となる東宮は耐え抜きました。

頼通が身を引くと、弟の教通《のりみち》が関白に就任します。天皇の報復を恐れたのです。天皇は三百年にわたって朝廷を壟断《ろうだん》（ひとり占め）してきた藤原摂関家の支配を打破しようと、中級公家の大江匡房《おおえのまさふさ》ら側近を積極的に登用します。しかし一方で後三条天皇は、自分を冷遇した頼通の息子たちもまた、そのまま仕えさせます。

後三条天皇は、日本史の中でも珍しい寛大な為政者でした。

ただし、やることはやっています。即位の翌年、後三条天皇は「延久《えんきゅう》の荘園整理令」を発布し、藤原氏の財源を奪っていきます。これについて理解していただくために、ここで少し、荘園についてお話ししましょう。

日本史の通説では、養老《ようろう》七（七二三）年の「三世《さんぜ》一身《いっしん》の法」を皮切りにして「公地公民《こうちこうみん》の原則」（土地と人民は国家のもの）が崩れ、藤原氏や皇族、寺社などの特権階級が荘園という私有地を持つようになり、国家に対して税金を払わなくなったとされます。

部分的にはそのとおりです。しかし、日本全国にある土地の過半数がそういう私有地になったわけではありません。「私」の土地である荘園が増えたのは事実ですが、基本的には公地公民の原則は残っていました。

特権貴族たちは、一方で自分は税金を納めなくて構わない私有地を持ちながら、もう一方で公権力である国司として税を取って一部を懐《ふところ》に入れます。

ちなみに、税を取る手数料として自分の懐に入れるのは正規の代償であって賄賂《わいろ》ではないのですが、そんな決まりを特権貴族が律儀《りちぎ》に守るはずがありません。朝廷には年貢を過少申告して、自分の懐に大量に残すに決まっています。こうした財源が、藤原摂関家の権力の源

特権階級の二つの財源

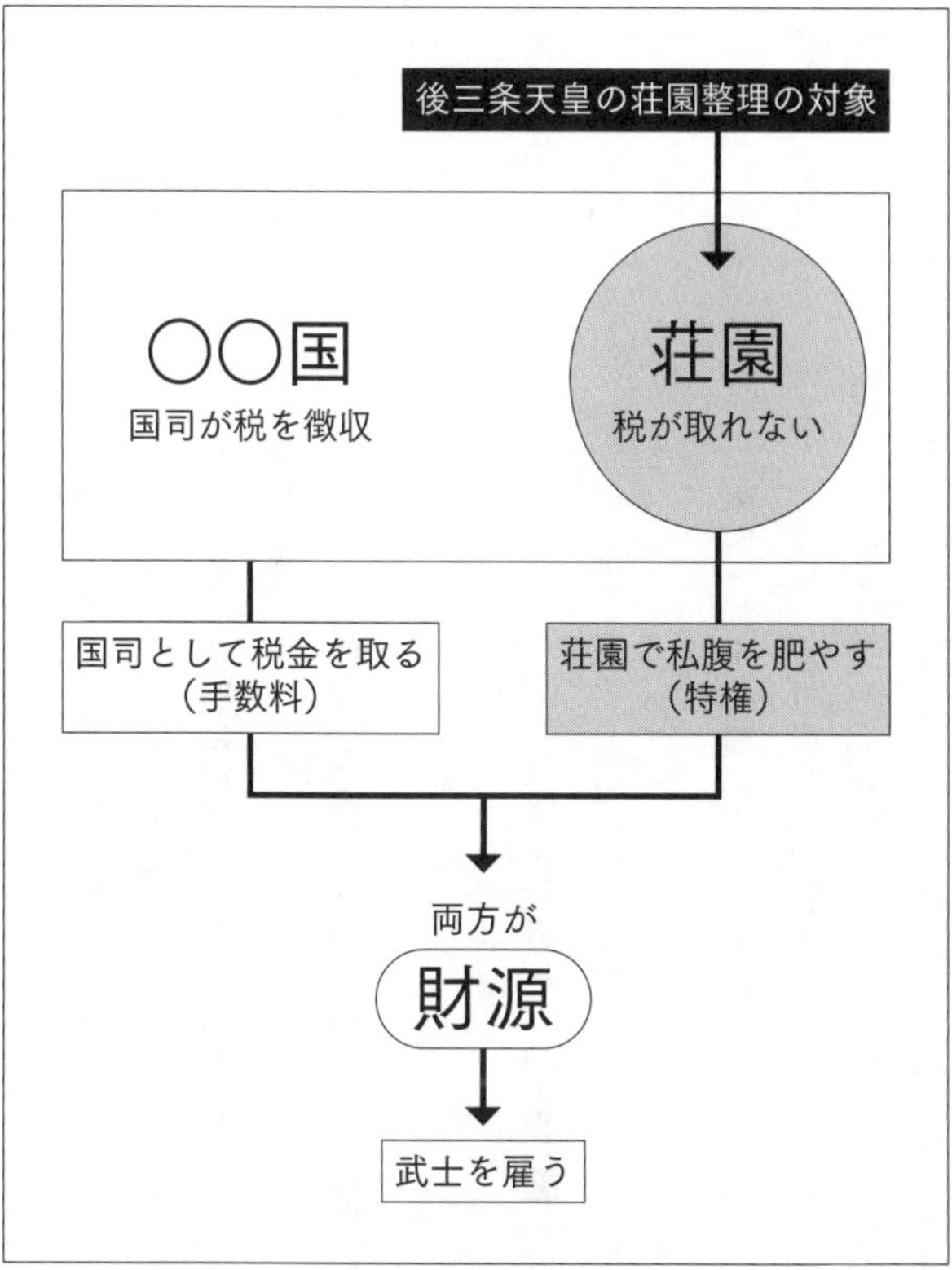

国司として徴税するだけでなく、税のかからない荘園を所有して、そこからも収入を上げている

だったのですから。

ちなみに武士というのは、そうやって生み出した金で雇われたガードマンです。たとえば、現代日本で自衛隊がクーデターを起こすと本気で信じている人はいないでしょう。自衛官は法律に服する公務員だからです。政府に反逆したら給料がもらえないだけでなく、犯罪者です。当時の武士も同じ立場です。

この時代、官位がすべてであり、官位は金で買うものなのです。藤原氏は唸《うな》るような資金を元手に、権力を握り続けました。

そこに後三条天皇は切り込みました。

延久の荘園整理令によって、記録荘園券契所《きろくしょうえんけんけいじょ》を設置し、不正荘園を摘発・没収します。また、脱税を防ぐために公定枡《こうています》を導入し、度量衡《どりょうこう》を定めています(悪徳貴族は独自の不正枡を用いて詐取していました)。

宇多天皇の「寛平の治」や醍醐・村上天皇による「延喜・天暦の治」など、善政とされる歴代天皇の御代においても、そういった悪弊《あくへい》に切り込もうとはしていたのですが、すべて失敗に終わっています。藤原氏は奈良時代の「天智系」と「天武系」の抗争を生き残り、善政と称えられる天皇の改革もかわし、自身を「欠けることのない望月《もちづき》(満月)」にたとえるほどの摂関政治を築き上げました。

そんな藤原氏の支配を終わらせた後三条天皇は、平安時代最高の名君と称してもよいでしょう。

中継ぎ天皇、専制君主になる

後三条天皇の改革は四年続きます。延久四（一〇七二）年十二月八日、皇太子貞仁《さだひと》親王（白河天皇）に譲位し、翌年四月、病のため落飾しましたが、五月に崩御してしまいます。満年齢で三十九歳でした。この時代としても早死にです。

病気のために譲位を急いだと伝わります。あるいは、本当は後世のような院政をやろうとしたのではないかともいわれています。譲位から間もなく亡くなったので、後三条上皇の真意は分かりません。

ちなみに、病気になってから仏門に入っていますが、これは俗人として死ぬより、そのほうがより御仏に導かれやすいと考えられたためです。

もし、後三条天皇が長寿を保てば、おそらく嵯峨上皇のような皇室の家長としての役割を求められたのではないでしょうか。そして院政の在り方は、後に続く白河《しらかわ》、鳥羽《とば》、後白河《ごしらかわ》のような愚かな形にならなかったかもしれません。

いずれにしても、後三条上皇の早すぎる崩御がなければ、後世の人々が想像するような院政はなかったはずです。

それほど「院政」という言葉には、私たち日本人にとって悪い響きがあります。現代でも、「自分は陰に隠れて無責任な立場で権力を行使する」という意味で使われているのが、院政です。その「悪い意味での院政」を始めたのが、白河上皇です。

白河院となる貞仁親王は、後三条天皇の第一皇子として生まれながら、本来は天皇になれない立場でした。母の藤原茂子《もし》は、「御息所《みやすんどころ》」と高くない身分でした。御息所とは、もともと「天皇の休息所」という場所の意、そこから「休息所で働く女官」を指しましたが、「下級官女」とか「お伽《とぎ》」（話し相手、あるいは夜の相手）という意味もあります。

そもそも、父の後三条天皇自身が東宮時代に、その地位を拝辞《はいじ》するよう、藤原頼通の圧迫を受け続けました。後三条天皇が並の精神の持ち主だったら屈服していたでしょうし、必然的に貞仁親王も天皇の地位からは遠ざかっていたでしょう。また、後三条の若すぎる死がなければ、貞仁親王は天皇にはなれませんでした。

白河天皇が践祚したのは延久四（一〇七二）年、十九歳の時です。

ところが後三条天皇は、いずれ実仁《さねひと》親王、さらに輔仁《すけひと》親王に皇位を継がせるようにと遺言を残していました。実仁・輔仁両親王の母は女御の地位にある源基子《きし》です。何より、藤原の血を引いていません。しかし、実仁親王は二歳、輔仁親王は一歳ですから、さすがに天皇の位に就くのは不可能です。

白河は、本来は中継ぎの天皇なのです。

しかし、東宮となった実仁親王は応徳《おうとく》二（一〇八五）年に若くして亡くなります。そこで、翌年十一月二十六日、白河天皇は息子の善仁《たるひと》親王を皇太子に立て、同日譲位、堀河《ほりかわ》天皇として践祚させます。止める人が誰もいないので、早速やりたい放題です。時に堀河天皇、八歳です。

白河上皇が院政を始めたのは摂関政治を潰すためであったという説に対して、最近は修正が加えられています。彼は、単に自分が権力を握りたかっただけで、後三条天皇のように明確な国家意識を持った人ではありませんでした。

後三条天皇が崩御すると、藤原氏や比叡山延暦寺《えんりやくじ》を始めとする寺社勢力などが巻き返しを図っています。その勢力争いの中で一日でも長く権力者でいられるかと考えた場合、結論は上皇の地位に身を置き、無責任な立場で権力を振るうことでした。

応徳三（一〇八六）年の堀河天皇への譲位が、いわゆる院政の開始とされます。

なお、永長元《えいちょう》（一〇九六）年に出家してからは、法皇となります。

白河上皇といえば、『平家物語』に書かれた「賀茂河《かもがわ》の水、双六《すごろく》の賽《さい》、山法師《やまほうし》、これぞ我が心に叶はぬものと白河院も仰せなりけるとかや」（注1）という一文がよく知られています。「京都鴨川の治水、博打《ばくち》のサイコロ、比叡山の僧兵、この三つだけはどうにも思いどおりにならない」の意に解釈されています。

山法師は言葉どおりですが、この三つはいずれも具体勢力としての意味があるとの考え方もあります。「賀茂河の水」は水利権を持つ者、「双六の賽」は博徒です。すると白河院政は、こういったアウトローな勢力とも結び付きがあったと考えることもできます。

しかし、上皇とて最初から絶大な権力を持っていたわけではありません。自身も母が藤原氏、皇后である賢子《けんし》（堀河幼帝の母）も関白藤原師実《もろざね》の養女です。この時点では、摂関政治が復活しているのです。むしろ当時の人は、後三条天皇の四年だけが一時的な例外だと捉えていました。上皇も最初から院政を布《し》こうとした訳ではなく、自分の子に皇位を継承することが目的でした。

良好な仲だった賢子に先立たれると、女性関係が派手になります。のみならず、男性関係もあけっぴろげでした。

平清盛《たいらのきよもり》が白河法皇の「御落胤《ごらくいん》」であったという説は比較的有名ですが、さらに平清盛の父・忠盛《ただもり》が法皇の男色相手であったという説もあります。両方の話が本当なら、男色の相手に実の子を押し付けたということになります。本当かどうかわかりませんが、そういう噂が流れたことは事実です。

もうひとつ有名なエピソードは、孫である鳥羽天皇の皇后・藤原璋子《しょうし》（待賢門院《たいけんもんいん》）は白河法皇の養女でしたが、法皇とは愛人関係にあり、璋子が鳥羽天皇の后となった後も関係を続けたというものです。

そして、璋子の生んだ第一皇子（崇徳《すとく》天皇）は白河法皇の子で、鳥羽は崇徳のことを「叔父子《おじご》」と呼んだそうです。崇徳天皇は、ご本人には何の罪もないのに、生まれながらにして呪われているという気の毒な方です。

つまり、後の院政期の争いごとの種を撒《ま》き散らしたのは、白河法皇であったということです。また、鳥羽天皇と璋子皇后の間には、後の後白河天皇も生まれています。

院政の時代

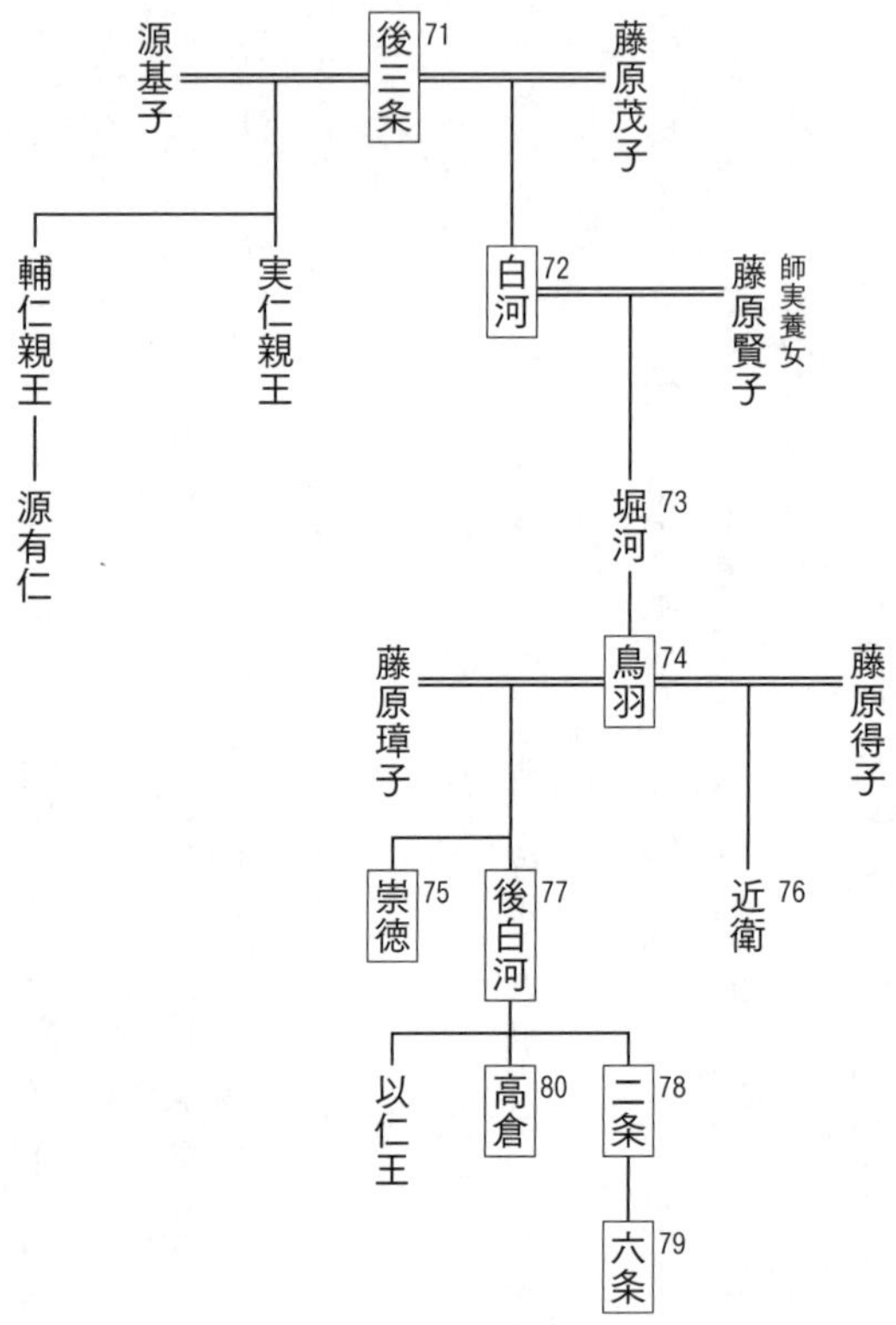

※数字は、天皇の代数
※□は、上皇になった方

譲位後の白河は、いわゆる「院政」を始めます。政治に関しては、公式の朝廷とは別に院庁《いんのちょう》を作ります。要するに、白河法皇の邸宅で談合したことが翌日の朝廷で決定されるのです。

ちなみに、朝集まるから「朝廷」です。中世の公卿たちは、早朝五時ぐらいから日の出とともに仕事をしています。そのぶん終業も早く、正午まで仕事していたら「残業」です。それはさておき、法皇の邸で夜に決めていることが、翌朝には朝廷の決定になるという二重権力制度です。

最高権力者の家で談合して決める政治は、現代の「闇将軍」も続けています。歴代総理を傀儡とした田中角栄《たなかかくえい》は「目白《めじろ》の闇将軍」と言われました。絶頂期の田中は、「日本の政治は全部、ここ（目白）で決まるんだ」と豪語したこともあったとか。

ただし、院政を始めたのは白河院ですが、二重権力制度そのものの元祖とはいえません。藤原氏も同じことをやっていましたから。

しかし、白河上皇がすぐに専制的な院政を始めたかというとそうではなく、堀河天皇の在位期間は控えめです。堀河天皇は「温厚仁慈《じんじ》、『末代ノ賢王』」（『続古事談《ぞくこじだん》』）と讃えられ、和歌管弦の道に長じ」ていたといいます（注2）。

また、藤原師通《もろみち》（師実の子）が関白の地位にある間は、白河上皇の政治力にも限界がありました。しかし、康和《こうわ》元（一〇九九）年に師通が死去し、継いだ師通の子・忠実《ただざね》が無能だったので、摂関家の影響力が急速に落ちます。

そして嘉承《かしょう》二（一一〇七）年、堀河天皇が二十九歳の若さで崩じてしまいます。その後を受けて即位したのは、五歳の鳥羽天皇です。

永久元（一一一三）年、天皇の暗殺未遂事件が起きます。その黒幕が白河法皇の異母弟・輔仁親王ではないかとの疑いがかけられました。親王は潔白を証明するために自邸に謹慎しますが、六年後に薨去し、その子・有仁王《ありひとおう》は臣籍降下し、皇位継承の資格を失いました。

保安《ほうあん》元（一一二〇）年、関白藤原忠実の職権を停止しました。

こうして法皇の専制は完成されます。

天皇と上皇が「治天の君」を巡《めぐ》って争う

白河法皇は、政治的には自分中心の二重権力構造を作り上げ、経済的には自らが荘園領主になり、朝廷の財政基盤を強固にしていきます。

言いかえれば、後三条天皇による改革路線の破壊です。

後三条天皇は、脱税者を取り締まろうとしたのに対して、白河法皇は自ら率先して不正を働きました。不正をただしながら藤原氏の勢力を削いだのが後三条でしたが、藤原氏を超える脱税王を目指したのが白河です。

その経済基盤について、もう少し具体的に述べましょう。

法皇は、近臣を国司にすることによって献金を受け取ります。人事が朝廷ではなく、院庁で決まる時代が到来したからです。やっていることは摂関政治と同じですが、止める人がいません。摂関家は最高権力を握っていても、その上には皇室の権威があります。ところが、法皇は天皇の上に君臨する権威です。

摂関政治をはるかに超える腐敗と乱脈を極めた時代が始まります。

大治《だいじ》四（一一二九）年に七十七歳で崩御するまで、白河法皇は、皇室の家長として君臨し、国政を支配します。後に皇室の家長は「治天《ちてん》の君《きみ》」と呼ばれるようになりました。

なお、「天皇をやめて上皇になれば即座に院政ができる」とカン違いする人もいます。では、上皇が複数いた場合は、どうなるのでしょう。皇室の家長は一人だけです。院政は、治天の君だけに許された特権なのです。

父・堀河天皇の死後、幼少にして即位した鳥羽天皇ですが、祖父・白河法皇が生きている間は、その意向に逆らえません。保安四（一一二三）年、十六歳で崇徳天皇に譲位します。白河法皇が治天の君として君臨していますから、院政はできません。無聊《ぶりよう》をかこつ（不遇の身を嘆く）しかありません。

大治四（一一二九）年、白河法皇が崩御して、ようやく鳥羽上皇が治天の君となります。

ちなみに、治天の君になる方法というものはありません。

たとえば、日本国憲法では首相の決め方を詳細に明記していますが、皇室の家長の決め方などは、どこにも書いてありません。皇室の家長は本来、天皇に決まっているから、わざわざ書く必要がないのです。大化の改新まで、天皇は死ぬまで天皇であり続けるのが、常例でした。また、嵯峨上皇の時に「皇室の家長は天皇である」と確定しました。上皇が天皇の父や祖父や兄であっても、現職天皇が家長なのです、建前としては。

この建前は一度も変わったことがないはずですが、現実は違います。嵯峨上皇からして現職天皇より人望と政治力があったので、誰もが皇室の家長は嵯峨上皇だと見なしました。逆に、政争に敗れて退位した三条上皇を皇室の家長と見なす人はいませんでした。

白河法皇にしても、堀河天皇が成人の時は院政ができていないに等しい状態です。皇室が現実の政治権力である時代、運用は極めて難しかったのです。

さて、目の上の瘤《こぶ》だった白河法皇がいなくなり、鳥羽上皇は自己の権力を確立します。崇徳天皇は十二歳、何の政治力もありません。上皇が皇室の長として振るまうのに、何の障害もありません。

さっそく、白河法皇に追放されていた藤原忠実を呼び戻し、側近集団を形成すると、逆に白河法皇の側近たちを排除していきました。公的立場である朝廷での位は理由がなければ取り上げられませんが、私的な側近である院の近臣は思うがままです。

保延《ほうえん》五（一一三九）年、寵愛する女御の藤原得子《なりこ》（美福門院《びふくもんいん》）が皇子を生むと、わずか生後三カ月で皇太弟とします。そして永治《えいじ》元（一一四一）年、わずか二歳にして践祚させます。近衛《このえ》天皇です。

崇徳天皇は譲位を強要されました。四歳で即位してから十八年、何の権力も振るえませんでした。ようやく発言できる年齢になった頃に、外されました。崇徳天皇が「叔父子」だとして、鳥羽上皇がそれを本気で信じていたと仮定するなら、彼の復讐心は理解できなくもありません。

政敵を許した後三条天皇が偉すぎる名君なのは異論のないところです。それに比べると可哀そうですが、曾孫の鳥羽上皇は遥《はる》かに見劣りするのです。

康治《こうじ》元（一一四二）年、鳥羽上皇は出家して法皇となります。

計算外だったのは、近衛天皇が病弱で、久寿《きゅうじゅ》二（一一五五）年に十七歳で崩御したことです。あまりの若さで亡くなったので、まだ皇太子不在でした。

何の咎もないのに無理やり譲位させられた崇徳上皇は、自分の息子の重仁《しげひと》親王を天皇にすることを求めます。それは、鳥羽法皇に治天の君の地位を譲るよう求めることを意味します。自らが院政を布きたいとの願いです。

この時、崇徳上皇は三十六歳の壮年ですが、鳥羽法皇は五十二歳の円熟。政界を支配する鳥羽法皇が首を縦に振らなければ、上皇の願いはかなうはずがありません。

鳥羽法皇は、第四皇子で、崇徳の同母弟である雅仁《まさひと》親王に皇位を継がせます。後白河天皇です。

雅仁親王は、「文にも武にもあらず、能もなく芸もなし」と評されていました。趣味も変わっていて、教養人の嗜《たしな》みである和歌を詠《よ》まず、今様《いまよう》という庶民の歌に没頭します。そのため、品がないと軽蔑されていました。現代風にたとえるならば「カラオケ・オタク」です。後継には、雅仁の子の守仁親王《もりひと》（後の二条天皇）の名が挙がったほどでした。

後白河天皇践祚の翌年、保元元《ほうげん》（一一五六）年に守仁親王が立太子します。鳥羽法皇に権力を手放す気はないのみならず、崇徳上皇には永遠に院政をさせないとの意思表示です。

これが「保元の乱」の遠因です。

保元の乱とは、教科書的な説明によると、「保元元年、崇徳上皇と後白河天皇兄弟の対立、関白藤原忠通《ただみち》と弟頼長《よりなが》の対立がからみ、上皇側が源為義《ためよし》らの武力を頼んで天皇方に挑戦、敗北した。院政の混乱と武士の進出を示す事件」です。

要するに、窓際に追いやられた崇徳上皇が、実権を求めてクーデターを起こした事件というわけです。

ところが最近、呉座勇一《ござゆういち》先生が保元の乱に関して新説を紹介しています。

これまでの研究は平信範《のぶより》の日記『兵範記《へいはんき》』や軍記物『保元物語』の記述に基づいて、「政治的圧迫を受けていた崇徳上皇と藤原頼長が、武力発動による権力挽回を企《くわだ》て、彼らの反乱を事前に察知した後白河天皇方が防衛態勢を整えた」というものであったけれども、実は、「保元の乱」というのは崇徳上皇側がしかけたのではなくて、後白河天皇側が誘発したのではないか、そうでなければ、あまりにも杜撰《ずさん》なクーデターであるというのです。

いわく、「クーデターというものは、誰にも知られぬうちに迅速に行わなければ成功しない。後白河方は鳥羽法皇が亡くなる前から合戦に備えて軍勢を集めており、既に警戒されている状況で崇徳が決起しても勝ち目はない。そもそも、当時宇治《うじ》で謹慎していた藤原頼長と、鳥羽にいた崇徳が密談するのは極めて困難であろう。暗愚な後白河は中継ぎとしかみなされておらず、その地位は、実は、嫡流である崇徳より不安定であった。そして、出自の低い美福門院（鳥羽の寵妃《ちょうひ》。近衛天皇の母）や藤原忠通ら鳥羽の威光によって権勢をふるっていた者たちは、鳥羽の死によって一転して窮地に陥《おちい》った」

「鳥羽という後ろ盾を失った後白河らの権力が漸次《ぜんじ》衰えていくのは明白であり、崇徳や頼長が事を急ぐ必要はない。後白河の失政を待って返り咲けば良いのである」

「正当な皇位継承者である守仁親王（二条天皇）に万一のことがあれば、重仁親王が即位し、重仁の父である崇徳上皇による院政が開始されることもあり得たのである」

そのため、「政変を仕掛ける動機は崇徳側よりも、むしろ後白河側にある」とのことです（注3）。説得力がある興味深い新説なので、ご紹介しました。

明らかな事実でいうと、崇徳上皇と藤原頼長は、源義朝《よしとも》・平清盛を味方につけた後白河天皇と関白藤原忠通に敗れ、上皇は讃岐《さぬき》に流されます。崇徳上皇側についた武士である源為義

（義朝の父）と平忠正《ただまさ》（清盛の叔父）は死罪となります。

崇徳上皇は帰京を願いますが、許されることなく、長寛《ちょうかん》二（一一六四）年八月、讃岐で無念の死を迎えます。四十六歳でした。崇徳上皇は怨霊になっていきます。

これについては以下、竹田恒泰《たけだつねやす》氏の『怨霊になった天皇』（小学館文庫、二〇一一年）を参考にしながら追ってみましょう。

配流先での崇徳上皇は、当初は穏やかな生活を送っていました。『保元物語』によれば写経に励み、三年がかりで「五部大乗経《ごぶのだいじょうきょう》」を自らお書きになっています。

複数版ある『保元物語』の中でも、「金刀比羅本《ことひらぼん》」と呼ばれるバージョンでは、写経が崇徳上皇自らの指の血を用いて書かれた「血書《けつしょ》経」であるとしています。このお経を都に置いてほしいと中央に送りますが、天皇方がこれを許すことはなく、「どのような呪いがかけられているか知れたものではない」と退けられます。

崇徳院は憤慨《ふんがい》し、ついに「日本国の大魔縁《だいまえん》となる」と叫び、「天下滅亡」と書き付けて経を海底に投げ入れました。その後、さまざまな事件が起こり、崇徳院の怨念が恐れられるようになっていきます。

まず、平治《へいじ》元（一一五九）年十二月「平治の乱」が起こります。崇徳はこのときまだご存命ですが、その生霊《いきりょう》による祟りと考えられました。崇徳院の恨みをかう存在であった信西《しんぜい》（藤原通憲《みちのり》）、藤原信頼《のぶより》、源義朝ら三人は、この平治の乱で命を落とします。

崇徳院崩御の翌年、永万《えいまん》元（一一六五）年、後白河の第一皇子である二条天皇が崩御します。二十三歳の若さでした。同年、六条《ろくじょう》天皇の摂政・藤原基実《もとざね》も二十四歳で亡くなっています。基実は、保元の乱で後白河天皇方についた藤原忠通の息子です。

後白河上皇は当初は崇徳上皇を完全に罪人扱いしており、その葬儀も国司に任せ、喪にも服しませんでした。

そんな後白河上皇が変わるのは、安元《あんげん》二（一一七六）年夏のわずか二カ月間に近親者が次々と亡くなってからです。崇徳院崩御も夏八月で、その十二年後の夏の出来事でした。

さらに、安元三（一一七七）年には院勢力と延暦寺が衝突します。四月十三日、延暦寺の僧徒は日吉《ひえ》・白山《はくさん》の神輿《みこし》を奉《ほう》じて京都に乱入します。

同年同月末には京都で大火が起こります。京都の街の約三分の一が灰となり、死者は千人にのぼったといわれます。大内裏でも大極殿が焼失しました。そして、翌年にも四月に大火が起こります。

あいつぐ災難は、崇徳院の怨霊のせいであるとみなされるようになっていきます。

ちなみに「鹿ヶ谷《ししがたに》の謀議」が発覚するのもこの頃、安元三年ですが、これについては次章でお話ししましょう。

とにもかくにも、これほどの怨念を抱いた上皇は他にいません。生まれた時から自分に何の責任もないのに不幸な一生を終えました。

人々の同情が崇徳上皇を、怨霊にしたのです。

それは、暗愚の政治を繰り返す後白河上皇への批判の裏返しです。

戦争か、謀反か

ここで、保元の乱の重大な歴史的意味を確認しておきます。

乱では、崇徳側でも後白河側でも武士団が動員され、平清盛、源義朝を味方に付けた後白河天皇が合戦の末に勝利しました。

これは警察行動ではなくて、軍事行動です。奈良時代から平安時代を経て約四五〇年間、謀反人を逮捕、討伐することはあっても、対等の立場で合戦におよび、「勝てば官軍」式の戦闘を行なったのは、第三章で見た嵯峨天皇時代の薬子の変が最後です。それでも天皇は、「平城上皇を担いだ謀反人への警察行動」との建前を崩していません。大規模動乱であった平将門の乱でも、将門一党は謀反人です。犯罪者であって、敵ではありません。

この件に関しては、『誰が殺した？ 日本国憲法！』（講談社、二〇一一年）に、憲法学の立場から詳しく書いておきましたので、ご参照ください。

ところが保元の乱では、崇徳上皇側は「犯罪者」ではなく、「敵」になってしまったのです。

「犯罪者」は国家反逆罪を犯した悪者です。「敵」は悪者とは限らず、ただ単に負けたというだけです。「勝てば官軍」とは、そういう意味です。呉座説が本当なら、そのことに後白河天皇側は気付いていなかったことになります。後白河陣営としては、合戦によって崇徳一派を一網打尽《いちもうだじん》にしたかったのでしょうが、目先の現状に対処することに走ってしまって、以後七百年間政権を手放すきっかけを作りました。

この「敵」認定を後白河や側近の信西（藤原通憲）が主導したのだったら、実に愚かなことをやってしまったものです。

これは、平安朝が築き上げてきた秩序を自ら壊すことを意味します。「軍事力で決めていいのだ」という発想の転換が起こり、政治的な問題の決着にそれまで使われることのなかった武力が用いられるようになってしまったからです。

そうなると当然、武士の力が強くなります。

現代にたとえてみましょう。

総選挙で各政党が自衛隊を動員するなどということが考えられるでしょうか。

あるいは、与党が自衛隊を動員し、野党が私兵を集めて、相手の党本部を占拠して党首を捕縛《ほばく》した方が勝ち、などという争いをするでしょうか。

仮に野党が私兵を集め、与党本部を襲撃したとします。与党総裁は政府の総理大臣を兼ねていますから、警察に出動を命じます。それでも鎮圧できなければ、自衛隊を出動させます。この場合、野党軍は犯罪者です。警察や自衛隊と対等の立場ではありません。

それが当たり前と思うでしょう。では、その「野党軍」が犯罪者であると見なすことが、なぜ当たり前なのでしょう？

みんなが、「政権は暴力で決めるものではない」と信じて疑っていないからなのです。

これを法学では、「法的確信がある状態」と説明します。

平安時代も同じなのです。ところが、保元の乱が大事な法的確信を破壊したのです。

本来は、あくまで国家反逆罪を犯した犯罪者に対して警察活動を行なう。平将門に対して行なったような反乱軍に対する治安維持という姿勢を保たなければならなかったのです。

乱に勝利した後白河天皇自体の権力基盤は非常に不安定でした。ただし、平清盛や源義朝などの武士たちの実力も、まだまだ強力なものではありませんでした。後白河が軍事力によって治天の君になったとはいえ、中心は側近集団の信西です。藤原摂関家が周囲を固めます。

教科書では、保元の乱、平治の乱からいきなり源平合戦に飛んでしまうのですが、その間にも紆余曲折《うよきょくせつ》があります。

保元の乱の二年後、後白河天皇は二条天皇に譲位し、院政を始めます。しかし、そもそも鳥羽法皇が望んだのは、二条天皇の「親政」であって、「後白河は中継ぎなのだから」と二条天皇とその側近は院政に批判的です。

後の権力者像から、後白河法皇がずっと院政を布いていた印象が持たれがちですが、即位できたのが奇跡のような人望のない人物でした。後白河の周囲は政敵だらけで、それが平治の乱へとつながります。即位の時に十五歳の二条天皇のほうが、三十一歳の後白河上皇より人望があるのですから、よほどのことです。

平治の乱も通説をまとめておきましょう。「平治元（一一五九）年、保元の乱後、源義朝は院の近臣であった藤原信頼と結びつき、信西や平清盛と勢力を争い、平清盛一行が熊野詣《くまのもうで》の留守中に京都で挙兵して信西を殺害、三条殿を襲って上皇と天皇を内裏へ幽閉するも、脱出されてしまう。清盛の反撃を受けた源義朝と信頼は敗死。この後、政権は平氏に移る」となります。

従来の通説は、「保元の乱は公家の争いに武士が使われたが、平治の乱では逆に源平合戦に貴族が利用された」と描写されがちでした。しかし、それは後世の結果から逆算した見方で、最近では「平治元年」の時点で、武士の力はそこまで強くなかったと考えられています。

軸は皇室の争い、および後白河院の近臣である信西と藤原信頼との対立です。

これついても、呉座氏の『陰謀の日本中世史』の一部を紹介しておきます。

『保元物語』でも『愚管抄《ぐかんしょう》』でも、平清盛は熊野でクーデターの話を聞いて周章狼狽《しゅうしょうろうばい》していますが、その一方で、清盛の側がクーデターを誘発するために熊野詣に行ったのだという説があります。しかし、「わずかな供しか連れていない清盛がパニックに陥るのは当然のことである。清盛は運良く紀伊の武士たちの協力を得ることができたため無事に帰京できたが、彼らに血祭りに上げられる可能性もあったのである」とし、この無防備な状態で清盛が反乱を起こすように仕向けるとは思えないと呉座氏は述べています。

ところが間抜けなことに、藤原信頼と源義朝は上皇と天皇を取り逃がしてしまいました。上皇と天皇を奪われてしまったら、信頼も義朝も単なる謀反人です。瞬《またた》く間に逆襲され、義朝は東国に逃れる途中で暗殺、信頼は斬罪となります。

後白河天皇は戦の勝者ですが、ただでさえ政権基盤が弱いのに、信西という切れ者の側近を失うという痛手を蒙《こうむ》ります。なお、信西は政治改革を志していたと言われます。

残った勝ち組の中で多数派は二条天皇のほうなので、権力基盤が弱い後白河上皇は平清盛を取り立てて、二条天皇とお付きの藤原氏に対抗させようとします。清盛は当初は二条天皇派のように振るまっていたのですが、上皇とも二股をかけて出世の階段を上ります。

教科書では、「一一五六年・保元の乱」→「一一五九年・平治の乱」→「一一六七年・平清盛が太政大臣に」と飛んで、数行のうちに終わってしまうところですが、その間にあったことを子細《しさい》に見ると、軸は「後白河上皇 対 二条天皇」で、どちらが治天の君になるかという激しい政争が繰り広げられています。

この抗争は、永万元(一一六五)年に二条天皇が二十三歳で崩御したことで、決着がつきました。

次の六条天皇は、父・二条天皇が亡くなったため、満一歳にもならないうちに践祚。二カ月後の即位式では途中で泣き出し、乳母《うば》が乳を与えて泣き止んだそうです（注4）。

六条天皇は後白河上皇からすると孫にあたり、後白河が本格的に権勢を振るうようになるのは、この六条天皇即位の頃からではないかと思われます。赤ん坊ですから、対抗しようがありません。

清盛も、かつての二条天皇親政派を完全に見限り、白河上皇派の中核となります。

現状主義者・後白河《ごしらかわ》法皇がまねく大混乱

英邁な天皇と暗愚な天皇は、系図を見るとそれぞれ隔世《かくせい》遺伝しています。「英邁」（後三条）→「暗愚」（白河）→「英邁」（堀河）→「暗愚」（鳥羽）。この四名は親から子へと直系でつながっています。さらに、「不明」（近衛）→「暗愚」（後白河）→「英邁」（二条）と続きます。

英邁な天皇に限って病弱で早逝し、暗愚な天皇に限って長生きして名を残しています。

平家と天皇家

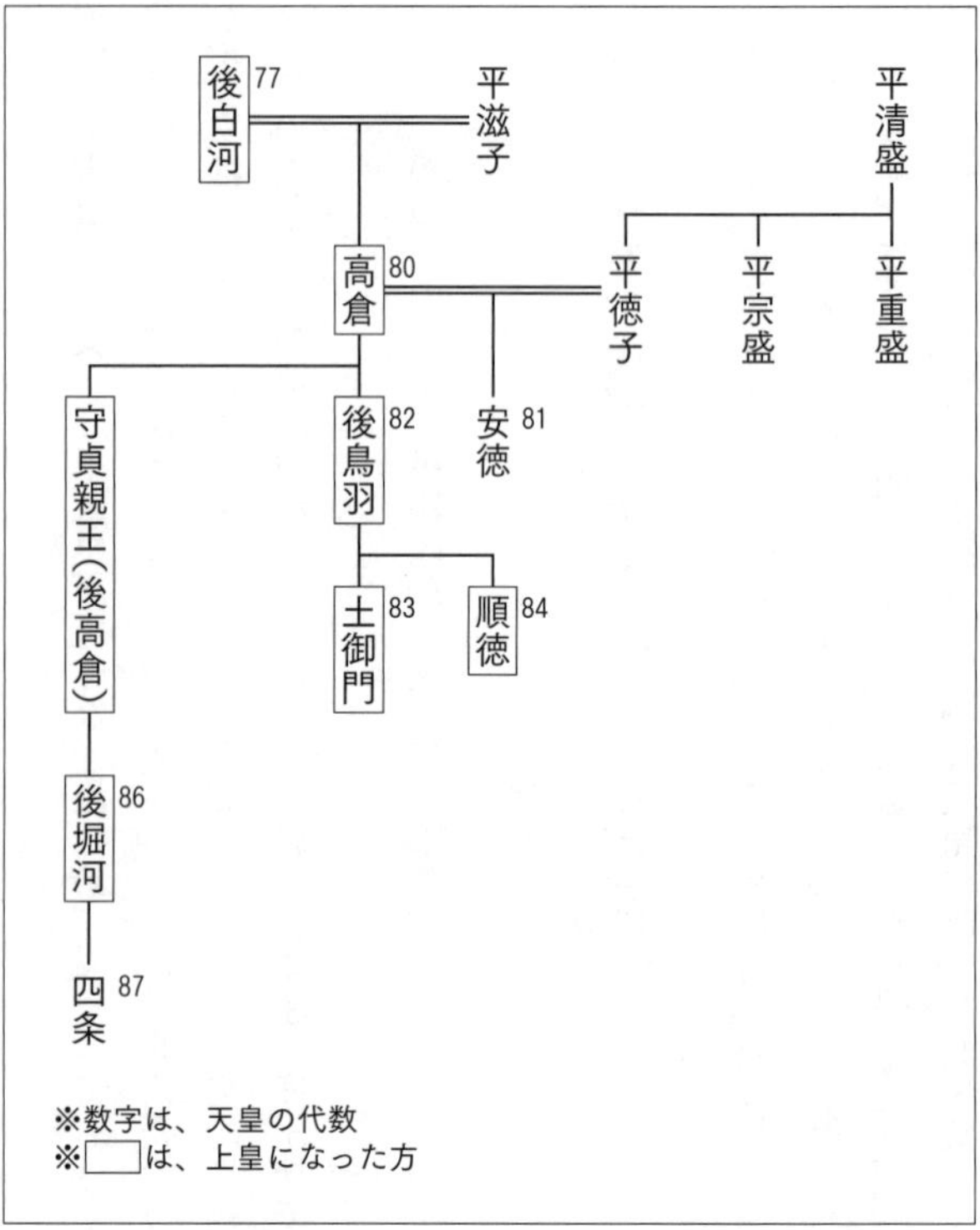
後白河 77
平滋子
平清盛
高倉 80
平徳子
平宗盛
平重盛
守貞親王（後高倉）
後鳥羽 82
安徳 81
土御門 83
順徳 84
後堀河 86
四条 87
※数字は、天皇の代数
※□は、上皇になった方

なお、近衛天皇は病弱で十七歳で崩御しているので、英邁とも暗愚とも、とくに事績を残していないので判別できません。ただ、近衛天皇が健在なら「保元・平治の乱」が起きていたかはわかりません。

また、二条天皇が長命なら後白河院政はなかったでしょうし、平清盛による平氏政権も成立し得なかったかもしれません。

保元・平治の乱の功績で、平清盛は超スピードで出世したと言われます。

確かにそのとおりなのですが、決定的なのは、二条天皇崩御の翌年の永万《えいまん》二（一一六六）年に憲仁《のりひと》親王（後の高倉天皇）が立太子し、清盛が「東宮大夫《とうぐうだいぶ》」（東宮職の責任者）になったことです。この時、六条天皇は五歳、東宮の憲仁親王は八歳です。憲仁親王は、後白河法皇と平滋子《しげこ》の子で、清盛の孫にあたります。幼い天皇と東宮をお飾りにして、大人たちがやりたい放題です。

清盛は、この年に内大臣、仁安《にんあん》二（一一六七）年に公家の極官である太政大臣に登り、誰もが認める最高権力者となりました。

後白河法皇は、かつての白河・鳥羽の両法皇のような絶対的な専制君主ではなく、清盛と連立政権を組んでいるような状態でした。相互に依存し、利用し合う関係です。

後白河法皇は、後にいわれるほどの権謀術策家ではなくて、場当たり的だった人なのではないかと思われます。政権当初の保元・平治の乱から二条天皇崩御までの時代は、鳥羽法皇という絶対権力者がいなくなり、政治が劣化している時期でした。その中の実に弱体な存在です。

長い日本史上では、ときどき政治の劣化が起き、それを勝ち抜いた人が大政治家になっています。後白河法皇も、天皇即位以後、あまたの権力闘争を勝ち抜き、その過程で「日本一の大天狗《おおてんぐ》」と評される権謀術数家に成長していくのです。

仁安三（一一六八）年、六条天皇は退位。憲仁親王に譲位させられます。高倉天皇です。六条天皇の父である故二条天皇の派閥を押さえ込むための政治的な措置《そち》です。六条天皇は五歳で上皇になりました。六条自身に自由意志はありません。新帝も八歳です。

平家（清盛とその親族の平氏）は、あからさまな閨閥《けいばつ》政治で高倉《たかくら》天皇を擁立《ようりつ》しました。「平家にあらずんば人にあらず」とまでいわれるようになるのは、もっと後の話なのですが、この頃から平清盛以下、平家一門が全国の荘園と知行《ちぎよう》国、国司などの公権力を握りつつ、荘園という合法的脱税地域も押さえていきます。藤原氏や院が行なってきた蓄財方法を、平家も踏襲します。

つまり、後白河法皇は、それを容認せざるを得ないくらい政権基盤が弱いのです。法皇も蓄財に励んでいますが、頼れる部下が清盛しかいないという状況で、かつての側近信西などとは比べ物にならないほどの力を持たせてしまいました。

後白河法皇の苦闘は続きます。

公家の極官である太政大臣に就いた清盛への風当たりは強烈でした。皇族でも藤原氏でもない太政大臣は、道鏡以来です。後白河法皇は清盛を頼りとしましたが、清盛も法皇を頼ります。いわば、嫌われ者どうしの連立政権です。

どうせ嫌われているなら、妥協しても仕方がないので、地位と権力を使って利権の独占を始めます。経済面では、全国の知行国を平家一門で占めておきます。荘園もかき集めます。公権力による知行国支配と、私有地である荘園の、二面から日本最大の経済力を持っていきます。これを学術用語で「荘園公領制」といいます。

加えて、日本最強の軍事力をも有していますから、「平家にあらずんば人にあらず」の権勢を誇るようになります。もっとも、これは清盛ではなく、平時忠《ときただ》（清盛の義弟）のセリフなのですが。

清盛は、高倉天皇を即位させた仁安三（一一六八）年、出家します。翌嘉応《かおう》元（一一六九）

年、後白河上皇も出家して法皇になります。

法皇と清盛の蜜月は、ここまでです。

高倉天皇が成長してくると、法皇は早期の譲位を望むようになりました。天皇が成人して親政を行なうようになれば院政は停止し、平家の政権独占が完成するからです。

治承《じしょう》元（一一七七）年、鹿ヶ谷の謀議が発覚します。後白河院の近臣らが京都東山《ひがしやま》の鹿ヶ谷で平氏打倒計画を立てましたが、露見し、関係者が処罰された事件です。謀議に摂関家は加わっておらず、院の近臣で身分の高くない者ばかりでした。謀議においても酒の徳利を倒して「瓶子《へいし》（平氏）が倒れたー」などとふざけているので、その場にいた多田行綱《ただゆきつな》はあきれて清盛に事の次第を密告したとのことです。

翌治承二年、高倉天皇と中宮徳子《とくし》との間に皇子が生まれたので、清盛は孫の立太子を法皇に認めさせることで妥協しました。表面上は、法皇と平氏の連立政権は維持されます。

平氏の棟梁《とうりよう》は清盛ですが、その長男の重盛《しげもり》も知勇兼備《ちゆうけんび》の武将として知られていました。強訴を繰り返す比叡山延暦寺にも毅然《きぜん》と対応し、法皇の信頼も厚かった人物です。

ところが、その重盛が「鹿ケ谷の謀議」の直後から体調を崩し、治承三年に四十二歳で亡くなります。法皇は、生前に散々尽くしてくれた重盛の所領を没収するという挙に出ました。

これに怒った清盛は、軍勢を集めて京都を制圧し、法皇を幽閉しました。当然、院政は停止です。関白の松殿基房《まつどのもとふさ》も追放します。

治承四年二月、高倉天皇は譲位し、わずか一歳の安徳《あんとく》天皇が践祚します。高倉上皇は、形ばかりの院政を布きます。もちろん、実態は清盛の独裁です。

四月、法皇の皇子である以仁王《もちひとおう》が源頼政とともに決起しました。平治の乱で破れてから二十年、源氏は平氏への復讐の機会を待っていました。この挙兵は一か月で鎮圧され、王や頼政は戦死します。しかし、以仁王が残した令旨は全国に伝わり、源氏が次々と決起します。その二代巨頭が、源頼朝と木曽義仲《きそよしなか》です。

六月、清盛は大方の反対を押し切って、福原《ふくはら》（神戸市）遷都を決行します。新都には後白河法皇・高倉上皇・安徳天皇も連れていきます。しかし、高倉上皇が病気を理由に京都に帰りたがります。遷都の準備をしている間に、源頼朝や木曽義仲が挙兵します。結局、年末には揃って帰洛《きらく》しました。

養和《ようわ》元（一一八一）年、高倉上皇が崩御。さらに、清盛までが死去します。平氏の棟梁は清盛三男の宗盛《むねもり》が継ぎましたが、いかんせん政治力に欠けます。

好機と見た後白河法皇は、院政を再開しました。頼朝や義仲にも上洛して平家を討つよう、工作します。

先に入京したのは、義仲です。寿永《じゆえい》二（一一八三）年、劣勢の平家軍は安徳天皇を奉じて西へと都落ちしていきます。三種の神器も持っていきました。この時、危機を察知した法皇は素早く比叡山に逃げ込んだので、平家は連れていくことができませんでした。

そして、後白河法皇は治天の君として、高倉天皇の第四皇子の尊成《たかひら》親王を践祚させます。後鳥羽《ごとば》天皇です。母は坊門《ぼうもん》（藤原）殖子《しよくし》、平家の娘ではありません。

ここに、東西に天皇が並び立つ事態となりました。

この時、安徳天皇は五歳、後鳥羽天皇は三歳です。現在の宮内庁も、安徳天皇の在位は一一八五年まで、後鳥羽天皇の即位は一一八三年から、としています。完全な「一天両帝」です。南北朝ならぬ、〝東西朝〟です。

余談ですが、時代下って、幕末に長州もこれを目論《もくろ》みました。「禁門《きんもん》の変」は、孝明天皇を拉致しようと起こした事件です。また「戊辰《ぼしん》の役《えき》」でも、薩長《さつちよう》は徳川《とくがわ》に負けたら、明治天皇を連れて西国に落ち延《の》びるつもりでした。源平合戦の故事に習おうとしたのです。

話を戻しましょう。都落ちした平家は三種の神器を持ち逃げしています。後鳥羽天皇は神器なしでの、異例の践祚となりました。源平動乱の最中の不吉な出来事です。

このとき、治天の君である後白河法皇が天皇を決めました。後鳥羽天皇に対して、「譲国《じょうこく》の儀」を行なったのです。三種の神器がなくても、皇位継承が行なえる先例になりました。

さて、安徳天皇と後鳥羽天皇が並立した二年間、どちらが本物の天皇だったのでしょうか。「両方本物」というのが宮内庁の見解のようですが、あえてどちらに正統性があるかを考えてみましょう。

明治末年に当時の政府が「南北朝は、南朝が正統」との見解を公式としていますが、歴史的事実には反します。明治政府の主張の根拠は「三種の神器を有していた」です。しかし、三種の神器が皇位継承の絶対条件ではない理由は、小著『日本一やさしい天皇の講座』に記しておきました。

そもそも「三種の神器を有している天皇が本物」と言い出したのは足利義満で、彼本人を含めて、誰も南朝が正統などと認めていませんでした。また、室町時代には「禁闕《きんけつ》の変」といって、「後南朝《ごなんちょう》」なる勢力によって三種の神器が盗まれ、十数年も御所に神器不在の状態が続いたことがありました。しかし、当時の日本人の誰一人、後南朝の天皇を本物だなどと認めていません。

もちろん、三種の神器は皇室の宝ですが、絶対ではありません。皇位の継承は、皇室の長である治天の君が決める！　後白河法皇の断固たる姿勢で、本来ならば危機にあった皇位継承を乗り切れたのです。

ここまで、後白河法皇は、人望がなく、政権基盤が弱く、場当たり的な対応ばかり繰り返してきました。しかし、崇徳上皇、二条天皇、平清盛、木曽義仲らとの飽《あ》くなき抗争を経て、大政治家となったのです。

ただし、ここで後白河法皇の推す後鳥羽天皇が負ければ、そのような評価は不可能だったでしょう。法皇は今度は源義経《よしつね》をたきつけて、平家討伐に向かわせます。

ところが、保元の乱以降、再び武力がものを言う社会になっていきます。すでに、「治天の君がそう決めたから、正統性が認められる」という法的確信は失われています。そのきっかけを作ったのは、天皇の時代の後白河法皇その人でした。

後白河法皇は、現実的な政治家です。ただし、状況に対応するだけの「オポチュニスト」(opportunist) です。「日和見《ひよりみ》主義者」と訳されることが多いですが、私は、現実主義者に対して「現状主義者」と呼んでいます。目の前の問題に対処しているだけで、未来への意思がないのです。

宗教原理主義者やマルクス主義者のように妄想や空想を抱いて主義主張を振りかざすよりはマシかもしれませんが、ただ対処しているだけでは、同様の惨事を招くこと、しばしばです。

法皇は、冷酷非情に多くの人を葬ってきました。そして今、源頼朝・義経兄弟を使って、木曽義仲を抹殺しました。さらに、義経と頼朝の離間《りかん》をしかけるような有様です。

法皇も生きるのに、そして朝廷を守るのに必死なのですが、何かの理想（ビジョン）がある人ではありません。法皇の思うことが実現しても、永遠に騒乱は続くでしょう。平家を追い払うのに義仲を、義仲を潰すのに頼朝と義経を、そして頼朝の脅威に対抗するために義経をといった具合です。

それに対して、頼朝には明確な理想がありました。

法皇を出し抜く源頼朝の狙い

元暦《げんりやく》二（一一八五）年、壇《だん》ノ浦《のうら》で平氏が滅亡すると、法皇と頼朝の暗闘は激しくなります。頼朝の大戦略は明確でした。「武士の独立政権を築く」です。武士の独立政権は、後に「幕府」と呼ばれるようになりました。

摂関政治の末期から、公正な裁判は行なわれなくなっていました。武士は「一所懸命」の言葉が象徴するように、一族の所領のためには命を懸けます。ところが、その所領が不正な裁判で奪われ、多くの武士が泣き寝入りします。かの平将門の乱とて、不正な裁判で土地を奪われ、最終的に泣き寝入りした話です。

そこで頼朝は、「自分に従い、年貢を納めたものには、公正な裁判を保障する」と宣言したのです。

頼朝は、平家討伐の名目で守護《しゅご》・地頭《じとう》を置いていきます。国司の知行国に対して守護、荘園に対して地頭です。もはや、自らが「腐敗した公家」と化した平家に対し、頼朝は武士の世を作らんとしたのです。ゆっくりと、平家の地盤を切り崩していくつもりなのです。

ところが計算外だったのは、平家追討の総大将に任じた弟の義経が、そうした構想をまったく理解していないことでした。平家への復讐心に燃える義経は、一《いち》の谷《たに》、屋島《やしま》、壇ノ浦と、破竹《はちく》の進撃を続けます。平家の土地を奪っていくよりも早くです。戦に勝つためだけの戦いです。何のための戦か、理解していないのだから仕方ありません。

ちなみに、義経は戦上手の印象がありますが、はっきり言えば「まぐれ当たり」です。再現可能性がない戦いばかり繰り返していました。「一の谷の戦い」では百五十人で一万人を奇襲して勝ったからいいようなものの、移動中に気付かれたらどうするつもりだったのでしょうか。

軍監《ぐんかん》としてこういう戦い方を頼朝に報告した梶原景時《かじわらかげとき》が、『平家物語』など後世の軍記物語で悪役扱いされているのは、気の毒としか言いようがありません。

平家を滅ぼした文治《ぶんじ》元（一一八五）年の「壇ノ浦の戦い」は、義経の「八艘《はっそう》飛び」が有名です。最後は潮の流れ目が変わり、時の勢いで勝利しました。そう、あらゆる軍記物で記されますが、本当にそのとおりだったとしたら、「船の上を飛び回って逃げているうちに、潮の流れが変わって勝てた」というだけです。

この戦いで重要なのは、もう一人の総大将の源範頼《のりより》です。義経が本州から平家を今の山口県あたりにまで追い詰めているのに対し、範頼は対岸に陣取っています。

壇ノ浦は山口県と福岡県の間にあり、両岸は泳いで渡れるような近距離です。壇ノ浦に追い詰めたのは義経ですが、範頼は対岸である北九州沿岸に軍を張っています。範頼が北九州を押さえていて、平家の逃げ場を奪い、義経が本州側から突っ込んでいる。つまり、あの勝利は、範頼の功績なのです。

さらに義経は、大失態を犯しました。平家一門を集団自決に追い込むのはともかく、幼い安徳天皇まで道づれにさせました。さらに三種の神器も海底に沈んでしまいます。必死の捜索で鏡と玉は見つかったのですが、草薙《くさなぎ》の剣《つるぎ》だけは出てきませんでした。後に、「幕府が失われた剣の代わりをする」という解釈になります。

義経の大失態はありましたが、何とか東西対立、「二所朝廷」の危機は解決しました。

こうした一連の源平合戦の展開を眺めて、後白河法皇はほくそ笑みます。法皇は、源平合戦の功労者として義経を持ち上げます。民衆の目には義経の勝利と映っていたので、法皇はそこを利用したのです。わかっていて義経を褒めそやし、英雄として称《たた》えます。無能者をちやほやすると、組織に綻《ほころ》びが出ます。

しかも、義経は後白河法皇から官位を受け取ってしまいます。頼朝は部下全員に直接任官を受けないよう厳命しているのに、弟が真っ先に命令違反しました。頼朝は立場がありません。頼朝を通じなくても、朝廷と直《じか》に交渉していいとなると秩序がなくなるからです。

法皇は義経に「頼朝追討の院宣《いんぜん》」を出しました。対立は頂点に達します。

しかし、頼朝は断固として対抗しました。舅の北条時政《ほうじょうときまさ》を上京させ、院宣を撤回させたのみならず、逆に「義経追討の院宣」を出させました。法皇は、圧倒的多数の武士の支持を得ている頼朝の実力を無視できなかったのです。

義経が平家を滅ぼしてしまったので、今度は義経追討の名目で政治目的を達成しようとします。「勧進帳《かんじんちょう》」などで有名な義経逃亡劇は物語の山場として語られますが、実際のところ、頼朝側は義経をわざと逃がしています。殺そうと思えばすぐにでも殺せたのに、追討の形にして逃がしたのです。

何年もかけて義経を追い回し、最終的には義経が奥州藤原《おうしゅうふじわら》氏のところに逃げ込むように追いかけます。最後は奥州藤原氏に義経を殺させ、その後に「奥州征伐」で藤原氏を滅ぼします。東日本が頼朝の支配下に落ちました。

頼朝は法皇に対し、義経に院宣を出したのを不問《ふもん》に付す代わりに、全国に守護・地頭を置く権限を認めさせました。そして見事に、武士による独立政権の実質を得たのです。

あとは形式だけです。形式とは、自らを征夷大将軍に任じさせることです。

鎌倉幕府成立といえば、「いい国《一一九二》つくろう」で覚えた一一九二年。これが常識かと思ったら、最近の歴史学界は、これを否定しています。彼らによると、一一八五年に幕府が成立したのだそうです。前述のように「壇ノ浦」、「義経追討」、「守護・地頭の設置」はすべて一一八五年の出来事です。歴史教科書は、「いい箱《一一八五》つくろう鎌倉幕府」と一一八五年説で教えています。

確かに一一八五年は重要な年ではありますが、これを鎌倉幕府の成立年とするならば、室町幕府と江戸幕府はいつできたのでしょうか。

一一九二年に鎌倉幕府、一三三八年に室町幕府、一六〇三年に江戸幕府が成立したというのは、それぞれ源頼朝、足利尊氏《たかうじ》、徳川家康が征夷大将軍職を受けた年だからです。「征夷大将軍職への任官は重要ではない」という意見は戦前からあるのですが、これに対する反論としては、「では、室町時代と江戸時代は何年から?」で十分です。

武家政権の実質が始まった年を鎌倉幕府の成立年とするのなら、「室町幕府は一三三六年、江戸幕府は一六〇〇年」と揃えておかねば整合が取れません。しかし、「一一九二年」だけが否定されています。おかしな話です。

歴史学界は天皇の権威を否定したい学者が多く、頼朝が天皇の権威によって認められたのを否定したいがために屁理屈《へりくつ》をこねるから、こうした不整合が発生しただけです。

それはさておき、そもそも征夷大将軍とは何でしょうか。もとは、戦時の臨時職でした。武家は、右近衛大将《うこんえのだいしょう》が平時の最高職です。

また、幕府とはテントという意味です。テントを張ってキャンプをする。京都の外に設けられた臨時の軍用キャンプ全体が幕府といわれました。

征夷大将軍というのは、そのキャンプの長です。キャンプは動くものですから、征夷大将軍には臨時の裁判権があり、現地で軍事裁判を行なう権限を持っています。臨時の統帥権に付随して、臨時の司法権があり、さらには、臨時の徴税権も持っています。

いわば幕府は、臨時政府です。遠征のため京都から遠ざかっていけばいくほど、いちいち京都にお伺《うかが》いを立てていられませんから、現地で将軍が決める。そうしないと戦に勝てないので、とりあえずもらっている権限なのです。

ところが、幕府を常駐にするとなると、キャンプが基地（ベース）になり、ひいては独立政府になってしまいます。現地で朝廷から独立し、守護・地頭を置くということは朝廷に年貢を納めなくなるということです。

それまでの荘園は、公権力に対する合法的脱税策でしたが、そんなものではなく、荘園もその他の土地も、最初から公権力に服さない存在になってしまったのです。

後白河法皇は、この頼朝の狙いを熟知しています。だから、いかなる工作を受けようとも、死ぬまで頼朝の征夷大将軍就任を阻止しようとします。頼朝自ら上京して法皇と交渉しますが、右近衛大将には任じても、征夷大将軍にだけはしません。他のすべてを譲歩しても、その一点だけは妥協しないと言わんばかりに。

建久《けんきゅう》三（一一九二）年三月、法皇は六十六歳で崩御しました。七月に頼朝は征夷大将軍に任じられました。後鳥羽天皇の朝廷を主導した摂政九条兼実《くじょうかねざね》のはからいです。この人は歴史書の『玉葉《ぎょくよう》』で有名です。

東国では名実ともに鎌倉幕府が成立し、西国の朝廷では後鳥羽親政の建前で九条兼実により摂関政治が復活します。

この時、後鳥羽天皇は十二歳。まだまだ政治経験は足りませんが、成長するにしたがって奪権闘争を開始します。

第五章　武家政権と両統迭立

九条兼実《くじょうかねざね》、摂政を追われる

後鳥羽天皇の祖父にして、先代の治天の君であった後白河法皇も、天皇即位の時点では政権基盤は脆弱でした。しかし、政争の荒波を生き残ることで、源頼朝をして「日本一の大天狗」と舌を巻かせました。頼朝は日本の歴史に残る大政治家ですが、晩年の法皇はその頼朝の前に立ちはだかる巨大な壁と化していました。

後鳥羽上皇もまた、幼い頃より政争の中に身を置き、やがて大政治家として成長していきます。

さて、幼い後鳥羽天皇の宮廷で権勢をふるったのは、摂政の九条兼実です。九条家の祖でもある兼実は、源頼朝に征夷大将軍の位を与え、鎌倉幕府との協調により力を得ます。弟は延暦寺天台座主《てんだいざす》の慈円《じえん》。歴史書『愚管抄《ぐかんしょう》』の著者として有名です。兄弟で権門《けんもん》を牛耳っていました。

現代の感覚だと軍事力を持つ頼朝に実権があり、公家や宗教界などは形骸と見なしがちですが、草創期の鎌倉幕府には後の江戸幕府のような権力があるわけではありません。公家や宗教界をまとめて「権門」と言いますが、権門の力は厳然と存在するのです。単なる権威だけではなく西日本を中心に所領を持ち、つまり経済力があります。さらに、土地に付随して武力を持っています。頼朝は生涯において、全国の武士を完全掌握できなかったのです。

こうした当時の情勢を踏まえて理解してほしいのですが、九条兼実の自己認識は「政界の頂点を極めている」なのです。得てして頼朝の居る鎌倉を中心に日本史を語りがちですが、それは当時の常識ではありませんでした。

兼実は、娘の任子《たえこ》を後鳥羽天皇の中宮に送り込みます。完全に摂関政治の再現を狙っているのです。

この頃、公家の家格が固定化されていました。摂政・関白になれるのは、近衛・九条・一条・二条・鷹司の藤原氏五摂家《せっけ》の出身に限られます。ついで、太政大臣にまで登れる家柄として、久我《こが》・三条・西園寺《さいおんじ》・徳大寺《とくだいじ》・花山院《かざんいん》・大炊御門《おおいのみかど》・今出川《いまでがわ》の七清華家《せいがけ》。久我家だけは源氏ですが、あとはすべて藤原氏です。兼実は、朝廷の秩序を回復しようとし、上級公家の支配を強化します。

それは必然的に中下級公家が多い院の近臣の反感を買いますが、兼実は構わず、彼らの昇進を妨げるなどの対抗手段をとります。

兼実の権力に陰りが見えたのは、頼朝の行動でした。建久《けんきゅう》六（一一九五）年の、大姫《おおひめ》入内工作です。

頼朝の娘である大姫は、木曽義仲の息子の義高《よしたか》と婚約していました。政略で始まった婚約ですが二人は真剣に愛し合うようになりました。しかし、義仲は頼朝と敵対し、人質だった義高は殺されてしまいます。これに幼い大姫は心を閉ざします。そこで頼朝は、大姫の心を開こうと天皇との婚姻を進めようとするのです。二月、頼朝は自ら上京して工作に乗り出します。

頼朝も人の親だったといえばそれまでですが、この工作は方々で摩擦《まさつ》を起こしたあげくに失敗します。肝心の大姫も二十歳の若さで亡くなってしまいます。この結果、兼実との盟友関係も切れてしまいました。兼実は後鳥羽天皇の養父なので、天皇側に立って行動するのは当然でしょう。しかし、頼朝との同盟の喪失は、兼実にも痛手でした。

十一月、源通親《みちちか》の養女の在子《ありこ》が、後鳥羽天皇の皇子を生みました。為仁《ためひと》親王、後の土御門《つちみかど》天皇です。

ところが、兼実の娘の任子（中宮）は男の子を生めません。通親は久我家の出ですが、先代の高倉上皇の院の近臣から台頭した人物で、古き摂関政治を復活させようとする兼実を批判する勢力の中核です。源在子は九条任子より格下の女院ですが、皇子を儲けたことで地位が向上します。

翌年十一月、ついに兼実は関白を罷免《ひめん》されました。任子も内裏から追われます。「建久七年の政変」です。後任の関白は近衛基通《もとみち》、後白河法皇の寵臣《ちょうしん》だった人物です。事実上は、源通親によるクーデターでした。

通親は院の近臣の権力復活を目指すとともに、朝廷から頼朝の息のかかった勢力の排除を行ないます。これに慌てた頼朝は兼実との修復を図るのですが、功を奏しないうちに、頼朝は正治《しょうじ》元（一一九九）年に亡くなります。

その前年の建久九（一一九八）年、十八歳の後鳥羽天皇は為仁親王に譲位します。新帝の土御門天皇は三歳です。治天の君は後鳥羽上皇ですが、実権は院の近臣として源通親が振るいます。通親は孫娘の通子《つうし》も、天皇の后に送り込みます。

なお、この時に頼朝は上皇の弟の守貞《もりさだ》親王（後の後高倉院《ごたかくらいん》）への譲位を主張しましたが、あっさりと拒否されています（注1）。朝廷における頼朝の政治力など、こんなものなのです。

後鳥羽上皇も、当時はまだ青年です。ただ、文武両道に優れていました。和歌も一流なら、宮廷の素養である書画、管弦、蹴鞠《けまり》にも秀で、相撲・水泳・弓などの武芸を好み、自ら刀剣の鍛造も行ない、流鏑馬《やぶさめ》なども得意だったようです（注2）。

勉強ができて、スポーツ万能、お金持ちで、家柄もいい。当然、女性にもモテます。ある種のスーパーマンです。それで大人しくしていたら、波風のない幸福な一生を送れたでしょうに。

建仁《けんにん》二（一二〇二）年、通親が死去すると、上皇は本格的に院政を行ないます。もはや朝廷において、治天の君である上皇に逆らえるものなどいません。

承久《じょうきゅう》の乱と「主上御謀叛《しゅじょうごむほん》」の論理

大政治家である頼朝も、朝廷には権力が及びませんでした。まだまだ権門の力は強いのです。だから頼朝は、終生を東国での基盤固めに費やし、全国の武士のよりどころとなる幕府の力を強めようとしていました。

頼朝は有力な武士たちを御家人《ごけにん》として登用し、彼らの生活基盤を打ち立てていきました。つまり、「平時には一定量の税を納め、戦時には兵を率いて駆け付ける」という義務を果たせば、頼朝が公正な裁判を行なうことで御家人たちの土地を保証するという仕組みを作ったのです。これが現代では「御恩《ごおん》と奉公《ほうこう》」と呼ばれます。

その頼朝が正治元（一一九九）年に亡くなると、幕府内では御家人たちの権力闘争が絶え間なく続きます。失脚した主な実力者を挙げていくと、梶原景時、比企能員《ひきよしかず》、北条時政、畠山重忠《はたけやましげただ》、和田義盛《わだよしもり》となります。二代将軍頼家《よりいえ》と三代将軍実朝《さねとも》も、頼朝の息子は二人とも暗殺され、源氏の直系は絶えてしまいました。

結果、頼朝の妻政子《まさこ》、その弟の北条義時《よしとき》、ブレーンとして常に政権中枢にいた大江広元《おおえひろもと》が少数与党のような形で政権を運営し、主流派に安達《あだち》、非主流派的な立ち位置に三浦《みうら》といった御家人が幕府の有力者として残ります。

後鳥羽上皇は、実朝には好意を抱いていたようでした。表向きは。「執権《しっけん》」と呼ばれるようになった北条義時に権力を握られた実朝は、政治的には無力でした。しかし、文化人としては一流でした。この時代の和歌の名手は、実朝と藤原定家《ていか》です。和歌は公家社会での教養の指標とされ、本音では武力と経済力がモノを言う朝廷でも、建前では和歌に代表される教養が重視されるのです。ただし、この建前には意味があり、教養が出世につながるのが公家社会でもあります。

後鳥羽上皇は、実朝を異様なまでに出世させます。

建保六年の正月から暮れまでの一年間で、権大納言→左大将→内大臣→右大臣と破格の昇進をさせます。当時の人々は、「官打《かんうち》」だと噂しました。公家の世界では分不相応《ぶんふそうおう》に出世すると、早死するといわれていました。

そして翌年正月、実朝は暗殺されます。犯人は、兄頼家の子、甥の公暁《くぎょう》です。その公暁も、頼りにした三浦義村《よしむら》の刺客に殺されています。

この事件は、政権を牛耳る義時とその与党にとって大打撃でした。

実朝は、義時らの人畜無害な傀儡でした。実朝の母で、初代将軍頼朝未亡人の政子は「尼将軍」として尊敬されていました。つまり北条一族は、現職将軍の実朝の身内として権力を振るっているのです。その実朝が除かれたら、大打撃に決まっています。

ちなみに、公暁は義時も同時に殺そうとしていました。義時は直前に体調不良を理由に実朝の側を離れたので難を逃れます。常識で考えてですが、自分をも狙った暗殺計画を直前に知って逃げたのでしょう。

義時ら鎌倉幕府首脳は、後鳥羽上皇に対し、皇族を将軍にお迎えしたいと願い出ます。源氏を超える権威としては、最高の存在です。しかし、上皇はなんやかんやと理由をつけて拒否します。そこで仕方なく、九条家から藤原頼経《よりつね》を四代将軍に迎えました。九条家といえば五摂家の家格のみならず、頼朝ゆかりです。

北条氏は困り果てていました。

承久二（一二二〇）年、治天の君の後鳥羽上皇は、息子の土御門天皇に譲位を迫ります。「世事に疎《うと》い」からという建前です。本当は寵妃・重子《じゅうし》の生んだ守成《もりなり》親王に譲らせたかったからとも、幕府との協調路線を主張する土御門天皇を嫌ったからともいわれます。おそらく両方でしょう。幕府に敵対的な空気のなか、守成親王が即位します。順徳《じゅんとく》天皇です。

後鳥羽上皇は幕府に無理難題を次々と突き付けます。あえて私利私欲を剝き出しにしたとしか思えないような要求もありました。

もともとは白拍子で亀菊《かめぎく》と名乗っていた寵妃、伊賀局《いがのつぼね》にまつわる事件です。上皇は、伊賀局の所領である摂津国長江《ながえ》（場所は未詳）庄と倉橋《くらはし》（大阪府豊中《とよなか》市）庄の地頭が領主の言うことを聞かないと言って、地頭を罷免、さらに地頭職そのものを廃止するように要求しました（注3）。こんな要求を呑めば、幕府の存在意義がなくなりますから、当然拒否します。

この事件に代表されるような挑発を、上皇側が繰り返します。北条義時の政権を弱体と見て揺さぶっていたのです。その読みは間違ってはおらず、義時には北条一族と一部の与党がついてはいますが、三浦氏を始め、大半は冷淡な態度でした。

上皇は義時の武力討伐を決意します。この時に、土御門上皇は「今はその時期ではない」と後鳥羽上皇を止めました。一方、順徳天皇は倒幕計画に積極的に関わります。四月に懐成《かねなり》親王（仲恭《ちゅうきょう》天皇）に譲位し、上皇という自由な立場で挙兵に参加しようとします。こうして、後鳥羽、土御門、順徳と三上皇が並び立ちます。

何より、順徳上皇は日本史上唯一の「武装蜂起するために譲位した天皇」になります。これが古代ならば、北条氏は一巻の終わりだったでしょう。古代では、軍事力の過半数を握るよりも正統性を持ったほうが勝ちました。治天の君である後鳥羽上皇が逆賊認定すれば、北条一族に従うものなど誰もいない。後鳥羽上皇の頭の中は古代国家のままだったでしょうが、北条氏への反感が高まり、政権が弱体であった当時の政治状況からすれば、決して頓珍漢《とんちんかん》な発想ではないのです。

承久三（一二二一）年五月、後鳥羽上皇はついに「義時討伐の院宣」を発しました。効果は絶大で、在京の武士はことごとく応じ、西国の武士も呼応します。東国の武士たちの間にも動揺が走ります。

ここで北条政子が起死回生《きしかいせい》の演説を行ないます。「最期の詞」と呼ばれるこの演説で政子は故頼朝の恩を説き、上皇の非議《ひぎ》を鳴らし、「ここで戦わなければ自分たちの権利が失われ、再び公家に屈服する惨めな生活に戻る」と訴えました。

これに動かされた東国の武士たちは北条政権支持で結束し、義時の息子の泰時《やすとき》を総大将とした十九万ともいわれる大軍で京都に進撃します。

鎌倉武士を動かした論理は、「主上御謀叛《しゆじようごむほん》」です。

主上とは、後鳥羽上皇のことです。上皇は、治天の君です。「この世の支配者」の意味です。その後鳥羽上皇が、誰に対して謀反を起こすのでしょうか。

北条氏が打ち出したのは、「道理に対する謀反」の論理でした。ちなみに、この場合の道理を「英国法」の用語で訳すと「Equity《エクイティ》」です。Equity とは現在でも英国憲法の根底となる哲学で、「衡平《こうへい》」との訳語もあります。

鎌倉幕府は「頼朝公以来の先例と道理」を根本法「Fundamental law《ファンダメンタル ロー》」とし、北条氏はその保護者として振るまってきました。いかに北条一族に反感があっても、「頼朝公以来の先例と道理」が守られなければ、「一所懸命」はありません。自分たちの生活の基盤である土地を守るには、その根幹となる公正な裁判を守らねばならないのです。

これが圧倒的多数の武士たちの総意となり、動かしたのです。東国から大軍が攻め上った時、上皇に味方する武士は四散して少数になっていました。

なお、「鎌倉幕府法」と「英国憲法」の比較は、前掲『右も左も誤解だらけの立憲主義』で詳述しておきました。

ところで、興味深い挿話があります。『増鏡《ますかがみ》』によると、総大将の北条泰時は出発の翌日、一騎駆けで鎌倉に戻りました。

泰時は、「大事なことがあるので父上に直接確認したいと思いました！　上皇自ら兵を率いて戦場に出てきた場合、どうしましょうか」と尋ねます。

それに対して義時は、「よく聞いた、賢い息子よ！　その場合は弓を折ってひれ伏せよ！上皇が居なければ奮闘せよ！」と答えたといいます。

つまり、日本国は皇室のものだから、朝廷で一番偉い治天の君が出てきたら、たとえ「主上御謀叛」であっても、弓引くことはできないのです。仮に上皇が天武天皇以来の「親征」を行なっていたら、歴史はどうなっていたかわかりません。

実際には大軍に怯《おび》えた後鳥羽上皇は戦場に出てこなかったので、鎌倉側は容赦なく上皇に味方した公家や武士を蹂躙《じゅうりん》します。

ほどなく、承久の乱は上皇側の一方的な敗北で終了しました。

歴史を動かした土御門《つちみかど》上皇の深謀遠慮《しんぼうえんりょ》

承久の乱の後、次々と新儀が発生します。

第一に、北条義時は、乱を起こした後鳥羽上皇と順徳上皇を島流しにします。土御門上皇も乱を止められなかった責任があると、自ら配流《はいる》を申し出ました。

第二に、天皇を廃帝にしました。時の天皇は、践祚はしたものの即位はまだでした。明治に「仲恭天皇」の贈り名がされるまで、「九条廃帝《くじょうはいてい》」「半帝」などと呼ばれました。代わって、九歳の茂仁《ゆたひと》王を据えます。後堀河天皇です。義時は、後鳥羽上皇の系統に皇位を継承させないことにしたのです。

第三に、「不登極帝《ふとうぎょくてい》」の初めです。不登極帝とは、天皇になっていない上皇のことです。茂仁王の父で、後鳥羽上皇の異母兄の、守貞親王（行助入道親王《ぎょうじょにゅうどう》）を治天の君とし、院政をさせることとしました。後高倉上皇《ごたかくらじょうこう》です。

形式上、義時は、皇室の家来である将軍の家来ですから、陪臣《ばいしん》です。これら未曽有の不吉な新儀がすべて、陪臣の義時の手によって行なわれました。

義時は事実上の鎌倉幕府初代執権で、武士の世を築いた大政治家です。一方で、乱の戦後処理により、江戸の尊王論では、義時は逆臣として糾弾されることとなります。

しかし、それでも義時は皇室の廃止はしません。ここまで大それたことができるなら、いっそ皇室の廃止も可能だったと思われるかもしれませんが、それはできないのが日本の国柄なのです。物理的には可能でも、原理的には不可能なのです。

詳しくは前掲『日本一やさしい天皇の講座』に譲るとして、ひとことだけ申しますと、「皇室を滅ぼしたら、自分を攻撃する大義名分を政敵に与えることとなる」からです。

さて、島流しにされた三人の上皇は、どうなったでしょうか。後鳥羽上皇と順徳上皇は恨みを呑んで死んでいきました。とくに、後鳥羽上皇は。

生前の後鳥羽上皇は配流先の隠岐で十九年を過ごし、延応《えんおう》元（一二三九）年、六十歳で崩御しました。

ちなみに最初の諡は「顕徳《けんとく》」でした。しかし、上皇の怨霊の噂が流れ、「後鳥羽」と改められました。崇徳天皇や安徳天皇など「徳」がつく天皇は不幸な亡くなり方をして、怨霊になることが多かったためです。それでも古典『太平記《たいへいき》』では、怨霊として崇徳上皇や後醍醐天皇とともに「観応《かんのう》の擾乱《じょうらん》」を引き起こすのですが、人々は「上皇は無念の中で死んでいったのだな」と恐れ、かつ同情したのです。

一方、土御門上皇の扱いには幕府も配慮しました。形式上は土佐《とさ》（高知県）が配流先ですが、手前の讃岐（香川県）で留め置かれました。要するに、土佐に行くには険しい山脈をいくつも越えなければならないので、それを免除するということです。お住まいも「御所」とし、貴人に対する待遇で接しました。

ところで、自ら島流しを申し出るなど、土御門上皇は何と気弱でお人よしだと思われたかもしれませんが、違います。深謀遠慮《しんぼうえんりよ》の行動です。

承久の乱により朝廷は多くの所領を没収され、返還された後も幕府の管理下に置かれるなど、完全に統制に服すこととなってしまいました。鎌倉幕府の成立年を、「承久の乱の一二二一年」とする説もあるほどです。さすがに、これは遅すぎでしょうけれど。それはともかく、後高倉上皇の院政は、儀式を行なうなど形式的なものに徹し、実際の権力は鎌倉幕府に奪われてしまいました。

さて、「後鳥羽上皇の子孫には皇位を渡さない」という鎌倉幕府の意図で就任した後堀河天皇でしたが、病弱だったため貞永《じょうえい》元（一二三二）年に四条天皇に譲位し、その二年後には二十三歳で崩御しています。さらに、このとき即位した四条天皇も十二歳で若死します。当然、子供はいません。後高倉上皇の系統は、絶えてしまいました。

その結果、第八十八代後嵯峨《ごさが》天皇が誕生するのですが、この人は自ら配流を申し出た土御門上皇の皇子です。二十一年前に父・土御門が配流を申し出てくれたおかげで、子の後嵯峨に皇統が回ってきたのです。

皇室は何十年、何百年という長いスパンでものを考えます。その意味では、「たった二十一年のガマン、息子の代で取り返せた」という感覚なのです。残念ながら、土御門上皇は後嵯峨天皇が即位するときには、すでにこの世の人ではありませんでした。しかし、皇室の歴史において、承久の乱の真の勝者は、土御門上皇になるのです。

もっとも、排除された順徳上皇の系統と同様、土御門上皇の系統も後鳥羽上皇の子孫なのですが。

さて、土御門天皇はこのように思慮深い方でしたが、息子の後嵯峨天皇はあまり利口《りこう》ではありませんでした。利口でないどころか、皇室の歴史でも有数の暗君です。

後嵯峨天皇は仁治《にんじ》三（一二四二）年に即位しますが、四年で子の後深草《ごふかくさ》天皇に譲位して、文永《ぶんえい》九（一二七二）年に亡くなるまで二十六年間、院政を布きます。そしてこの人が、後に皇統が南北朝に分かれる元を作りました。

後深草天皇は、後嵯峨上皇の第三皇子ですが、中宮・西園寺姞子《きつし》の長男です。同母弟が恒《つね》仁《ひと》親王（亀山天皇）です。二人の異母兄の宗尊親王は、鎌倉幕府六代将軍です。

さて、後深草と亀山は同母兄弟でありながら、まったく対照的な性格でした。後深草天皇は一見穏やか、なよなよした文弱《ぶんじやく》な人です。しかし、その善人顔の裏では陰険な謀略家です。対する亀山天皇は、武張《ぶば》った人です。

両者のからみは、前掲『日本一やさしい天皇の講座』で書いたので、詳しくはこちらをご参照ください。陰湿な暗闘の連続です。

後嵯峨は、弟の亀山を依怙贔屓《えこひいき》し、正元《しようげん》元（一二五九）年、兄の後深草に対し、亀山への譲位を強制します。天皇とはいえ、治天の君の言うことは聞かざるを得ません。これが兄弟の確執の原因になります。

後深草の系統「持明院統《じみよういんとう》」が北朝で、亀山の系統「大覚寺統《だいかくじとう》」が南朝となっているのですが、ここから始まった「両統迭立」が、永享《えいきよう》六（一四三四）年の足利義教《よしのり》による後南朝撲滅まで続くわけです。

後嵯峨上皇の単なるわがままが、二百年に及ぶ日本史最大の動乱を招くこととなります。いちおう後深草に対する譲位強制の大義名分を述べておきましょう。

この頃、すでにモンゴルの脅威が現実となっていました。鎌倉幕府は挙国一致《きょこくいっち》で国難を乗り切ろうとしました。朝廷においても文弱な後深草ではなく、覇気のある亀山の下で盛り上がろうという機運が生まれます。というか、そういう機運を後嵯峨と亀山の一党が起こしたのですが。

両統迭立と後醍醐《ごだいご》天皇

青年宰相・北条時宗は、モンゴルの上陸を許した際には、後深草と亀山の両上皇を鎌倉にお迎えして徹底抗戦するつもりでした。皇室を守ることが日本を守ることだと考えていたのです。

亀山天皇は、幕府に協力的でした。七代将軍に惟康《これやす》王を送り込みますが、さらに幕府の要請に応えて臣籍降下させ、源の姓を授けます。源惟康です。「頼朝―頼家―実朝」の三代に続く四人目の源氏将軍となります。

惟康は後に皇籍復帰して「惟康親王」となるので、「源惟康」の名は忘れられるのですが、鎌倉幕府は源氏将軍を戴《いただ》いて一致団結し、元寇《げんこう》を戦うことができました。この気風に亀山天皇は乗ったのです。

文永五（一二六八）年、世仁《よひと》親王（後の後宇多《ごうだ》天皇）を皇太子に立てます。文永九（一二七二）年二月十七日に後嵯峨上皇が崩御すると、亀山は、幕府を抱き込んで治天の君の地位を継承します。

直前の十五日、時宗によって、その異母兄の時輔《ときすけ》が誅殺されています。いわゆる「二月騒動」です。二月騒動は、それを機に時宗が反主流派を一掃し、モンゴルを相手に挙国一致体制を築いた重要な政変です。

亀山天皇は時宗と完全に歩調を合わせていました。持明院統から見れば単なる権力闘争なのですが、亀山天皇の主観では「自分以外にこの国を守れるものはいない」です。時宗は、前将軍で天皇の異母兄の宗尊親王の側近も誅罰しているのですが、亀山は容認です。

確かに亀山上皇は、ずっと伊勢神宮や石清水八幡宮で、敵国降伏《ごうぶく》を祈願しています。先陣を切って熱心に祈る人でした。神風《かみかぜ》神話を作ったのも、この人です。伊勢神宮に、この時の亀山上皇の御宸筆《しんぴつ》といわれる「私の身はどうなっても、王土《おうど》王民《おうみん》を守り給え」と書かれた願文があります。こんなマトモなことを書くのは、息子の後宇多天皇に違いないという異説もあるのですが。

外国の君主は、事が起こると真っ先に逃げます。湾岸戦争時のクウェートでもそうでした。だから第二次世界大戦後、昭和天皇がどこに亡命するのかと、世界中の人々が注目していたのです。それが逃げないで、「自分はどうなってもいいから」と言ったので、感動と驚きを世界にもたらしました。確かに感動的な話ですが、日本の天皇としては普通なのです。

文永《ぶんえい》十一（一二七四）年は、「文永の役」の年です。この年の十月に起きるのですが、先駆けた一月に後宇多天皇への譲位を行ないます。

さすがに露骨すぎる行動に持明院統も反発し、亀山上皇は後深草上皇の皇子である熙仁《ひろひと》親王（後の伏見《ふしみ》天皇）を猶子《ゆうし》とし、皇太子にしました。

弘安《こうあん》四（一二八一）年、「弘安の役」で二回目の元寇を退け、難が去りますが、戦時体制はしばらく解かれません。そして、その三年後の弘安七（一二八四）年に北条時宗が亡くなります。

持明院統と大覚寺統

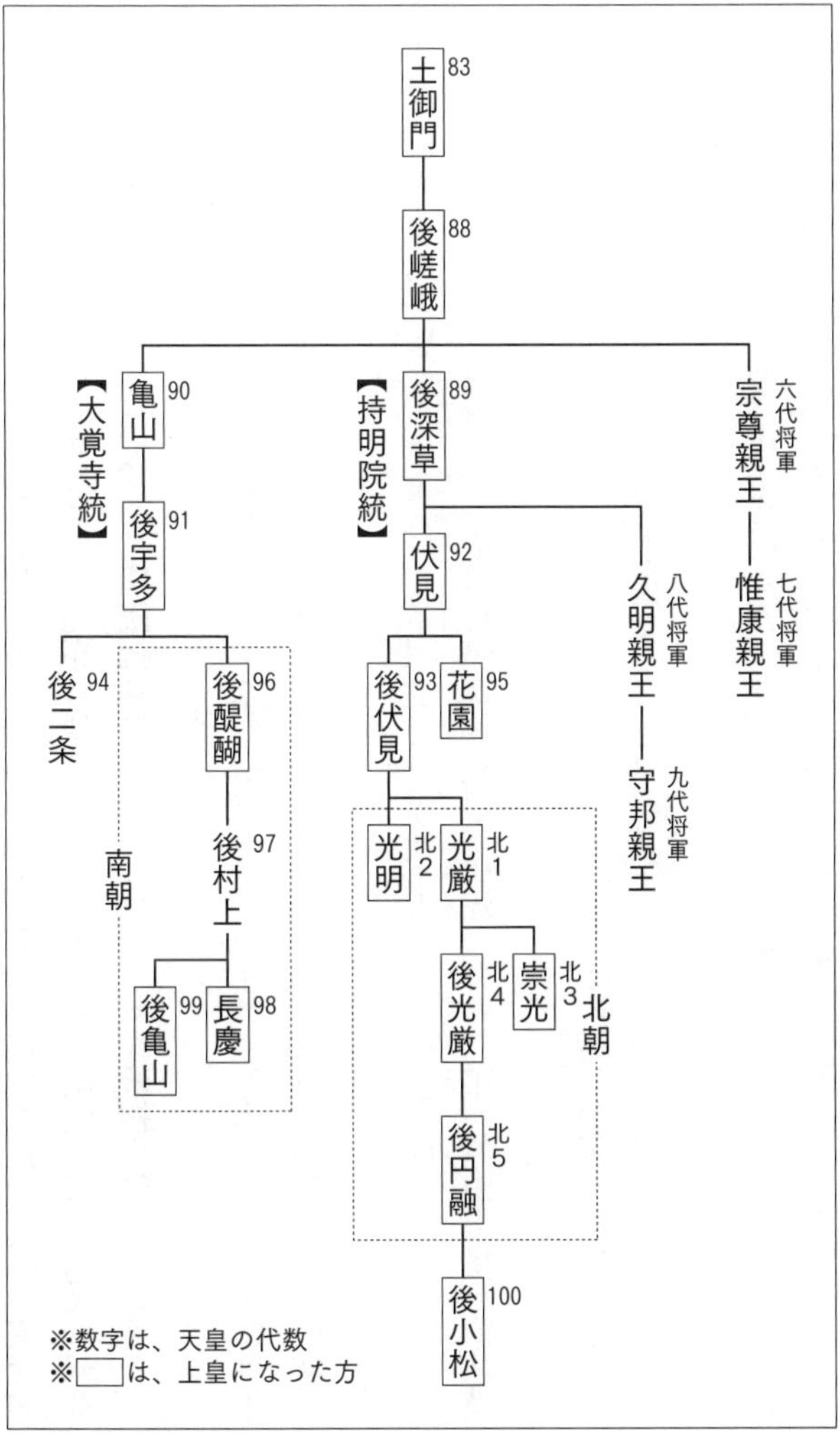

土御門 83
後嵯峨 88
【大覚寺統】
亀山 90
後宇多 91
後二条 94
後醍醐 96
後村上 97
長慶 98
後亀山 99
南朝
【持明院統】
後深草 89
伏見 92
後伏見 93
花園 95
光厳 北1
光明 北2
崇光 北3
後光厳 北4
後円融 北5
北朝
後小松 100
宗尊親王 六代将軍
惟康親王 七代将軍
久明親王 八代将軍
守邦親王 九代将軍
※数字は、天皇の代数
※□は、上皇になった方

同年、息子の北条貞時《さだとき》が後を継ぎましたが、十二歳の子供なので実権を握ったのは内管領の平頼綱《よりつな》です。翌年、頼綱は安達泰盛を「霜月騒動《しもつき》」で葬りました。亀山上皇ら大覚寺統は安達一派との関係が深かったので、持明院統は好機到来と見ます。平頼綱も望むところで、持明院統と結びつきます。

弘安十（一二八七）年、伏見《ふしみ》天皇が践祚します。翌年三月に即位した伏見天皇は、何事も実父の後深草上皇の指示を仰ぐようになります。後深草上皇は、生まれて初めて治天の君に昇りつめました。

本来は、同じ皇后の腹から生まれた長男である後深草上皇の子孫に皇位を継承させるのが、皇室の不文法です。ところが、故後嵯峨法皇が何を血迷ったか、弟の亀山上皇を依怙贔屓したので大混乱しているのです。

伏見天皇でようやく本流に復帰しました。皇太子には第一皇子の胤仁《たねひと》親王を立て、永仁六（一二九八）年に譲位します。後伏見《ごふしみ》天皇です。時に十歳ですから、持明院統で皇統を継承しようとしたのです。

しかし、大覚寺統が幕府をも巻き込んだ工作を行ない、邦治《くにはる》親王を皇太子に立てることに成功します。邦治親王は正安《しょうあん》三（一三〇一）年に践祚し、後二条《ごにじょう》天皇となります。

後二条天皇の御世に、後深草、亀山、後宇多、伏見、後伏見と五人の上皇が並立することとなります。言うまでもなく、史上最多です。

後二条天皇は徳治《とくじ》三（一三〇八）年に二十四歳の若さで崩御します。その皇子の邦良《くによし》親王は、わずか九歳で、践祚するには若すぎると見なされました。皇位は、持明院統の花園《はなぞの》天皇に移ります。

この花園天皇の時代の文保《ぶんぽう》元（一三一七）年に、「文保の御和談《ごわだん》」で両統迭立が公式に決定されました。つまり、文保の御和談で両統迭立が決まったわけではなく、それまでも事実上は持明院統と大覚寺統から交互に天皇が出ており、それを明文化したのが、この文保の御和談です。いちおう十年ごとを目安に、皇位を交代しようとの約束です。

両統迭立は、モンゴルの危機が顕在化する中で、大覚寺統のゴリ押しで始まりました。北条時宗としても、現実的には亀山天皇と協調するしか選択肢はありませんでした。

時宗が死に、その子・貞時の時代になると持明院統が逆襲しています。北条貞時は鎌倉幕府で最も強力な指導力を発揮した政治家で、貞時の絶頂期に皇室は嫡流の持明院統に戻っています。正安《しょうあん》三（一三〇一）年に執権を退いても実権は握り続けましたが、その後は精彩を欠いていきます。

それでも貞時が生きていた時はよいのですが、以後の鎌倉幕府は強力な指導者に恵まれません。

文保の御和談の時の執権は貞時の息子で、第十四代執権高時《たかとき》。当時は十四歳で、政治力ゼロです。実権は「御内人《みうちびと》」と呼ばれる北条宗家（得宗家《とくそうけ》）の家臣たちが握り、北条一門や一部の有力御家人が握っていました。彼らは全武士の三パーセントほどの、既得権益の維持に汲々《きゅうきゅう》とする特権階級にすぎません（注4）。かつての北条氏の尚武の気風は失われ、朝廷の問題を持ち込まれても、事なかれ主義で片づけていました。

そして文保の御和談には、致命的な問題がありました。この妥協自体が、嫡子相続を全否定する取り決めです。要するに、嫡男でなくても皇位継承権があるとする大覚寺統の横暴です。ということは、持明院統であれ大覚寺統であれ、それぞれの嫡流以外も、皇位継承を主張するのを止める理由がなくなるのです。

実際、早すぎる譲位の連続で、両統ともに青年の皇位継承者を欠いていました。

持明院統では、花園天皇には中継ぎの意識があり、後伏見天皇の皇子である量仁《かずひと》親王（後の光厳《こうごん》天皇）の教育に熱心に取り組みます。『誡太子書《かいたいしのしょ》』を記し、学問を修め、徳を磨かなければならないと、天皇のあるべき姿を伝えています。

花園天皇は、自身でも朱子学を修めた学者です。即位の翌年から二十三年間の事柄を記した『花園天皇宸記《しんき》』は、世の中をよく観察し、状況をするどく分析しています。

その花園天皇は、文保の御和談を守り、大覚寺統に譲位します。

大覚寺統の嫡流は邦良《くによし》親王ですが、三十一歳の尊治《たかはる》親王が践祚します。後醍醐《ごだいご》天皇です。

後醍醐は後宇多法皇の第二皇子で、邦良親王の伯父にあたります。大覚寺統も二つに割れ始めているのです。後二条天皇崩御の際に邦良親王は九歳で若すぎると考えられ、尊治親王が立太子をしたのです。

後醍醐は故後二条天皇の遺児である邦良親王に継承するまでの中継ぎであり、治世の最初は後宇多法皇の院政下にありました。

しかし、後醍醐天皇は政務に励み、支持者を増やし、父の院政を停止させます。

後伏見・後宇多・花園と上皇が三人もいるにもかかわらず、天皇自らが治天の君となったのです。

元亨《げんこう》元（一三二一）年、後醍醐天皇は親政を始めます。しかし、このままいくら自分が頑張ったところで、自分の子孫への皇位継承の望みはありません。そこで、武力クーデターを企てます。承久の乱以来の「主上御謀叛」です。

その計画が、正中元《しょうちゅう》（一三二四）年に露見します。「正中の変」です。後醍醐側近の計画が杜撰《ずさん》すぎたので事前に露見しましたが、幕府は事を荒立てまいと不問に付しました。結果、後醍醐天皇を調子に乗らせました。

文保の御和談では在位十年で譲位する約束だったのですが、後醍醐は居座ります。幕府も強く出ません。こうしたことから最近の学説では、「そんな約束は最初から無かったのでは？」と疑念を呈されています。

後醍醐とその側近たちは性懲《しょうこ》りもなく討幕計画を練り、元弘《げんこう》元（一三三一）年八月に再び計画が露見します。「元弘の変」です。

さすがに怒った鎌倉幕府は大軍を差し向け、天皇は三種の神器を持って大和国（奈良県）の笠置山《かさぎやま》に逃れて挙兵、一カ月と持たずに敗れます。天皇は裸足で逃げ回ったあげくに捕縛されます。そして、隠岐《おき》に島流しになりました。

罪人で、廃位ですから、上皇の尊号など贈られません。

九月、幕府は光厳《こうごん》天皇を擁立し、後伏見《ごふしみ》上皇が院政を行ないます。この時点で後醍醐天皇が逃亡中なので、神器なしの践祚です。平穏を取り戻したかに見えました。

しかし、天皇の皇子の護良《もりよし》親王が檄《げき》を飛ばして回り、畿内の武士が呼応します。河内（大阪府東部）の楠木正成《くすのきまさしげ》や播磨（兵庫県西部）の赤松円心《あかまつえんしん》らです。彼らの抵抗に幕府は苦戦し、動揺は全国に広がります。

元弘三（一三三三）年、後醍醐天皇は隠岐を自力で脱出し、全国に「鎌倉幕府打倒の綸旨《りんじ》」を飛ばします。「綸旨」とは天皇の命令書のことですが、後醍醐天皇は綸旨を「偽造」しています。普通、偉い人の命令書は側近が書くものなのですが、天皇は綸旨を自分で書いています。ご丁寧に、「左近中将」などと側近の千種忠顕《ちぐさただあき》の名を騙《かた》って署名しています。異常なまでの執念です。

もっとも、作戦どころか計画性も何もないのですが、この頃は腐敗した鎌倉幕府への不満が日本中に充満していましたから、呼応する勢力が多発したのです。

最後は、有力御家人の足利高氏《たかうじ》が裏切って、鎌倉幕府は滅亡しました。

後醍醐は高氏に、自分の名「尊治」の一字を与えます。「尊氏」を名乗るようになったのは、討幕の功績です。

朝廷の危機を「治天の君」が救う

後醍醐天皇は武力で鎌倉幕府を倒し、京都に帰還しました。「晴れて復位」とならないのが、この天皇の特徴です。

まず、鎌倉幕府が擁立した光厳天皇は、「践祚の事実」それ自体が無かったことにされました。つまり後醍醐天皇は、「自身が廃位された事実」そのものを無かったことにしたかったのです。自分は島流しの間も、ずっと天皇であったと主張したかったのでしょうが。

ただし、光厳院には上皇の尊号を贈ります。不登極帝の扱いです。これが日本以外の国ならば持明院統は皆殺しにされかねませんから、寛大な処置です。とはいっても、日本では政変に巻き込まれただけの皇族を殺さないことなど当たり前ですから、当時より後醍醐天皇を寛大と見なした人はいません。

後醍醐天皇は「建武《けんむ》の親政」を始めます。しかし、勢いで幕府を倒しただけの天皇には統治能力がなく、最後は足利尊氏の反逆で親政は三年と持たずに崩壊します。

建武三（一三三六）年、足利尊氏は光厳上皇より院宣をもらいます。

ここで、後醍醐天皇を領袖とする大覚寺統と、足利尊氏を中核とする持明院統の武力闘争の構図になります。

京都から後醍醐を追い出した尊氏は、光明《こうみよう》天皇を擁立します。治天の君は光厳上皇です。三種の神器は例によって後醍醐が持って逃げていますから、神器なしの践祚です。

当時の人々は、後醍醐を「宮方《みやがた》」、尊氏を「武家方《ぶけがた》」と呼びました。これは「親政を志す宮方」と、この頃には常例となっていた「院政を守ろうとする武家方」との戦いです。尊氏は、持明院統から征夷大将軍に任じてもらい、幕府を開きます。

一時的に後醍醐は尊氏の勧誘に応じ、昨日まで自分のために戦ってきた味方を見捨て、京都に帰ります。三種の神器も光明天皇に引き渡しました。持明院統は後醍醐を上皇の待遇で接します。

ここでおとなしくしていてくれれば平和が訪れたかもしれませんが、京都を脱出した後醍醐は、吉野の山奥に立て籠り、亡命政権を樹立します。京都の正統な朝廷に対し、「南朝」と呼ばれます。その時、「北朝に渡した神器は偽物だ。本物はここにある」と犯行声明を出しましたが、支持者以外は相手にしませんでした。

三種の神器は皇位継承の証《あかし》ですが、絶対ではありません。すでに源平合戦以来、神器なき践祚は何度も経験しています。仮に三種の神器が欠けた場合、治天の君の力によって補うという知恵が皇室には根付いていています。

武家方が院政にこだわった理由は、まさにここにありました。

平安の院政は国政を乱すのみでしたが、南北朝の動乱における院政は、政治を安定させる装置となっていたのです。

ここで誤解してほしくないのは、私は南朝を全否定しているわけではありませんし、三種の神器の重要性など百も承知です。しかし、「三種の神器を有していたから」という一点のみに依拠する南朝正統論には、はっきりと疑問を呈しておきたいと思います。

歴史的事実としての南朝はどうでしょうか。

だまし討ちで、三種の神器を持ち逃げしました。六十年間、奈良県と和歌山県の山奥を逃げ回り、亡命政権として徹底抗戦していました。一時は九州全土を支配下に置き、北朝の六分の一の勢力を持っていました。四度も京都を奪回しています。それとて、北朝に優越した瞬間など、一度もないのですが。

では、皇室にとって大事な儀式をどれほど行なっていたのか。三種の神器以外、何もないのです。南朝第三代の長慶《ちょうけい》天皇に至っては、即位の事実すら疑問視されて、大正時代にようやく史実と認定されたという有様です。

三種の神器だけしかない南朝が、なぜ三種の神器の他はすべて持っている北朝を差し置いて正統なのか。両方正統ならまだわかります。どちらかに決めるならば、北朝を正統、南朝を「閏《じゅん》」とすべきでしょう。「閏」とは、「本物ではないが、偽物でもない」という意味です。今でも「閏年」と使いますが、同じ意味です。ところが明治末年の「南北正閏《せいじゅん》論争」において、北朝は閏に追いやられました。

今なお、歴代天皇の数をかぞえる時、一般的には、南朝の「後村上―長慶―後亀山」を入れて、北朝の五天皇「光厳―光明―崇光―後光厳―後円融」は、数の中には入れていません。「北一」「北二」「北三」と、通し番号が振られています。

北朝の五人がすべて上皇になったのに対し、南朝は、実効支配している地域だけですが、後醍醐を加えて四人の天皇が親政を行ないます。

ここで大事なのは、「上皇なんてロクでもない」、「天皇親政がすばらしい」と南朝が考えたのではありません。譲位を行ないたくても、できないほど窮乏しているから、上皇がいないのです。皇室が伝統として受け継いできた日常の儀式も行なえないのに、譲位のような大事業を行なえるはずがありません。

一方、北朝も受難が続きます。

武家方、つまり足利幕府の大名たちは、武家の棟梁である足利将軍家には忠誠を誓いますが、独自の武力を持たない皇室はないがしろにします。そうした態度が爆発したのが、「土《と》岐頼遠狼藉《きよりとおろうぜき》事件」です。幕府功臣の頼遠が、酔っ払って光厳上皇の牛車に弓を射かけたという不祥事です。

事件の詳細は、『倉山満が読み解く太平記の時代』（青林堂、二〇一六年）に譲るとしますが、この事件を梃《てこ》に幕府は皇室の権威向上を図ります。

当時の幕府は、仏事に没頭して半引退状態の尊氏に代わり、同母弟の足利直義《ただよし》が政権を切り盛りしていました。

直義は激怒し、「本来ならば一族郎党八つ裂きのところを格別の慈悲で本人のみ斬首」という措置を取りました。大名の打ち首など、空前絶後です。

よく誤解されますが、足利幕府は旧体制を破壊しようとした政権ではありません。もちろん、そういう一面もありますが、あくまで一面です。機能不全を起こした末期鎌倉幕府と無能を極めた「建武の親政」による混乱を収拾するのが、政権の至上命題なのです。

そこで選んだのが、「治天の君の権威により幕府を開く」です。皇室の嫡流である持明院統との協調により、源頼朝の政治を再現するのが理想です。

暦応《りやくおう》二（一三三九）年に後醍醐天皇が崩御してからの約十年は、それが実現していました。貞和《じょうわ》四（一三四八）年、南朝は後醍醐天皇の遺志を継ぎ、楠木正成の遺児の正行《まさつら》に北進させますが、足利幕府軍に返り討ちに遭い、吉野の御所も焼かれて、さらに南方の山奥の賀名《あの》生《う》に逃げ込むという惨状に陥りました。ただし、足利幕府に大混乱をもたらすことには成功しました。

楠木正行は、政権主流派の直義派の武将を連破しました。そこで幕府は、直義に批判的な高師直《こうのもろなお》を送り込み、正行を葬ったのです。これが「直義派」と「師直派」の抗争に発展します。「観応《かんのう》の擾乱《じょうらん》」です。将軍の尊氏は師直派に担ぎ出され、最終的に師直も直義も敗死し、尊氏の一人勝ちになります。

この間、足利幕府の内紛で敗れた方が南朝に降伏すると盛り返すという事態が、二度も発生します。尊氏は後村上天皇（南朝）の歓心を買うために、時の崇光天皇（北朝）を退位させます。治天の君の光厳上皇はなすすべがありません。

さらに観応三（一三五二）年、「光厳―光明―崇光」の三上皇と皇太子直仁《なおひと》親王が南朝に拉致されたのです。直仁親王は、崇光天皇の皇太弟です。花園天皇の皇子ですが、光厳天皇の実の子といわれています。

この事件の詳細な顚末は、『倉山満が読み解く足利の時代』（青林堂、二〇一七年）で記しておきましたので、本書に関係のある要点だけ説明します。

南朝は敗走を重ねる際、皇位継承資格者をいっせいに拉致し、北朝を崩壊させようとしたのです。この目論見は成功し、北朝は機能不全に陥ります。これに、「持明院統」は勧修寺《かじゅうじ》経顕《つねあき》、幕府では佐々木道誉《ささきどうよ》が必死の工作をします。

皇位継承者は、僧籍に入る予定だった弥仁《いやひと》親王（後の後光厳天皇）を立てます。しかし、三種の神器は無く、今回は治天の君となる上皇を全員拉致されたのです。そこで経顕と道誉が、後伏見天皇の女御《にょうご》で、光厳・光明両帝の実母である広義門院《こうぎもんいん》を口説き落とし、治天の君となってもらいました。

広義門院は俗名が西園寺寧子《さいおんじねいし》、もとをたどれば民間人の女性です。この方はかなりの常識人だったので、何度も断ります。しかし、道誉に「朝廷の危機」と口説き落とされて引き受けました。先例はかなり強引に継体天皇やらを引っ張り出しました。

かろうじて体面を繕《つくろ》いましたが、皇位の正統性には大きな傷がつきました。

第六章　上皇不在は、乱世の証《あかし》

京に戻っても不遇の北朝上皇たち

勝てないまでも相手に打撃を与える。南朝の執拗《しつよう》な抵抗は、足利幕府と北朝を苦しめ続けました。とくに「三上皇拉致事件」は、北朝に大きく暗い影を落としました。

最終的に、三上皇と皇太子は帰還が許されます。南朝に養うお金が無かったからです。三上皇と皇太子がいなくなれば北朝は機能不全に陥るだろうと考え、事実、途中までは成功しました。

しかし、元は民間人の女性を治天の君に担ぎ出すという、佐々木道誉と勧修寺経顕の奇策により北朝は機能回復を果たしたので、三上皇と皇太子は南朝にとって〝お荷物〟でしかなくなってしまいます。南朝の完敗です。

では、帰還が許された三上皇と皇太子の立場はどうなるのでしょうか。もともと俗事に興味を持っていない光明法皇は、文和《ぶんな》四(一三五五)年には早々と帰還が許されるくらいですから、よいでしょう。

光厳上皇、崇光上皇、直仁親王の三人は、延文《えんぶん》二（一三五七）年に帰還できました。しかし、三人とも政治的敗者です。

光厳上皇は、かつての寵臣たちすら挨拶に来ず、自分が過去の人であることを思い知らされました。上皇は治天の君に復帰する意欲すら無くし、出家してしまいます。

崇光上皇と直仁親王に至っては、廃位・廃太子の憂《う》き目を見ています。復位要求は当然のごとく拒否されます。直仁親王も出家して俗世から離れた余生を送ります。

ただ崇光上皇だけは、あきらめません。

ここであきらめなかったことで、崇光上皇は、現代の皇室とも関係がある重要な上皇となります。

上皇の弟の後光厳《ごこうごん》天皇は、即位の事情から正統性に疑義があると思われていました。動乱の中で偶然に皇位を継承しただけで、本来の嫡流は「崇光系」ではないかとの疑義です。長らく、皇太子を立てることもできなかったほどです。

ようやく応安《おうあん》三（一三七〇）年、後光厳天皇が第一皇子である緒仁《おひと》親王（後の後円融天皇）を皇太子にしようとしました。これに対し、崇光上皇は自らの皇子である栄仁《よしひと》親王（伏見宮）の立太子を望みます。

この争いは、幕府の介入により決着します。当然、自らが擁立《ようりつ》した後光厳天皇に味方しました。より正確に言うと、「不介入という介入」をしたのです。治天の君でも何でもない崇光上皇からしたら、幕府が介入してくれなければ、現職天皇と戦って勝てるわけがありません。時の管領《かんれい》・細川頼之《ほそかわよりゆき》は「朝廷のことはお任せします」との態度でした。

応安四年三月二十一日、緒仁親王が立太子されます。その二日後、践祚が行なわれます。後円融《ごえんゆう》天皇です。自身の系統に皇位を継承させようとする後光厳上皇の電光石火の早業《はやわざ》でした。これを見届けた後光厳上皇は、応安七年に崩御します。

一方の崇光上皇は、失意のまま応永五（一三九八）年に崩御します。

しかし、果たして後円融天皇が勝者といえるのでしょうか。後円融天皇が歩んだ運命は過酷でした。その様子は、前掲『倉山満が読み解く足利の時代』に詳述しておきました。要するに、足利義満に廃人になるまで苛《いじ》め殺されたのです。

義満は明らかに皇位簒奪《さんだつ》を狙っていました。実際、死後に「法皇」の尊号を贈られているという、動かぬ証拠があります。学者の大半はあらゆる詭弁《きべん》を使って義満の皇位簒奪計画を否定しますが、その学者たちの理屈がすべて正しかったとしても、後円融天皇が義満から過酷な苛めを受けた事実は否定できません。後円融天皇は「すべてを奪われる」という恐怖の中で生き地獄に苦しんだのです。

譲位すら義満にすべてを決められます。後円融上皇の死後、義満は後小松天皇の父のごとく、つまり治天の君のごとく振るまいます。明徳《めいとく》三（一三九二）年の「南北朝合一《ごういつ》」の年、後円融上皇は崩御しました。

義満は南朝に両統迭立の約束で和議を持ちかけ、三種の神器を取り返しました。ただし、譲国の儀は行ないません。つまり、退位する天皇による譲位の宣命はありません。両統迭立の約束など反故《ほご》です。

考えてみれば当たり前ですが、皇位は後小松天皇の系統が渡しません。歴史的な南北朝合一は、足利義満が南朝を騙《だま》して行なわれたものです。怒った南朝は再び吉野の山奥に籠《こも》り、「後南朝」として抵抗を続けることとなります。

これを北朝の側から見ると、どうなるでしょうか。これまた義満の裏切りです。義満は、南朝の後亀山天皇から三種の神器を受け取った後、上皇の待遇を与えます。これでは、三種の神器を有していた南朝こそが正統で、北朝は義満のおかげで晴れて皇位を継承できたことになりかねません。

南北朝分裂期、南朝は北朝とその天皇たちのことを「偽朝」「偽主」などと罵《ののし》ってきました。北朝から見れば、南朝こそ単なる山賊です。譲国の儀をさせないのは、義満に対するせめてもの抵抗です。

それでなくても、神器無しの皇位継承の一点で、北朝の正統性に疑義を持つ者がいるのです。確かに歴代天皇と比べて瑕疵《かし》はあります。もっとも、それで南朝が正統になるわけではないのですが、「三種の神器を持つ者こそが正統である」との論理で一点突破された場合、論理を飛躍させて「南朝正統論」につながってしまうのです。

現に、南朝正統論は江戸時代以降に勢力を持ち、明治末年には政府が認めてしまったのですから。

そんな未来を北朝の人たちに読めるはずがありませんが、当時の感覚でも、「六十年にわたる持明院統と足利将軍家の友好は何だったのか」です。

後小松天皇は、義満の生存中は平穏にやり過ごします。

観応の擾乱で皇位は北朝の中の「後光厳系」に継承されることとなり、後円融上皇の後、後小松上皇も、息子の称光《しょうこう》天皇に譲位します。応永十九（一四一二）年に譲位がなされた時、横暴を極めた義満はすでに亡く、四代将軍義持《よしもち》の治世でした。何の問題もなく後小松上皇が治天の君となりました。

崇光系と後光厳系

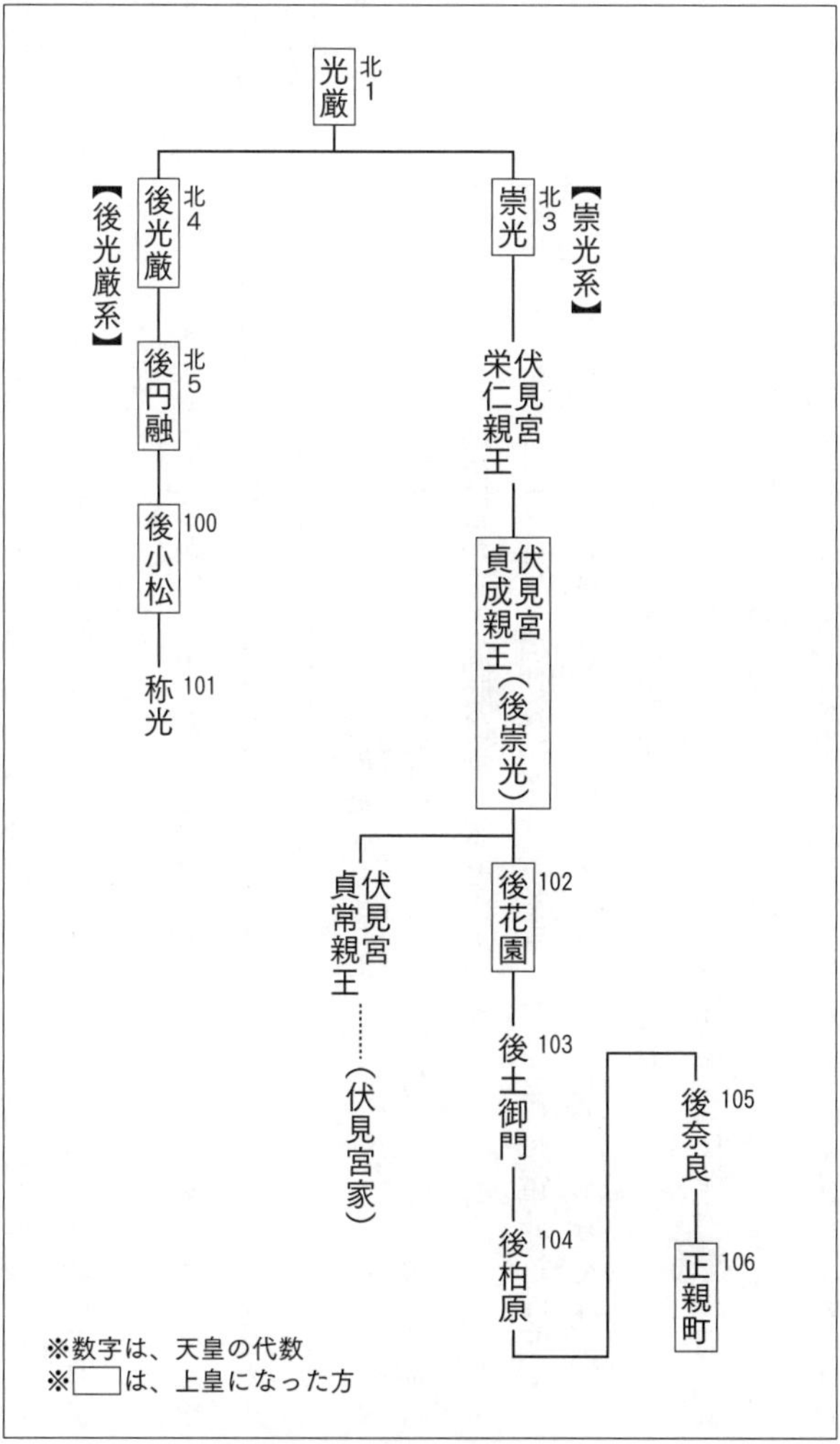
光厳 北1
後光厳 北4
【後光厳系】
後円融 北5
後小松 100
称光 101
崇光 北3
【崇光系】
伏見宮栄仁親王
伏見宮貞成親王（後崇光）
伏見宮貞常親王
（伏見宮家）
後花園 102
後土御門 103
後柏原 104
後奈良 105
正親町 106
※数字は、天皇の代数
※□は、上皇になった方

足利義持は、公武協調路線に努めました。称光天皇は行状《ぎょうじょう》に色々と問題があった方のようですが、後小松上皇が治天の君として朝廷を守り、ひとつを除いては大きな問題はありません。

そのひとつとは、称光天皇に皇子がいなかったことです。これで「後光厳系」の断絶は確実となりました。後南朝までもが騒ぎ出します。まさか、今さら両統迭立の時代に戻すわけにはいかないのですが、彼らとてあきらめきれないのです。

西暦でいう一四二八年は、日本にとって激動の年となりました。

この頃は俗に、「天皇の代替わりには後南朝が蜂起《ほうき》し、将軍の代替わりには一揆《いっき》が勃発する」といわれましたが、二つの代替わりが同時に押し寄せたのです。

応永三十五（一四二八）年一月十八日、足利義持が死去しました。五代将軍義量《よしかず》はすでに亡く、義持は大御所《おおごしょ》の立場で幕政を主導していました。といっても、実質は守護大名たちの傀儡でしたから、死ぬ間際《まぎわ》に嫌気がさして後継者指名をしませんでした。

そこで、くじ引きで後継を決めることとなり、義持の弟で延暦寺天台座主の義円《ぎえん》（足利義《よし》教《のり》）が指名されました。明石散人《あかしさんじん》『二人の天魔王「信長」の真実』（講談社、一九九五年）は、くじ引きを提唱したのは義円その人であると主張し、おそらくそのとおりなのですが、本題とは関係がないので指摘するにとどめます。

義教は急ぎ還俗《げんぞく》しますが、髪が生えてくるまでは元服もできない無位無官の身です。それでも実質的な政務は始めていました。

四月二十七日、改元がなされています。「応永」の元号は、義満が嫌がらせで改元をさせず、義持も妙に気に入っていたのでこれまた改元ができず、「明治」に抜かれるまで史上最長の三十五年もの長きにわたっていました。義持死去により、ようやく改元ができたのです。これが、称光天皇の最初で最後の大事業となりました。

世襲親王家・伏見宮《ふしみのみや》家の力

正長《しょうちょう》元（一四二八）年七月、称光天皇が危篤になります。後小松上皇の意中の人は、崇光天皇の曾孫の彦仁《ひこひと》王でした。足利義教は彦仁王を伏見から京都にお迎えしており、この配慮に上皇は喜びました。二十日に天皇が二十八歳で崩御すると、彦仁王が上皇の猶子《ゆうし》となって践祚します。後花園《ごはなぞの》天皇です。

観応の擾乱の三上皇拉致事件から六十六年、「崇光系」は皇位を奪還しました。今に至る皇室は、崇光天皇の子孫です。

義教も、正長二年三月に将軍宣下されます。第六代将軍です。新将軍は、初動の危機を見事に乗り切りました。

その後、後小松上皇と義教の関係が悪化し、上皇は永享《えいきよう》五（一四三三）年に崩御します。義教は天皇の父である伏見宮貞成親王《ふしみのみやさだふさ》との協調を深め、宮が治天の君のような立場になります。

伏見宮貞成親王は長大な記録を残しており、『看聞御記《かんもんぎよき》』として伝わります。宮は、間違いなく生前の義教には面従腹背《めんじゆうふくはい》でした。義教は社会全体の綱紀粛正《こうきしゆくせい》をやろうとし、その先鞭《せんべん》を朝廷に求めたのですが、苛烈《かれつ》な処罰を繰り返す義教は宮にとっては単なる恐怖政治としか映らなかったようです。

義教の代名詞ともなった「万人恐怖」の名付け親は貞成親王です。『看聞御記』永享七年二月八日条に「万人恐怖、言フ莫《ナカ》レ、言フ莫レ」とあります。

確かに義教の政治は苛烈でした。しかし、義教は尊王家でもありました。

永享六（一四三四）年、義教は両統迭立の破棄を宣言、後南朝の撲滅を宣言します。そして大和国全体を山狩りし、壊滅に追いやりました。この一事をもってしても、義教は忠臣です。歴代将軍が曖昧《あいまい》に過ごしてきたことの是非を正したのです。

皇国史観では南朝が正統とされましたから、これまで意識はされませんでしたが、少なくとも北朝の忠臣といえば、この足利義教をおいて他にないでしょう。

永享十（一四三八）年、義教は歴代将軍家に盾突《たてつ》いてきた「鎌倉将軍府」を討ちます。「永享の乱」です。

鎌倉将軍府は、幕府の拠点が鎌倉から京都に移った後にできた機関です。

そこに身を置いて東国を統治していたのが鎌倉将軍で、二代将軍義詮《よしあきら》の弟の基氏《もとうじ》を祖とし、持氏《もちうじ》で四代目となっていました。義教も持氏も、初代将軍尊氏から見れば曽孫です。鎌倉将軍は、京にある足利本家に何かと対抗意識を剝き出しにしていたのでした。時には謀反の素振りすら見せましたが、見逃されてきたのです。

そうした増長を義教は許さず、一気呵成《いっきかせい》に討伐しました。その時に義教が持ち出したのが、「治罰《ちばつ》の綸旨《りんじ》」です。将軍と将軍の争いですから、それより偉いのは天皇陛下しかいません。効果は覿面《てきめん》で、逆賊とされた持氏は鎧袖一触《がいしゅういっしょく》で滅ぼされました。

十七世紀のフランスの宰相リシュリューは、強権的な政治手法で王権を確立し、最も完成された絶対主義と評されるブルボン家の絶頂期を築きました。結果として日本を混乱から救った義教の強権政治は、その二百年前の出来事です(注1)。

嘉吉《かきつ》元(一四四一)年六月二十四日、義教は不意打ちで暗殺されてしまうのですが(嘉吉の乱)、伏見宮貞成親王の『看聞御記』はこの悲劇を「将軍かくの如き犬死《いぬじに》、古来その例を聞かざる事なり」と冷淡に記します。

さて、文安《ぶんあん》四(一四四七)年、八代将軍足利義政《よしまさ》の治世。後花園天皇は、父の伏見宮貞成親王に上皇号を贈ります。後崇光《ごすこう》上皇です。承久の乱の「後高倉院」以来、天皇の父親に上皇宣下した不登極帝の二例目です。

そして、自身の実弟である貞常親王が継いでいた伏見宮家を、「世襲親王家」として「五世の孫」の例外としました。「伏見宮家の子孫は、何世になっても親王宣下を受ける」という例外です。どうして伏見宮家だけが例外となったのか、理由はわかりません。

敗戦時、十四の宮家が存在していました。GHQの圧力によって、このうち十一宮家が皇籍剝奪されました(旧皇族家)。残った三宮家――秩父宮《ちちぶのみや》、高松宮《たかまつのみや》、三笠宮《みかさのみや》はいずれも、大正天皇の皇子たち、つまり昭和天皇の弟たちが創設したものです。

そして、皇籍剝奪された十一宮家は、男系でたどれば、すべて伏見宮家にたどり着きます。世襲親王家の力が絶大なのは明らかです。

ただ、そうやって男系でたどっていった場合、最も近い天皇が崇光天皇になるのです。直系継承の原則からいうと、あまりにも血が遠くなりすぎており、現代で女系天皇を主張する論者はその点を指摘します。

十一宮家には、首相を出した東久邇宮《ひがしくにのみや》家、今は東京都庭園美術館となっている白金台《しろかねだい》の旧邸で知られる朝香宮《あさかのみや》家などの他に、竹田宮《たけだのみや》家があります。竹田恆和《つねかず》JOC会長は竹田宮恒《つね》徳《よし》王の三男で、恒久《つねひさ》王の孫に当たります。

なぜこんな話をしているのかといえば、明治天皇が女系を通じて、それら傍系の宮家との血縁を近くしようとした経緯があるからです。

たとえば、竹田宮恒久王の妻は、明治天皇の娘の昌子《まさこ》内親王です。つまり、竹田恒和JOC会長は明治天皇の女系の曽孫になります。男系としての崇光天皇は遠いが、女系として見た時、明治天皇の二世孫でつながるのです。

それでも、内親王が女帝になって、そこに皇族とは何の縁《ゆかり》もない民間人が婿入りして、その子孫が皇位継承していく「純粋女系」に比べれば、はるかに筋が通っています。「旧皇族家は血が遠すぎるから皇籍復帰は無理だ」というのであれば、純粋女系は論外です。

直系男子で皇統が続いていくのであれば、それに越したことはありません。ただ、そればかりに固執した結果、皇統を絶やしてしまったというのでは本末転倒《ほんまつてんとう》です。

今のままでは、悠仁《ひさひと》親王が御即位された時には皇族が一人もいなくなり、すべての宮家が絶えてしまいます。旧皇族の方々に皇籍復帰していただくのは喫緊《きっきん》の課題といえます。

ただ、旧皇族の方々が皇籍復帰すればすべての問題が解決するかといえば、そういうわけではなく、やはり先例に従うべきです。すなわち、明治天皇の先例に倣い、皇室の直系の内親王の方々と、旧皇族の男性の方々の婚姻を勧めるべきでしょう。

また、第一章でお話しした光格天皇の吉例もあります。閑院宮《かんいんのみや》家から践祚された光格天皇は、先帝・後桃園《ごももぞの》天皇の遺児である欣子《よしこ》内親王を中宮とされました。いずれも、傍系の男子を直系の女子（男系女子）につなげる工夫です。

名君だった中世最後の上皇

足利義教は、永享の乱で治罰の綸旨を発しました。あまりにも効果が絶大だったので、幕府は〝綸旨中毒〟のようになります。

嘉吉の乱でも、義教を謀殺した赤松満祐《あかまつみつすけ》一党に対し、治罰の綸旨が発せられます。以後、大小あまたの戦で治罰の綸旨が乱発されます。

この点で中世史家の今谷明先生は義教に対して批判的なのですが、後花園天皇には好意的です。

すなわち、「義満時代の後小松とは違って、後花園は決してロボットではなく、職事や伝奏経験者の、いわば熟達の公卿が作成した草案を、『宸翰』によって修正させて綸旨を発給したことで、天皇の政治的権威は大いに上昇」させたからだとします（注2）。

後花園天皇は正長元（一四二八）年に即位し、三十六年と長く在位します。最初の数年間は後小松上皇の院政を受けましたが、上皇が崩御して後は親政で臨みます。父の伏見宮貞成親王も控えめでした。

鎌倉末期の賢君である花園天皇にちなんで「後花園」と諡《おくりな》されるぐらいですから、学問に秀でた方でした。和歌に『後花園院御集《ぎょしゅう》』『後花園院五十首』『後花園院御百首《おんひやくしゅ》』、連歌に『後花園院御独吟百韻《おどくぎんひやくいん》』などの作品があります。さらに『新続古今和歌集《しんぞくこきんわかしゅう》』の撰定《せんてい》を命じています。

宮家から皇統に入り、名君となった後花園は、模範となる先例です。

在位中には、こんな事件もありました。

嘉吉三（一四四三）年、御所に乱入した後南朝の賊徒によって三種の神器を奪われます。「禁闕《きんけつ》の変」です。禁闕とは禁門のことです。御所に火が放たれ、天皇も避難する事態となりました。後南朝の末裔の某は皇位の正統性を主張したので、「自天王《じてんのう》」と呼ばれます。

しかし、後花園天皇の正統性を疑う人はいません。賢君である後花園天皇を差し置いて、三種の神器を盗んでいっただけの「自天王」を正統だと見なす人など、いるはずがありません。

そもそも、後南朝関係者はいざ知らず、それ以外の史料には「自天王」の文字しか残っていないのです。これは、「自天皇」などと書くこと自体が、本物の後花園天皇に失礼だと当時の人が認識していることの証拠です。

何度も繰り返しますが、三種の神器は皇位の証であり、極めて重要です。しかし、神器だけ持っていても意味がないのです。仮に神器が欠けていても、補う術《すべ》はあって、そちらが勝るということです。院政もひとつの知恵でしたし、後花園天皇が自ら積まれた徳によって誰からも正統性を疑われなかったのもそうです。

ちなみに、奪われた神器は、十五年後に赤松氏の遺臣が取り返してきました。

寛正《かんしよう》五（一四六四）年、後花園天皇が退位され、後土御門《ごつちみかど》天皇に譲位します。これが中世、最後の譲位になります。自動的に、後花園上皇は、中世最後の上皇になります。

聖武上皇の誕生から約七百年、常例と化していた譲位がいったん絶えるのが戦国時代です。以来、正親町天皇の譲位まで百二十二年を待たねばなりません。

八代将軍義政《よしまさ》は、父の義教とは似ても似つかない惰弱な政治家でした。飢饉の際にも何もできません。苦しむ民のために何の対策も取ろうとしない義政に対し、後花園上皇は漢詩で戒《いまし》めています。

残民争採首陽蕨　処々閉炉鎖竹扉　詩興吟酸春二月　満城紅緑為誰肥

（残民争いて採る首陽の蕨、処々炉を閉じて竹扉を鎖す。

詩興吟は酸なり春二月、満城の紅緑、誰がために肥ゆる。）

首陽《しゆよう》とは、伯夷《はくい》・叔斉《しゆくせい》の兄弟が隠棲した山のことです。伯夷・叔斉は、周《しゆう》の武王《ぶおう》の悪政に抗議し、山に自生する蕨《わらび》だけを食べて餓死します。上皇は、この有名な古代中国の逸話を示唆する詩を詠むことで、暗に政治批判をしたのです。

皇室の評判はますます高まります。

政治に意欲のない義政をよそに、妻の日野富子《ひのとみこ》、その兄の勝光《かつみつ》、宿老《しゅくろう》と呼ばれる大名の細川勝元《ほそかわかつもと》や山名宗全《やまなそうぜん》ら、実力者たちは好き勝手をします。そうした彼らのエゴが激突したのが「応仁《おうにん》の乱」です。京都を舞台に、細川方の東軍と山名方の西軍が十年にも及ぶ抗争を続けます。応仁元（一四六七）年から文明《ぶんめい》四（一四七七）年まで続いたので、応仁・文明の乱とも呼ばれます。この不毛な戦いによって、京は荒れ果てました。

上皇と天皇も、将軍居所である花の御所に疎開してきます。東軍の本営でもあります。

細川勝元は西軍に対する治罰の綸旨を奏請《そうせい》しましたが、治天の君である後花園上皇は断固拒否しました。勢力が拮抗している状況で一方に肩入れするのは危険です。西軍を支持した結果、東軍が負けたら、承久の乱の再現になりかねません。上皇は、勝元の圧力を撥《は》ね返しました。

なお、西軍は後南朝の後裔を称する人物を担ぎ出し、「西陣南帝《にしじんなんてい》」と呼ばせましたが、誰も相手にしません。山名宗全もそれが使えないと見るや放逐《ほうちく》したので、後南朝は歴史の闇に完全に消えてしまいました。

南北朝の動乱は、後花園上皇の御世に完全収束しました。もっとも、その時は次の応仁の乱が始まっていたのですが。

後花園上皇は応仁の乱が始まると出家しました。相次ぐ飢饉や動乱で民衆が苦しむのに心を痛めたと伝わります。戦乱の最中、文明二（一四七〇）年、病のため崩御しました。

五度にわたって譲位ができなかった天皇

後土御門天皇は、文正元《ぶんしょう》（一四六六）年、大嘗祭《だいじょうさい》を行ないます。皇室の重要祭祀《さいし》のひとつに新嘗祭《にいなめさい》があります。毎年十一月に、天皇が国民を代表して農作物（稲）の一年の収穫に感謝するものです。

大嘗祭は、天皇が即位してから最初に催行する新嘗祭で、とくに大がかりなために費用もかかります。戦国期の混乱もあって途絶《とぜつ》し、それ以後、東山《ひがしやま》天皇の御世に復興するまで二百二十一年間、催《もよお》されることはありませんでした。

応仁の乱は十一年にわたり、京都の市街は焦土《しょうど》と化します。争いは地方にも波及し、皇室御料地《ごりようち》も侵されます。朝廷は経済的に苦しくなり、節会《せちえ》その他の恒例行事までが廃止されていくこととなります。

ちなみに、土御門天皇と将軍御台所《みだいどころ》の日野富子には、不倫の噂もありました。天皇の花の御所への疎開が長期化する中での流言です。義政はほどなくして御所を出ていくこととなります。義政が東山に慈照寺銀閣《じしようじぎんかく》を建てる資金は富子が出していますので、慰謝料のようなものです。不倫が本当ならの話ですが。

乱後の勝者は、息子義尚《よしひさ》を将軍に就けた日野富子です。朝廷では兄の勝光が跳梁跋扈《ちようりようばつこ》し、家格を飛び越えて左大臣にまで登りました。あまりにもやり方が強引だったので、「押大臣《おしのおとど》」と呼ばれました。

富子についた細川勝元の息子の政元《まさもと》も政権を独占します。他の大名家が軒並み没落するなか、細川家は政元の時代に専制的な権力を確立します。

九代将軍義尚は若死にし、十代将軍は義稙《よしたね》が継ぎました。この頃には、義政も勝光もこの世にいませんが、富子は黒幕として君臨し、政元の専制は頂点に達しています。

そんな明応《めいおう》二（一四九三）年、将軍義稙が在位四年にして管領の細川政元に廃位されてしまいました。「明応の政変」です。この時、政元は「奉公衆《ほうこうしゆう》」と呼ばれる将軍親衛隊を解体します。

室町幕府の絶頂期を築いた義満や義教の時代、奉公衆は常に戦場の決戦局面で投入される日本最強の軍隊でした。

義満や義教の権力は、奉公衆によって支えられているといっても過言ではないですし、二人は奉公衆を使いこなせたから強大な権力を手にできたのです。無能な義政は使いこなせませんでしたが、それでも応仁の乱で家臣たちが争う真ん前で平気で花見ができるのは、奉公衆が守ってくれているからです。応仁の乱の後も、まだまだ最強の武将は奉公衆を擁する足利将軍なのです。

ところが、その奉公衆が解体されました。近年の研究では、応仁の乱ではなく、明応の政変による奉公衆の解体を、戦国時代の起点としています。

後土御門天皇は、自分が任命した将軍を陪臣が勝手に廃したことに怒り、抗議のために譲位しようと決意します。しかし、譲位を行なうためにはお金がいります。

結局、譲位をしようと思えば、細川政元に頼らなければいけないという矛盾がありました。これでは、譲位はできません。

明応の政変は、足利将軍だけでなく、皇室にとっても屈辱的な事件でした。

後土御門天皇は生涯をかけ、五度にわたって譲位を試みましたが、すべて失敗しました。その時々の政治状況が許さなかったのですが、やはりお金が無かったからです。

天皇は、明応九（一五〇〇）年、在位中に崩御しました。この時、朝廷には葬儀費用すらなく、遺骸は一ヵ月半後にようやく火葬されたといいます（注3）。公家社会全体が、屈辱に震えていました。

続く後柏原《ごかしわばら》天皇は、後土御門天皇の崩御後に践祚しますが、即位式を挙げるのは、大永《だいえい》元（一五二一）年まで待たなければなりませんでした。践祚から即位まで二十一年です。

細川政元は、「即位式など挙げても、王の実態がなければ誰も王と認めません。だから不要です。それでも私は認めますが」などと言ってのけています。

践祚はしたが、即位をしていない。践祚と即位の違いは、後柏原天皇を見ればよくわかります。しかも即位の五年後、大永六（一五二六）年には崩じてしまいました。

平安時代は崩御の直前に譲位が常例でしたが、後柏原天皇の場合は、ほぼ亡くなる直前の即位です。平安時代と戦国時代と、どちらが皇室にとって嘉例《かれい》（良い先例）だったでしょうか。当時の公家社会全体の敗北感は、説明するまでもないでしょう。

こうした様子は、「皇室衰微《すいび》」として伝わります。ただ、それは一面です。皇室は支出があまりにも多いので、それに見合う収入がなければ、どこかを削るのは当然です。それでも遺骸が一ヵ月以上も放置されるのは異常ですが、戦国時代を通じてここまでひどかったわけではありません。多くの儀式が途絶える一方、全国の大名から大量の政治献金が舞い込む時代でもあるのです。

永正《えいしょう》四（一五〇七）年、「半将軍」と称されて権勢を誇った細川政元が暗殺されます。「永正の錯乱《さくらん》」です。すると、将軍家も細川家も分裂抗争状態に入ります。全国の大名たちも勝手に土地の奪い合いをしています。しばしば、下剋上《げこくじょう》も起こります。こうした争いを勝ち抜いた大名を戦国大名といいます。

では戦国大名は、どうやって昨日までの同輩に対し、言うことを聞かせるのでしょうか。武力と経済力は当然です。しかし、皆が従わなければ、力など一時的です。一瞬でも気を抜けば、自分も下剋上されます。そこで朝廷の権威が必要とされました。

たとえば、北九州の利権を少弐《しように》氏から奪った大内《おおうち》氏は太宰大弐《だざいだいに》の職を得ます。もちろん、少弐の上だから「大弐」です。今川《いまがわ》氏と織田《おだ》氏は三河《みかわ》国の支配権を巡って争いましたが、双方とも朝廷に大量の政治献金を贈っています。

ちなみに、後柏原天皇の即位の前には、石山本願寺《いしやまほんがんじ》が大量の政治献金を行ないました。本願寺は新興勢力で、延暦寺などの旧勢力や多くの戦国大名と苦しい抗争を繰り広げていましたから、朝廷の権威にすがってきたのです。

正親町《おおぎまち》天皇の「待ち」の政治力

後柏原天皇が崩御すると、第二皇子の後奈良《ごなら》天皇が践祚しました。この方も践祚から即位まで、十年かかっています。大内、今川、北条、朝倉《あさくら》ら戦国大名の献金によって、なんとか即位できました。

後奈良天皇といえば、御宸筆（天皇自筆の書）の般若心経《はんにゃしんぎょう》が有名で、全国各地に残っています。奥書《おくがき》で戦国動乱に苦しむ民衆を思いやる気持ちを仏に訴えています。

紺地《こんじ》に金泥《きんでい》で書かれた立派なものですが、戦国期の朝廷は、普段は爪に火を点すような生活をしながら、こういう時には惜しまずお金を使うのです。その般若心経を京都や全国の社寺に奉納したり、特定の人物に下賜《かし》したりしました。十二分な財産がないと、財布の底に穴が開いているようなものです。

また、宸筆を売って内職していました。不正な金は受け取りたくないとの思いからでした。そうした天皇の書が各地に多く残っています。

しかし、それでは小金は稼げても、譲位のような大儀式はできません。

後奈良天皇の在位は、大永六（一五二六）年から弘治《こうじ》三（一五五七）年まで、戦国時代の最中です。在位中に崩御されました。

後奈良天皇が崩じた弘治三年、第二皇子である正親町《おおぎまち》天皇が四十歳の高齢で践祚します。後醍醐天皇が三十一歳で異例の高齢といわれた時代からは、隔世《かくせい》の感があります。永禄《えいろく》三（一五六〇）年には、毛利元就《もうりもとなり》の献金を受けて即位することができました。正親町天皇の御世は戦国時代の終盤です。

正親町天皇が物心ついたときには、足利将軍家は常に二派に割れて抗争し、細川、大内、三好《みよし》、松永《まつなが》といった有力大名たちが、入れ代わり立ち代わり京都入りして政権を樹立しては潰されています。

そうした時代をまったく予想もしない人物が収束に向かわせることとなります。尾張《おわり》の土豪の織田信長《のぶなが》です。

永禄十一（一五六八）年、信長は上洛すると、十四代将軍義栄《よしひで》の徒党を粉砕し、義昭《よしあき》を十五代将軍に就けます。

ここからの天皇と信長の関係については、学界の多数派は「蜜月だった」という結論しか認めないようです。ましてや、「正親町天皇に政治力があった」などと言うと、中世史学界から抹殺されます。

理由は、前掲『倉山満が読み解く足利の時代』や『大間違いの織田信長』で詳述しましたが、ひとことで言えば、今谷明先生の『信長と天皇』に学界の重鎮たちが怒り狂ったからです。歴史学界というところは、「天皇嫌い」が多いのです。だから、「今谷は、正親町天皇に政治力があったなどと主張し、よりによって我らがヒーローの信長が天皇に翻弄《ほんろう》されたなどとは！」と怒り狂ったのです。

とにかく「正親町天皇」は学界のタブーです。

今の学界の「正親町天皇は、織田信長や豊臣秀吉のような戦国武将らとの連携によって衰えていた朝廷を立て直した」との通説は、全体として妥当であると考えられます。

ただし、「信長と正親町天皇は、まったく対立などしていない」は言いすぎでしょうし、「足利義満と後円融上皇も同様に協調していた」と言われると、今谷先生の説を無理やり否定するための言論しか許されないのではないかとの疑問を持ちたくなります。

では、事実を見ていきましょう。

信長の大量の献金によって朝廷は立ち直ります。見返りとして、信長の窮地を正親町天皇は何回も救っています。信長包囲網が敷かれる度に、勅命和議を繰り返します。

石山本願寺は、信長への事実上の降伏を受諾する際には、「信長に負けたのではない。天皇の命に従ったのだ」と負け惜しみを言っています（注4）。逆にいえば、勅命は負ける口実にもなり、争いごとのいらぬ拡大を防ぐ効果もあるということです。

信長（信長亡き後は秀吉）が経済的に朝廷を支え、朝廷が権威で信長（秀吉）を支える。そんな関係です。

織田信長は、伊勢神宮の式年遷宮ほか、皇室行事を復活させていきます。

そのため、近代においては尊王家とされ、明治二（一八六九）年には、京都に建勲《けんくん》神社という信長を祀《まつ》る神社が創建されているほどです。同じ頃、やはり秀吉を祀る豊国《とよくに》神社も復興されています。

勢いに乗る信長が天皇になろうとしていたという説を唱える人もいますが、それはありえません。朝廷を利用するということは、恩に着るということです。それに、信長は生涯をかけて、足利義満の権力にたどり着いたことはないのです。仮に信長が力づくで皇室を簒奪しようとしても、反発されるだけだったでしょう。

むしろ信長は、伝統的な皇室への接近策を採っています。縁戚《えんせき》化です。正親町天皇の皇太子である誠仁《さねひと》親王、あるいは親王の第五皇子の邦慶《くによし》親王が信長の猶子になったとの話が伝わっています。

これを拡大解釈したら、信長は治天の君になろうと考えていたのではないかと推理できます。しかし、それなら藤原道長のほうがよほど露骨でしたし、天皇への不敬な行為を連発しています。少なくとも、信長と正親町天皇が面と向かって対立したことは一度もありません。

解釈が割れるのが、馬揃《うまぞろ》えです。天正《てんしょう》九（一五八一）年正月、信長は京都で、軍事パレードを行なっています。史料には、信長軍の行進に民衆が恐怖したとも、正親町天皇が面白がって見たがったとも残されています。おそらく、どちらも本当なのでしょう。

馬揃えとは、軍事パレードです。建前は、天皇と朝廷を守護（護衛、保護）することです。学者の間には、馬揃えが「威嚇か、祝宴か」の論争があります。より正確にいえば、威嚇だとした今谷説を、他の学者が感情剝き出しに否定しているということなのですが。

こういう一つの事象を二択にすること自体が間違いです。護衛とは監視、保護とは支配の裏返しです。物事にはいくつもの面があるものです。

なお、信長存命中に正親町天皇の譲位が話題になったことはありますが、実現しませんでした。戦国時代は、譲位ができない時代なのです。「譲位ができる」とは、戦国の世が終焉《しゅうえん》したことを意味します。信長の頃はその時代が収束に向かっていましたが、完全に収束したわけではありませんでした。まだまだ予断を許さなかったのです。

実際、信長は天正九（一五八二）年の「本能寺《ほんのうじ》の変」で横死《おうし》を遂げます。その後、織田政権はあっけなく崩壊しました。

本能寺の変を論じる時に、必ず出てくるのが「朝廷黒幕説」ですが、ありえないでしょう。正親町天皇の人生は、次々と変わる権力者との対峙《たいじ》の連続です。晩年の信長こそ絶大な勢いを得ましたが、結局は細川政元と変わりませんでした。

つまり、少なくとも正親町天皇から見れば、一時の権力者にすぎません。だから、自ら黒幕となって動く必要などなく、じっと権力の推移を待っていればよいのです。

譲位も上皇も、嘉例《かれい》である

織田政権を乗っ取った家臣の羽柴《はしば》秀吉もまた、正親町天皇の権威を必要としました。そもそも秀吉は、下剋上の時代の中でも農民上がりの成り上がり者です。昨日までの上役に言うことを聞かせるのに、朝廷の権威を最大限利用するのは当然のことでしょう。

九州と関東以北以外の日本列島を制圧した秀吉は、天正十二（一五八五）年に関白になりましたが、実は幸運もありました。

この時、五摂家の二条昭実《にじょうあきざね》と近衛信尹《このえのぶただ》が関白職の人事で揉め、正親町天皇は五摂家での話し合いに委《ゆだ》ねたのですが、形勢不利と見た二条昭実が秀吉を引っ張り込みました。左右大臣の人事も紛糾《ふんきゅう》した結果、本来関係のない秀吉が関白職に就くことで決着します（注5）。

朝廷の秩序は家格と位階です。近衛信尹の父、近衛前久《さきひさ》は秀吉を猶子にしました。秀吉はいったん「藤原姓」を名乗り、二条昭実の次の藤氏長者《とうしのちょうじゃ》となりました。信尹は最後まで反対し続けますが、前久に説得されて諦《あきら》めます。

前久は、関白、太政大臣を務めた重鎮《じゅうちん》です。現職時代、北は上杉謙信《うえすぎけんしん》から南は島津義久《しまづよしひさ》まで、全国各地の戦国大名を訪ね回って工作活動をやっていた人です。本能寺の変では、明智光秀《あけちみつひで》の軍に屋敷を貸していたため、秀吉に睨《にら》まれます。一時は京都から姿をくらましていました。弱味があります。

他にも、吉田兼見《よしだかねみ》の日記『兼見卿記《かねみきようき》』の記述書き換えは有名で、後ろめたい公家は結構いたようです。秀吉の関白就任後には、前久の娘の前子を秀吉の養女として後陽成《ごようぜい》天皇に入内《じゆだい》させ、女御としました。

関白職は日頃の政務だけでなく、天皇の即位式で「即位灌頂《かんじよう》」の儀式を司《つかさど》ります。密教の鎮護国家《ちんごこつか》の秘法を新しい天皇に伝授する役割です。嵯峨天皇が天台宗開祖の最澄《さいちよう》から授かったことが初例といわれ、八百年来その秘儀を代々伝えてきたのが五摂家です。最大限先例を取り繕《つくろ》っているつもりなのですが、異例続きです。

といっても、秀吉は戦国動乱という不吉を終わらせるのですから、誰も文句を言いません。天下人である秀吉は関白に就任することで朝廷の秩序の中に入っていきます。晩年の信長が右大臣を最後に一切の官職につかず、「もはや朝廷など不要」と思っているのではないかと誤解されかねない態度をとっていたのとは、大違いです。

翌年九月、秀吉は、公家の極官である太政大臣に昇ります。

この年、天正十四（一五八六）年十一月に、後陽成天皇への譲位がなされました。本当は誠仁親王への譲位の予定だったのですが七月に急死したので、親王の第一皇子で天皇の孫に当たる和仁《かずひと》親王（後に周仁《たかひと》）に継承されたのです。

天皇の最初の仕事は、秀吉に「豊臣」の姓を賜うことでした。即位もつつがなく行なわれ、秀吉が関白として即位灌頂の儀式を司りました。

後花園天皇譲位以来、百二十年近く行なわれなかった譲位がやっと復活しました。正親町天皇は豊臣政権を天下人として認め、自らの譲位でもって、戦国を終わらせたのです。

なお、急死した誠仁親王は「陽光《ようこう》上皇」の尊号を追贈されています。御高倉上皇、後崇光上皇に次いで、三例目の不登極帝です。

ここまでお読みいただいておわかりと思いますが、譲位は先例として定着し、本来、できれば行なうものだったのです。それが、したくてもできない状態におかれてしまったのが、戦国時代でした。つまり、譲位することは嘉例です。社会が安定して、豊かになるから譲位できるのです。

第七章　皇統を守るということ

後陽成《ごようぜい》天皇の気苦労《きぐろう》と豊臣秀吉の迷惑

天正十四（一五八六）年十一月七日、祖父正親町天皇から受禅した和仁親王は、十六歳で践祚し、後陽成天皇となります。当初七年間は正親町上皇が存命です。

ただし、院政を布くことはなく、穏やかな余生を過ごされました。正親町上皇は信長・秀吉とともに戦国を収束させた上皇です。引き続き治天の君の地位を望めば、誰も逆らえなかったでしょう。しかし、あえて治天の君であり続けることを固辞しました。

百二十年ぶりに譲位を実現すること自体に意味があったのであり、本来の上皇の姿として振るまうことに意味があったといえましょう。上皇の本来の意味とは、嵯峨上皇がなそうとしたような在り方です。

さて、後陽成天皇の在位時代は、豊臣政権から徳川政権に代わる時代です。

秀吉と家康では、天下統一における天皇の位置付けがまったく異なります。秀吉は皇室を担げるだけ担いだ人、家康は担がずに縛《しば》り付けた人です。その過渡期に苦労したのが、後陽成天皇でした。

秀吉は朝廷の秩序の中に入り、律令以来の官位叙任権を活用して戦国大名と公家の双方を統合しようとします。その統合の象徴が、後陽成天皇の聚楽第行幸《じゅらくていぎょうこう》です（注1）。聚楽第は、平安時代に内裏のあった場所に建てられた秀吉の居城です。

後陽成天皇即位の二年後、天正十六（一五八八）年四月に盛大に行なわれた行幸は、天皇の威儀《いぎ》と秀吉の勢力を大いに宣伝しました。

かつて織田信長が死ぬまで抵抗し、さらに豊臣政権の世になっても、なお征夷大将軍職を離さなかった足利義昭などは、この聚楽第行幸を機に各地の大名への上洛援助の要請を諦め、帰洛《きらく》して出家します。足利幕府は秀吉の手によって消滅したのでした。それくらい、天皇の存在が重要であったともいえます。

後陽成天皇は文化的な御事績も多く、学問が好きで温厚な天皇です。朝儀の故実に詳しく、即位後は儀式の再興を望んでいたので、秀吉による威儀回復を喜んだといわれます。

ところが、天皇の儀式を司《つかさど》る朝廷は、秀吉の関白就任以後、その重要な機能を失っていきます。

天皇を奉じて天下を治めたい秀吉にとっては、天皇と皇族の存在こそ重要で、朝廷で自分より偉い人間は要りません。豊臣政権下の後陽成天皇を指して「王権復活の象徴」のように評価されることがありますが、実態は「天皇を奉じた関白」が頂点です。

廷臣である公家にとっても、重要なのは関白でした。関白から後陽成天皇への莫大《ばくだい》な献進《けんしん》（献上）を取り次ぐことで、公家の地位も上がっています。

天正十九（一五九一）年、甥の秀次《ひでつぐ》に関白を世襲して継がせると、重職から摂家が排除されます。また、武家を朝廷の官職に就けながら軍役に専念させたので、朝議の人員も揃わなくなっていきました（注2）。

そんななか、文禄《ぶんろく》二年（一五九三）一月五日、正親町上皇が崩御します。

後陽成天皇は喪に服しますが、公家たちは関白秀次への参賀に赴《おもむ》いています。泉涌寺《せんにゅうじ》への御遺体移送も、公家どころか北面《ほくめん》の武士による供奉《ぐぶ》もない、寂しいものだったといいます。なお、「正親町」の追号は二条昭実による考案で、仙洞御所の北に面した通りの名前が由来です（注3）。正親町小路《こうじ》は、現在の中立売《なかたちうり》通りです。

この年、秀吉は、大方の反対を押し切り、明《みん》への出兵を断行します（いわゆる「朝鮮出兵」）。この時、後陽成天皇は止めましたが、秀吉は聞きません。秀吉は「明の皇帝になってほしい」などと言い出しますが、天皇は間違いなく本気で受け取っていないでしょう。それより、もっと現実を見ていたはずです。

文禄四（一五九八）年、秀次は謀反のかどで関白・左大臣を追われ、切腹に追い込まれました。

秀吉は太政大臣として朝廷の最有力者ですが、関白は空席とされます。秀次に連座して右大臣菊亭晴季《きくていはるすえ》も左遷され、左右大臣も後任者が叙任されないという異常事態となりました。文禄五（一五九六）年五月に徳川家康が内大臣となっていましたが、以降、二年間は公家の大臣がいなくなります。復旧するのはさらに二年後、秀吉の死後に豊臣家の関白職世襲が否定され、関白・左大臣に九条兼孝《かねたか》が就いてからのことです。

皇太子の地位も秀吉が握っていました。

秀吉は、第一皇子の若宮、良仁《たかひと》親王を「儲君《ちょくん》」（もうけのきみ、東宮）の待遇としていました。母は典侍《てんじ》中山親子《なかやまちかこ》です。後陽成天皇の皇子には、他にも若宮の同母弟の二宮（後の承快《しょうかい》法親王《ほっしんのう》）がいます。また、慶長元（一五九六）年六月には、近衛前久の娘で、秀吉の養女として入内した女御近衛前子《さきこ》が三宮、政仁《ことひと》親王（後の後水尾《ごみずのお》天皇）を生んでいます。

後陽成天皇の周囲の人々は、誰もが秀吉の後見する若宮が後継だと思っているのですが、秀吉の死去と前後して、後陽成天皇が譲位の意向を示し、三宮が後継となった一件がありました。

秀吉は、聚楽第行幸一件のように尊王の建前は崩さないのですが、「明の皇帝うんぬん」の例を見ても、いかんせんガサツです。

慶長三（一五九八）年八月十三日、後陽成天皇はにわかに眩暈《めまい》がすると言って伏せってしまいました。五日後の十八日、五月頃から病床にあった秀吉が死去します。朝鮮出兵が「慶《けい》長《ちょう》の役」の最中で、秀吉が死去した事実はしばらく伏せられたといい、九月七日には三宮の出家が「秀吉名義」で奏請されます。

十月十八日に武家伝奏から後陽成天皇の譲位の意向が伝えられると、年内いっぱい交渉が続きました。

後陽成天皇は、この過程で後継を転々とさせます。当初は弟の八条宮智仁親王《はちじょうのみやとしひと》へ譲位すると言い、さらに次の交渉では政仁親王への譲位を言い出し、最終的に後陽成天皇の病も快《かい》癒《ゆ》して譲位の話はなくなりました。一宮と二宮が出家させられ、慶長五（一六〇〇）年二月には三宮に親王宣下がされます。最初からこれを狙ったのか、それとも行き当たりばったりだったのかは不明です。

なお、八条宮智仁親王は、秀吉の猶子となり関白を譲られる予定だった親王です。秀吉に

江戸の初めと上皇たち

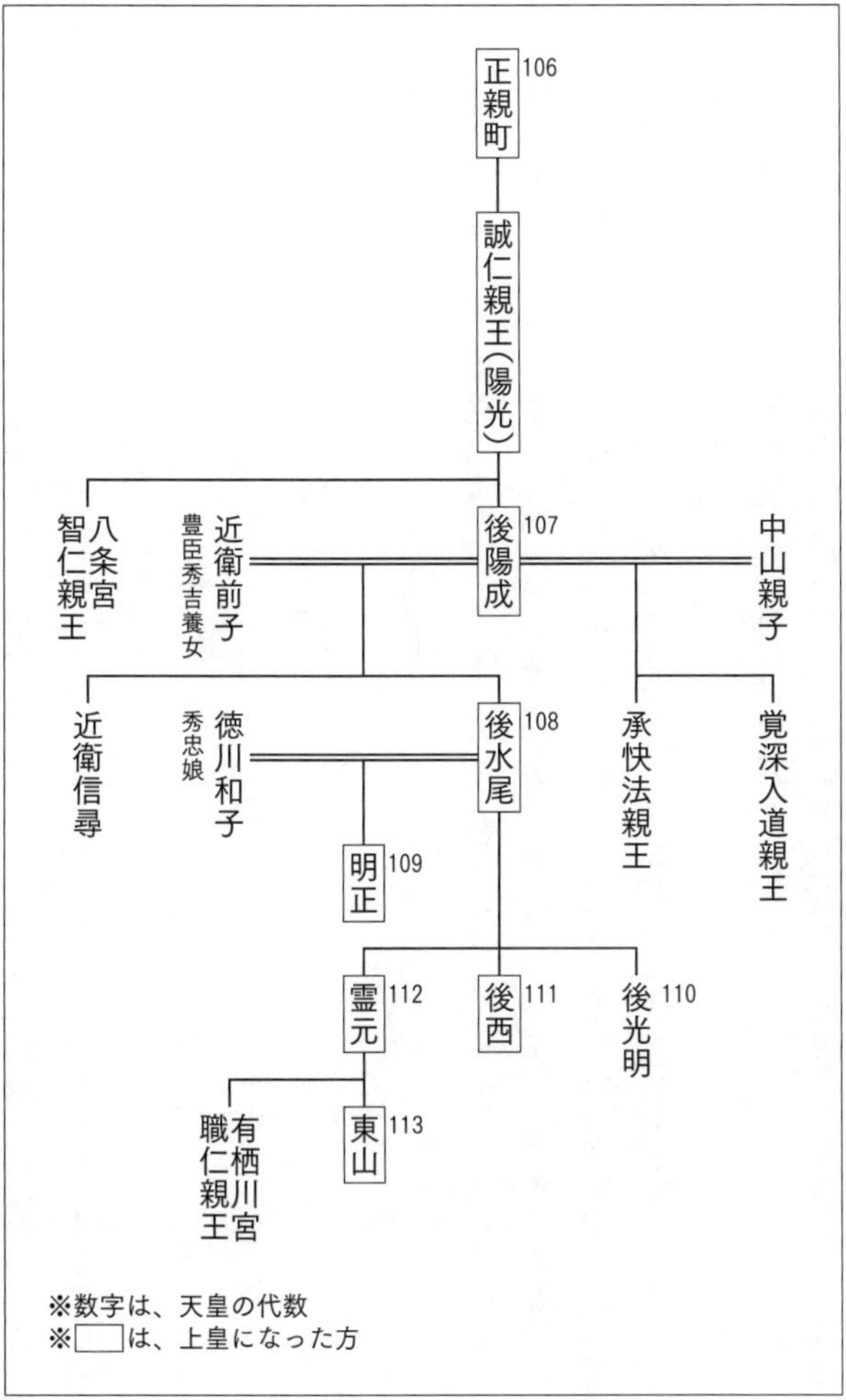

正親町 106
誠仁親王(陽光)
八条宮智仁親王
近衛前子
豊臣秀吉養女
後陽成 107
中山親子
近衛信尋
徳川和子
秀忠娘
後水尾 108
承快法親王
覚深入道親王
明正 109
霊元 112
後西 111
後光明 110
有栖川宮職仁親王
東山 113
※数字は、天皇の代数
※□は、上皇になった方

嫡子鶴松《つるまつ》（後に幼くして死去）が生まれ、約束を反故とする代わりに創設されたのが、八条宮家です。後に光格天皇の皇子が相続した時、名前が桂宮《かつらのみや》家となりました。また智仁親王は、桂離宮を造った人でも知られています。

天皇の意向を認めない徳川家康

秀吉死後、天下を制したのは徳川家康です。

信長や家康と違い、家康は天下統一に天皇の介入を頼りません。家康は慶長五（一六〇〇）年の「関ヶ原《せきがはら》の戦い」も、慶長十九（一六一三）年から翌年にかけての「大坂の陣」も、錦《にしき》の御旗《みはた》を立てていません。あくまでも戦国大名同士の戦いで決着を付けることによって、戦国統一が完成するという理屈です。天皇に対しても儀礼は守りますが、駆け引きは手加減なしです。

徳川政権に代わった頃、朝廷の綱紀紊乱《こうきびんらん》は深刻化していました。

朝廷と武家の間をつなぐ伝奏は、鎌倉時代の関東申次《かんとうもうしつぎ》以来、重要な役割です。豊臣政権下では、豊臣秀次に娘を嫁している菊亭晴季や勧修寺晴豊《かじゅうじはれとよ》、中山親綱《ちかつな》、久我敦通《こがあつみち》が「伝奏四人衆」と呼ばれます。秀吉から朝廷への莫大な献進を取次ぎました。

慶長四（一五九九）年六月、伝奏久我敦通と勾当内侍《こうとうのないし》の密通が噂になります。勾当内侍とは、天皇の勅旨や取次を担当する女官です。久我敦通は伝奏の役から外れ、蟄居《ちっきょ》となりました。

後陽成天皇は、慶長八（一六〇三）年には、後宮《こうきゅう》への出入りや参内《さんだい》時の服装や礼節などを明文化し、徹底を図るのですが、廷臣が言うことを聞きません。

慶長十二（一六〇七）年、さらに近衛少将と宮女の密通事件が発覚します。事件を起こしたのは、「容姿は天下無双《てんかむそう》、素行の悪さで当代随一」と言われた猪熊教利《いのくまのりとし》です。髪型や服装が「猪熊様《よう》」と言われてブームとなった有名人でした。事件発覚により、猪熊は「勅勘《ちょっかん》」（勅命による勘当）を被《こうむ》ります。

さらに慶長十四（一六〇九）年六月半ば、参議烏丸光広《からすまるみつひろ》以下、若い公家衆と典侍《てんじ》らの遊興・密通が発覚し、大騒動となりました。猪熊教利が首謀したので猪熊事件と呼ばれます。

当時の世相は、戦が終わって、行き場をなくした武家奉公人らが「かぶき者」と呼ばれ、世上を賑《にぎ》わせています。徒党を組み、異常に長い大刀や革の袴《はかま》など異様な風体で町を練《ね》り歩き、徒党同士で抗争を繰り広げる、不良文化が大流行です。

ちなみに、これを芸能化したのが「かぶき踊り」で、出雲阿国《いづものおくに》が一世を風靡《ふうび》しました。若い公家の間にも流行が広がり、御所でも踊りが披露されます。

この頃には、徳川政権も立ち上がっています。慶長八（一六〇三）年二月一二日、将軍宣下された家康は、二年後には早々に三男の秀忠《ひでただ》へ将軍職を譲り、この頃には「大御所」として院政を布いていました。

こういった世相が良家の子女の非行を誘った一面はあります。ですが、問題は天皇が廷臣から軽んじられていることです。京都所司代と武家伝奏が関係者を取り調べ、数年来の度重《たびかさ》なる不祥事に激怒した後陽成天皇は、関係者に死刑を言い渡しました。摂家衆から出た異見を天皇が一喝して封じて正式に勅諚《ちよくじよう》（勅命）が出たものの、執行されません。大御所家康が勅諚をひっくり返したのです。

勅諚が出た後も、京都所司代の板倉勝重《いたくらかつしげ》が独自に聞き取り調査を進めます。主要な関係者が家康の隠居先の駿府《すんぷ》（静岡）へ下り、改めて裁定が下されました。首謀者の猪熊は処刑されますが、主要関係者は流罪と謹慎です。配流先も所司代が差配し、事件が発覚した年内に落着します。

年末になり、後陽成天皇は譲位の意向を家康に伝えました。猪熊事件とその裁定への不満がきっかけといわれます。

後陽成天皇は、「延喜《えんぎ》の例」（醍醐天皇）に倣って皇太子政仁親王の元服と同日、譲位を行なう意向でした。家康は延期を提案しますが、後陽成天皇は重ねて譲位の意向を伝えます。家康がいったん了承し、親王元服と譲位を慶長十五（一六一〇）年三月二十日頃の予定として準備が進められます。ところが、土壇場の二月になって、家康は五女市姫《いちひめ》の死去を理由に、譲位の延期を求めてきました。

武家伝奏の広橋兼勝《ひろはしかねかつ》と勧修寺光豊《みつとよ》が京都所司代と折衝しながら、駿府に下って家康の意向を持ち帰ります。七カ条にまとめられたもので、皇太子の元服は了解したが、譲位については、「将軍家の支援なしにできるなら年内にどうぞ」という返事です。

家康は、天皇の母である新上東門院《しんじょうとうもんいん》（勧修寺晴子）を通じて、摂家衆の異見が天皇に伝わるように提案します。廷臣の素行不良を改めて指摘され、学問の精励を公家に命じるようにとも説教されます。後陽成天皇は、家康から朝廷の監督不行き届きを逆に突き付けられてしまったのです。

加えて、家康は官女密通事件で処分された者のうち、流罪となった花山院忠長《かざんいんただなが》と松木宗信《まつきむねのぶ》の親族、謹慎となった烏丸光広と徳大寺実久《とくだいじさねひさ》の召し出しを勧告します。後陽成天皇は追い詰められてしまいます。

当初三月の予定だった元服と譲位は、折衝が延びに延び、その間の交渉にあたったのは武家伝奏だけです。摂家衆は何が起こっているのか分かりません。

最終的に家康から経緯を知らされた新上東門院と八条宮が中心となり、「年内に政仁親王の元服だけでも」と天皇を説得しました。天皇は「たゝなきになき中候」（近衛信尹『三藐院《さんみゃくいん》記《き》』）と、最終的に折れるしかありません。周囲の人々が家康との関係悪化を気にするあまり、誰も天皇の古儀再興という意図を支持してくれないのです。

慶長十五年、暮れも押し迫った十二月二十三日、政仁親王の元服は無事に行なわれました。譲位の予定はさらに翌年に延びます。翌正月に参内した家康の使者が、三月の譲位を伝えて来ました。

後陽成天皇の完敗です。「家康の許可した譲位以外は認めない」との意味です。

慶長十六（一六一一）年三月二十七日、予定どおり後陽成天皇は譲位します。政仁親王は践祚し、後水尾《ごみずのお》天皇となりました。十六歳です。後陽成天皇に太上天皇の尊号が贈られ、江戸時代で最初の上皇となりました。

四月に行なわれた後水尾天皇の即位式には、家康もお祝いのために参内します。即位式では、即位灌頂の役を巡って摂家の近衛家と二条家が争います。秀吉がいなくなり、五摂家に旧来の役割が戻って来ました。しかし、相変わらず自力で解決できません。この争論も家康が裁定し、二条家が担当することに決しました。

無事に即位式は終わったのですが、今度は、後陽成上皇から後水尾天皇への政務の引継ぎが上手くいきません。後陽成上皇が禁裏の書類を天皇に渡さないのです。新上東門院を通じて事の次第を聞いた家康が裁定し、新帝に渡すべきものを引き継ぐように促します。

後陽成上皇は、しぶしぶ承知しますが、最後まで後水尾天皇との関係が改善されないまま、元和《げんな》三（一六一七）年八月、崩御しました。

院政以前に、家康の政治力に雁字搦《がんじがら》めにされていましたから、治天の君にはなれなかったのです。そもそも、天皇在位中から朝廷を掌握できていませんし。

そんな後陽成天皇は、政治家としては二流でしたが、文化人として一流でした。

和歌や書道、絵画に秀で、とくに和歌にまつわる逸話があります。関ヶ原の戦いの時に勅使を派遣し、細川幽斎《ほそかわゆうさい》を田辺《たなべ》城の籠城《ろうじよう》から解いたことで有名です。細川幽斎が『古今和歌集』の秘説を伝えていたためです。いわゆる「古今伝授《こきんでんじゆ》」です。

細川幽斎から八条宮智仁親王へ伝えられ、八条宮から後水尾天皇に伝えられます。これは後に、後桜町《ごさくらまち》上皇が大切にした「御所伝授」に発展しました。また、木製活字により古典を印刷・保存させたものは、とくに「慶長勅版《ちょくばん》」と呼ばれます。後陽成天皇の崩御の時には、文化人らが悲嘆に暮れたといいます。

皇室が初めて臣下の法の下に置かれる

後水尾天皇の即位から間もなく、徳川幕府の基本法典がまとまります。「武家諸法度《ぶけしょはっと》」「禁《きん》中並《ちゅうならびに》公家《くげ》中《ちゅう》諸法度」「寺院法度」です。後水尾天皇の治世は、この基本法典の下で権限を巡る幕府とのぶつかり合いを軸に進んでいきます。

三つの基本法典は、家康が発布した法度を軸にまとめられたものです。禁中の運用を規定したのが「禁中並公家中諸法度」です。元和元年（一六一五）七月十七日、二条城で家康の立ち合いのもと、第二代将軍徳川秀忠により公布されました。朝廷側は前関白の二条昭実《あきざね》が署名しています。

「禁中並公家中諸法度」で重要なのは、第一条で天皇の規定をしたことです。「天子諸芸能之事、第一御学問也。」で始まります。

豊臣政権と徳川政権の最大の違いです。それどころか、律令より初めて、天皇が臣下の者が決めた成文法に従わされたのです。

家康の命を受けて、金地院崇伝《こんちいんすうでん》と林羅山《はやしらざん》が古典の調査を指揮します。第一条に取り上げられたのは、建暦《けんりやく》二（一二一二）年に順徳《じゅんとく》天皇により書かれた『禁秘抄《きんぴしょう》』からの抜粋です。天皇の学問は、古代に唐で編纂された『群書治要《ぐんしょちよう》』、有識学、歌学とされ、徳行や文学を加えて芸能としています。

後陽成上皇、後水尾天皇ともに学問教養の高い天皇で、家康自身も学者ですから、本来は改めて言うまでもないことは承知の上です。わざわざ条文として挙げているのは、第二条以下の条文で天皇の大権を規制するためです。

「禁中並公家中諸法度」で規制された権限は、武家の官位叙任、高僧への紫衣《しえ》や上人号《しょうにん》授与、廷臣の統制と処罰です。

このうち廷臣の統制と処罰は、第一章で紹介しました。第十一条で武家伝奏と関白に権限を付与している部分です。

官位叙任は、第七条で武家と公家の官位を別のものとし、叙任権を通じた朝廷と武家の直接的なつながりを断ちました。武家官位も形式上は朝廷からの任命ですが、家康が執奏権《しっそうけん》を押さえたことの明文化です。

紫衣・上人号の付与は、「勅許紫衣法度《ちょっきょしえほうど》」が元になっています。「禁中並公家中諸法度」発布の二年前、慶長十八（一六一三）年に家康により出された法度です。紫衣は、天皇からとくに高僧に許される紫の袈裟《けさ》のことで、聖武天皇が僧玄昉に下賜したことが初例とされる慣習です。勅許を出す前に幕府への届け出と、それに相応《ふさわ》しい人物かどうか査定をするという内容です。

つまり、宗教勢力と天皇や公家が勝手に結びつかないようにということです。

第十条で規定された公家たちの官位昇進は、勅許紫衣法度と同年に出された「公家衆法度《くげしゅうはっと》」が前提となっています。

公家諸家の学問精励、朝廷の宿直番の精勤、用もないのに町をうろつかない、博打や素行の悪い青侍《あおさむらい》の雇用の禁止、法度違反は流罪という内容です。青侍は公家の供回りに雇われていた身分の低い武士のことです。どれだけ当時の公家の素行が悪かったのか窺《うかが》える法度ですが、これを前提として公家の官位昇進にも規制を加えたのです。

第二条と第三条で朝廷での席次を細かく定めているのは、家康が大臣と親王の席次争いを仲裁した経験が反映されたものです。

家康は、摂家や公家、門跡《もんぜき》（出家した親王）、寺社に基本法制定の根回しをしていますが、禁中並公家中諸法度は、家康が朝廷での揉め事をいちいち仲裁してきた結果を確認したものでもあるのです。

もっといえば、武家の統率は天下統一の戦い、寺院の統制は織田信長時代の宗教勢力との戦い、禁裏の統率は豊臣政権への参画での経験という、家康の人生経験を反映したものとなっています。

これが旧来の法とどのように異なるのか、簡単に説明しておきます。

古代中国の律令は、皇帝を法の上に置いています。中国は現代でもそのままです。毛沢東《もうたくとう》は憲法の制定自体を嫌ったといわれますが、中華人民共和国の憲法は、共産党を憲法の上に置いています。

古代日本の律令制でも同様で、律令は臣下を規律する法律です。日本の場合、天皇にも守らなければならない決まりがありました。皇室の伝統法、つまり先例です。臣下は律令に従って物事を決め、それを天皇が承認するという慣習で運用されました。

第三章で述べた人臣摂政が登場した頃に、藤原氏が最初に掌握したのは、承認の権限です。律令も天皇を縛るといえば、そのとおりですが、勅命によって制定されています。つまり、「自分で決めて自分で守る」格好です。

ちなみに、律令に基づく太政官《だじようかんせい》制の最終的な廃止は、明治十八（一八八五）年です。その後、明治維新の集大成として大日本帝国憲法が制定されましたが、欽定憲法の形式で天皇の大権を制限しています。つまり、「自分で決めて自分で守る」という形式は維持しています。

帝国憲法は極めて精密な論理で構成されていますので、詳しくは前掲『帝国憲法の真実』と『帝国憲法物語』をどうぞ。

中世の「御成敗式目《ごせいばいしきもく》」に発する武家法は、武家を規律する法です。朝廷や公家に適用することは考えられていません。争訟の処理での運用が増えるに従って、律令の補完としても機能しますが、朝廷を規律する法とはあくまでも別です（注4）。天皇の法的地位は、律令と同様に変わりません。

家康が将軍宣下を受けた時は、任命者の天皇が上です。それが、秀忠の禁中並公家中諸法度により権限の上下関係が逆転しました。急激にやれば、反発した朝廷が徳川家の崩壊を望む誰かと結ぶかも知れません。そこで、秀吉と同様に献進を行ない、揉め事を仲裁し、少しずつ法律で縛り、徐々に天皇を追い詰めていきました。

徳川幕府は、後代まで安泰なシステムの構築をするにあたり、最も脅威となり得る天皇をロボットにしておくことにしたのです。

歴史上、「パワー・インフルエンス」（影響力）で天皇の意思を抑え込んだ人は大勢います。しかし、天皇に対して「パワー・オブ・コマンド」（命令権限）を持ったのは、日本史上で徳川秀忠が初めてなのです。

後水尾天皇の治世は、「パワー・オブ・コマンド」を持った秀忠との戦いです。朝幕《ちょうばく》（朝廷と幕府）関係が極めて緊張状態にあった時代です。

朝廷、徳川秀忠《ひでただ》の嫌がらせに一矢《いっし》を報《むく》いる

天皇と将軍秀忠の戦いで目立つのは、とにかく秀忠が権限を振りかざしていることです。

後水尾天皇は、譲位を武器にして戦っています。代表的なのは、徳川和子《まさこ》（東福門院《とうふくもんいん》）入内で揉めた時と、「紫衣《しえ》事件」です。

秀忠は、後水尾天皇の即位早々、自分の娘和子を入内させる計画を具体化しました。正式決定は、慶長十九（一六一四）年です。この時、和子は七歳です。

実際に入内するまで七年かかりました。準備の最中、大坂の陣や家康の死去、後陽成上皇の崩御があったほか、後水尾天皇に皇子が誕生したことが、幕府の知るところとなったからです。

皇子の母は、御与津御寮人《およつごりようにん》と呼ばれました。新上東門院に仕え、後水尾天皇の典侍となった女性で、生まれた皇子は五歳で亡くなります。

この御与津御寮人、その後も秀忠が上洛している最中に皇女（文智女王《ぶんちじよおう》）を出産していいます。狙ってやったとしか思えませんが。秀忠は、和子入内の延期を決めます。

ここから、秀忠と後水尾天皇の応酬が始まります。何が何でも外戚の地位を得たい秀忠に対して、「だったら嫁にもらってやらないぞ」と後水尾天皇が譲位をほのめかせば、秀忠は公家法度をカサに廷臣の処罰という威嚇《いかく》で応じるといった具合です。

秀忠が後水尾天皇に対して廷臣を人質に取ったようなものです。京都所司代や武家伝奏が慌てて天皇の説得に飛んで来ます。結局、入内の日取りが決まり、処罰された公家は入内後に放免で決着しました。

元和六（一六二〇）年六月、和子が入内します。十四歳になっていました。この時、女御警備と称して朝廷に配備された武士は、後に「禁裏付武士」として役職化します。公家は和子の入内を歓迎しませんが、天皇との仲は悪くありません。

この時代、輿入《こしい》れしてきた嫁が夫につくか実家につくかは、それこそ「パワー・オブ・インフルエンス」次第です。皇室の奥義は、自分へのスパイを逆に取り込むようなところにあります。

元和九（一六二三）年十一月には皇女を授かりました。興子《おきこ》内親王、後の明正《めいしょう》天皇です。翌年には和子が立后《りっこう》されます。中宮の冊立《さくりつ》は、南北朝以来です。秀忠は息子の家光《いえみつ》に将軍職を譲り、大御所となります。

寛永《かんえい》三（一六二六）年五月、後水尾天皇の二条城行幸が大々的に行なわれました。秀忠は国持大名すべてを供奉させます。先導役は秀忠の次男、三代将軍家光です。中宮和子を媒介とした幕府と朝廷の融和が演出されます。

この年の十一月には、和子に待望の皇子（高仁親王《すけひと》）が生まれ、朝廷と幕府の関係者は欣《きん》喜雀躍《きじゃくやく》とします。京都所司代の板倉重宗が、単騎でお祝いに駆け付けたといいます（注5）。

世間は「朝幕融和」と見なしました。

ところが、翌寛永四（一六二七）年七月、秀忠は、後水尾天皇による紫衣と上人号の勅許の取り消し処分を行ないました。根拠は禁中並公家中諸法度違反です。禅宗で高い格を持つお寺を五山十刹《ござんじっさつ》といい、天皇の綸旨で認めてもらうと入ることができます。秀忠は、この綸旨を無効とし、浄土宗の上人号を取り消しました。紫衣勅許は、制定当時の十二年前にさかのぼり、大量の取り消し処分が発生します。これが紫衣事件です。

対象となった寺からは、幕府に正当性を書き綴《つづ》った抗議書が送られ、大方は処分の撤回で決着が付くのですが、強硬派は江戸に下り、抗議を繰り広げます。しかし、大御所秀忠の意を受けた幕府も一歩も引かず、高僧といえども島流しの厳罰で対処します。有名な沢庵《たくあん》和尚もそのうちの一人です。

秀忠のあからさまな挑発に、後水尾天皇は激怒します。

朝廷と幕府の期待を一身に負った高仁《すけひと》親王は、翌寛永五年六月、わずか三歳で夭折《ようせつ》しました。この年の九月に和子との間に生まれた皇子（光融院宮《こうゆういんのみや》）も、生後八日で亡くなってしまいます。

寛永六（一六二九）年六月、後水尾天皇は側近に譲位の内意を伝えました。

そうした折も折、将軍家光は、乳母お福《ふく》の参内を希望します。本来、参内資格のない無位無官です。単に家光のゴリ押しを、武家伝奏の三条西実条《さんじようにしさねえだ》の妹分にして参内させました。

家光は父の秀忠に嫌われており、家督相続も危うかったのが、お福が家康に直訴して事なきを得たという恩義がありました。お福は家光にとって実の母以上に愛する存在でした。家光は変わった性格でしたが、よりによって天皇と大御所が一触即発の危機に、無位無官の乳母の参内拝謁《はいえつ》を求めるという奇怪な行動に出ました。

しかし、それが長い目で見れば幸いするのですから、皇室の懐は奥深いのです。

家光の申し出に朝廷は憤然とします。が、おそらく天皇や優秀な側近たちは笑いをかみ殺していたでしょう。徳川の隙を見つけた、と。

天皇と廷臣は、お福に春日局《かすがのつぼね》の号を与えます。春日局とは、かの足利義満の愛妾《あいしよう》と同じ扱いです。この女性は、本名も伝わっていません。義満は春日局との間に生まれた義嗣《よしつぐ》を、現職将軍の義持《よしもち》よりもはるかに依怙贔屓し、天皇に据えようとしたともいわれます。その春日局の名を与えるなど、完全に嫌味です。

ただ、家光はお福の晴れ舞台だと、無邪気に舞い上がります。朝廷は押し切られた格好です。格好だけですが。

寛永六（一六二九）年十一月、後水尾天皇は興子内親王に譲位しました。廷臣たちにとっても突然の譲位です。当日の早朝、正装での参内を求められ、突然知らされたのです。

譲位の知らせを受けた秀忠と京都所司代の板倉重宗は激怒します。譲位の計画に関わっていた武家伝奏中院通村《なかのいんみちむら》を罷免しますが、譲位自体を覆すことはできません。ただちに次の天皇が践祚しているため、覆せば謀反です。役を追われた中院通村は、この事件の余波なのか、六年後江戸へ召喚され、半年あまり幽閉されるという憂き目に遭いました。

興子内親王が践祚し、明正天皇となります。称徳天皇以来、およそ八百六十年ぶりの女帝誕生ですが、まだ六歳の女児です。後水尾天皇は、皇室の伝統法に則《のっと》って「徳川家を外戚にしない」と宣言したのです。

外戚戦略は、皇族以外の一般人が自分の娘を天皇に嫁がせ、生まれた皇子が皇位を継ぐことにより、天皇の外祖父として権力を握ることです。弓削道鏡を教訓に、一般人男性が皇族となる道が否定され、直接権力を握ることができないからです。

同時に、先例により女帝は生涯独身ですから、子供を儲けないことが前提です。仮に子供が生まれても、天皇との間の子でない限り、継承資格はありません。

権力を笠に着る秀忠に対して、後水尾天皇はきっぱりと「徳川家の血を皇統に受け入れない」と突き付けたのです。

後水尾天皇がこれだけの意思表示を貫徹できたのは、有能な側近の存在によります。後陽成天皇の頃から、権力になびいてきた公家は信用できません。後陽成天皇は朝廷で孤立しましたし、もっと前の後円融天皇も親族すべてが信用できずに疑心暗鬼《ぎしんあんき》でした。

和子入内の延期騒動や紫衣事件で後水尾天皇を支えたのは、近衛信尋《のぶひろ》です。後水尾天皇の同母弟で、五摂家の近衛信尹の養子となり近衛家を継いでいました。後水尾天皇と近衛信尋の作戦勝ちです。

上皇の存在によって皇室が守られる

寛永七（一六三〇）年九月一二日、明正天皇の即位式が挙行されました。政務は後水尾上皇が院政を布きます。以後、五十一年間にわたり、皇室の家長である治天の君として重きをなします。

禁中並公家中諸法度は、第一条で天皇を法の下に置くことで天皇の権限を制限していますが、もともと権限を持っていない上皇は適用外です。無いものは規制できないからです。

たとえば、治天の君の影響力が天皇に何かを決断させたとしても、決断が法度に抵触するかどうかが問われるのは天皇です。影響力を持った上皇を権限で言うことを聞かせることはできません。「聞かない」と答えれば、それまでです。

仮に「パワー・オブ・コマンド」に基づいても、七歳の孫娘（明正天皇）を擁する朝廷を通じてです。その朝廷は、治天の君である後水尾上皇の「パワー・オブ・インフルエンス」の下にありますから、どうしようもありません。

後水尾上皇は、譲位の後にも皇子女を多く儲けました。熊倉功夫《くまくらいさお》氏の『後水尾天皇』（中公文庫、二〇一〇年）に詳しいですが、「紫衣事件」による譲位を境に、中宮以外からも多くの皇子女が生まれています。当時は、和子以外の女性から生まれた子は、みんな徳川幕府に暗殺されているのではないかという噂さえ立ちました。

明正天皇を含め、後水尾上皇の時代に在位した四代の天皇は、みんな後水尾上皇の子供たちです。後水尾上皇は、治天の君として「パワー・オブ・インフルエンス」を保ちました。多くの子供を作ること自体が、徳川幕府との戦いなのです。

寛永九（一六三二）年一月二十四日、徳川秀忠が死去しました。後水尾上皇の勝利確定です。七月には、流罪となっていた沢庵和尚らも赦免されました。

大御所の死去で正式に家光の代となり、朝廷と幕府は和解します。家光は、お福に参内拝謁を許してくれた後水尾上皇に感謝していたのです。

寛永十一（一六三四）年七月には、将軍家光が上洛し、参内します。随行者三十万七千人という大規模な上洛で、京都市中に大盤振《おおばんぶ》るまいをし、後水尾上皇にも院御料七千石を献上しました（注6）。朝廷の御料が禁裏一万石、仙洞御所一万石に確定するのが、この時です。

江戸時代を通じて、将軍の上洛は、この後二百三十年間にわたり絶えることとなります。復活するのは、幕末の第十四代将軍家茂《いえもち》の時です。

京都は寛永文化の時代となります。

後水尾上皇は在位中、禁中並公家中諸法度が発布される前から公家たちに遊興を控え、素行を改め学問に励むように教育を始めていました。御所で勉強会を開き、書、歌、読書、管弦と多岐にわたって勉強の機会を設けます。この頃に熱心に参加した人たちが上皇時代も近臣として残り、院政を支えます。勉学をともにした仲間が後水尾帝を支えたので、徳川と戦えたのです。

学問の奨励は後水尾上皇の後見のもと、後光明《ごこうみょう》天皇、後西《ごさい》天皇、霊元《れいげん》天皇へ受け継がれていきます。後光明天皇は儒学、後西天皇は和歌や書、古典、茶・華・香に練達しました。

後水尾上皇による『当時年中行事』は、後世のために当時の宮中年中行事を書き残した故《こ》実《じつ》書で、後光明天皇と後西天皇に受け継がれます。霊元天皇は有職故実に明るく、平安時代以来の貴族の日記の記述を整理し『公事部類《くじぶるい》』としてまとめました。和歌ではおよそ六千首、三十種以上の撰著を残しています。

また、寛永文化は多くの芸術家を生み出しました。書や陶芸、刀剣で有名な本阿弥光悦《ほんあみこうえつ》はこの時代に活躍した人です。茶人の金森宗和《かなもりそうわ》や画家の俵屋宗達《たわらやそうたつ》などが出たほか、儒者の林羅山や藤原惺窩《ふじわらせいか》、豪商の角倉素庵《すみのくらそあん》が漢学や古典の書籍出版を担います。京都では文化芸能が興隆する一方で、林羅山を通じて江戸では幕府の学問として朱子学が取り入れられていくのがこの時期です。

前掲『後水尾天皇』では、京都所司代板倉重宗を中心とした茶人のサロンと、後水尾上皇を中心とした立花《りつか》（生け花）の宮廷サロンの様子が詳しく紹介されています。立花は譲位の前後に御所で大流行となりましたが、中心が仙洞御所に移るにつれ、より自由度を獲得していきます。

両方のサロンとともに位階にとらわれず、茶や立花を通じて上下の別なく人の交流があることが特徴です。後水尾上皇が催す立花の会は、上皇も含めて作品を競い合い、その中で様式を確立したのが池坊専好です。自由で闊達な気風の中、京都の一般の町衆へ文化が広がりました。

寛永二十（一六四三）年、明正天皇は譲位します。後水尾上皇の第四皇子、十一歳の素鵞宮《すがのみや》が践祚して後光明天皇となりました。

明正上皇は、譲位当時数え年で二十一歳です。以後五十四年間を上皇として仙洞御所で過ごしました。幕府はお世話役の名目で幕府の役人を送り込んで来ます。仙洞御所に院伝奏《いんのてんそう》を置くようになります。よく言えば手伝い、悪くいえば監視です。

訳も分からず天皇になり、少しは世間がわかる年になって譲位を強制されました。生涯独身、女の幸せもあきらめる運命でした。しかし、明正上皇が個人の幸せを捨てたことで、朝廷は徳川の干渉を排除できたのです。

継いだ後光明天皇は、幼い頃から英明だったといわれますが、一方で後水尾上皇から女性関係や振るまいについて遺誡《ゆいかい》を送られています。酒豪だったともいわれ、上皇はとくに街中でもどこでも、幕府の目に気を付けるようにと注意しました（注7）。

後水尾上皇も、後光明天皇在位中から洛北への御幸が増えます。後に修学院離宮となる山荘の用地選定はこの頃から始まっているといわれます。

同時に、洛北への御幸は第一皇女の文智《ぶんち》女王を訪ねる目的もありました。和子入内が揉めていた頃に生まれ、鷹司家に嫁いで離縁した御与津御寮人の子の文智女王は、出家し、洛北の円照寺《えんしょうじ》を庵室としていました。第一皇女に生まれながら、不遇の人生を送った方です。後水尾上皇は生涯忘れず、度々訪れています。

この頃には、長く後水尾上皇を支えてきた近衛信尋が薨去し、次いで徳川家でも代替わりが発生します。慶安四（一六五一）年、家光が死去し、家綱《いえつな》が第四代将軍に就きました。するとーカ月も経たないうちに、後水尾上皇は落飾します。譲位と同じように抜き打ちです。家光の生前は反対されていたとか、このところの頻繁な御幸を妨げられた不満だとか、色々な背景はあるようです。

上皇の落飾に対して、京都所司代とその周辺にできるのは、「わがままだ」と批判することぐらいでした（注8）。もはや圧倒的な存在感の治天の君に、徳川も干渉をあきらめていました。

後光明天皇は、二十歳になると後水尾法皇から政務委譲を受けますが、承応《じょうおう》三（一六五四）年九月、二十二歳の時に思いがけなく崩御します。後継の皇子がありません。後水尾法皇の第十九皇子、高貴宮《あてのみや》（後の霊元天皇）を後光明天皇の養子として継承させる予定はありました

上皇が愛した庭園

後水尾上皇によって造営された修学院離宮。後方に見える千歳橋は、光格上皇の時代に新たに建てられたもの。光格上皇もまた、たびたび訪れた

が、この年の五月に生まれたばかりです。

そこで、高松宮家を継いでいた良仁親王《ながひと》が中継ぎとして継承します。後西天皇です。

後西天皇の継承が決まるまでには、関白、武家伝奏、京都所司代の協議があり、江戸へ承認を取るという期間がありました。その間、後光明天皇の喪は秘されます。後一条天皇以降何回か存在した、「死後退位」の一例です。

後西天皇は、即位当時から「天皇に相応しくないと思えば、いつでも和子の判断で高貴宮への譲位を取り計らうよう」言われていました。実際には非常に実直で、現代の京都御所に残る「東山御文庫《ひがしやまごぶんこ》」の基礎を作りました。寛文元《かんぶん》（一六六一）年の火災で、御所・仙洞御所とともに蔵書が焼失する中、後西天皇が謄写・整理させた副本が残り、記録が無事に後世へ伝わります。現代の私たちにとっても、歴史を知るための貴重な史料です。

後西天皇の追号は、淳和天皇の別称、西院に因《ちな》んだものだといわれています。

後西天皇の後継に予め定められていた高貴宮は、寛文二年（一六六二）十二月に元服し、翌寛文三年正月二十六日、後西天皇の譲位により践祚しました。霊元天皇です。後西天皇は、二十二年間を上皇として過ごしました。治天の君の後水尾法皇、明正上皇、後西上皇と、三上皇が並びます。

後西天皇の譲位は、予定よりも四〜五年早いものでしたが、中継ぎとして幕府も承認済みの在位だったこともあり、霊元天皇は滞りなく即位します。十一歳です。

まだ若い霊元天皇は、周囲にも若い近習《きんじゆう》の公家が集まっています。その養育と補佐・監督のため、年寄衆を近侍させました。後水尾法皇は六十七歳です。数年かけて政務を委譲し、寛文十一（一六七一）年頃には、ほぼ引継ぎを終えます。この間、若い天皇と近習の公家たちが宴で泥酔する不行跡《ふぎようせき》も重なるなど、朝廷内でも軋轢《あつれき》がありました。

その解決のため、後水尾法皇が晩年に残したのが議奏《ぎそう》です。年寄衆に別途役料を付けて役職化し、天皇の補佐機能を強化します。近習衆には法度を出し、天皇の近侍として適切な行動の指標としました。幕末まで続く武家伝奏と議奏の両役は、この時に成立します。

延宝六（一六七八）年六月には、東福門院（徳川）和子が七十二歳で薨去します。入内から五十八年、寛永文化の盛時には後水尾天皇とともに文化事業に努め、京都に骨を埋めます。最期は文智女王が看取りました。

続いて二年後の延宝八（一六八〇）年八月、後水尾法皇が八十五歳で崩御します。この頃には徳川幕府も安定し、武断政治は遠い昔、文治政治が定着していました。

もし、後水尾帝が舵《かじ》取りを間違えていたら、皇室は徳川家に潰されていた可能性だってありました。日本以外の国では普通のことです。

しかし、戦国から江戸にかけての激動期、偉大な上皇の存在により朝廷は安定していくこととなります。

徳治《とくち》と尊王論《そんのうろん》

後水尾法皇の崩御とともに、霊元天皇は親政に乗り出します。しかし、幕府との協調関係が再び緊張します。

霊元天皇の朝廷運営は、近臣との軋轢も生みます。武家伝奏中院通茂《みちしげ》や関白近衛基熙《もとひろ》と衝突すると、処罰や人事で報復します。周囲の根回しなく立太子の儀式を復興させ、第四皇子の朝仁《あさひと》親王（後の東山天皇）を皇太子に冊立しました。さらに大嘗祭の再興をすべく幕府との交渉を命じます。

幕府との予算折衝の中で、立太子の儀式はおよそ三百年ぶり、大嘗祭はおよそ二百年ぶりの再興となりますが、完全な再興は光格天皇の時代を待つこととなります。

霊元天皇は、貞享《じようきよう》四（一六八七）年三月には譲位し、十三歳の朝仁親王が東山天皇となるのですが、院政を布こうとする霊元上皇の強引なやり方に廷臣がついて来ません。

霊元上皇は、朝廷と仙洞御所の要職に対して、上皇である自分への忠誠を誓わせます。院伝奏、院評定、東山天皇の補佐となる関白や議奏、武家伝奏にまで誓詞血判《せいしけつぱん》を要求し、彼らを怒り呆れさせました。

東山天皇が即位した後、霊元上皇には再三にわたって政務の移譲が要請され、関白を通じて引退勧告までなされ、朝廷は霊元上皇を抑え込むのに必死の様相となりました。「天皇と上皇、どちらが治天の君か」という争いは、東山天皇が二十歳となったのを機に政務が完全に移行されるまで続きます。

東山天皇が政務を引き継ぐと、関白近衛基熙の補佐により霊元上皇在位時代の朝政運用が修正され、幕府との協調のもとで安定した関係を維持しました。宝永《ほうえい》六（一七〇九）年六月、九歳の中御門《なかみかど》天皇に後を譲ると、半年後に病気のため崩御してしまいます。

治天の君として霊元上皇が院政を行ないますが、この頃には幕府側の事情もあり、幕府との協調関係が強化されました。第七代将軍家継《いえつぐ》に霊元上皇の皇女が降嫁する話もあったぐらいです。四歳で徳川宗家を継いだ家継は、わずか八歳で死去してしまい、この降嫁は実現しませんでしたが、朝廷と幕府の良好な関係は中御門天皇以降も引き継がれます。第一章で述べた新井白石による閑院宮家創設は、ちょうど中御門天皇の御世に行なわれました。

新井白石は朱子学者です。徳川将軍家による統治の根拠を徳に求め、「天皇・朝廷と幕府は盛衰を共にする運命共同体だ」というのが基本的な考え方です。

徳川幕府の御用学問は儒学だといわれるのですが、朱子学のことです。朱子学は、十二世紀の中国、南宋時代の思想家の朱熹《しゅき》によって体系化された儒学の学説です。孔子などの古い時代の儒学に対して、「新儒学」とも呼ばれます。

朱子学は、徳川家康の頃から歴代将軍に進講されていましたが、幕府の学問として定着するのは、第五代将軍綱吉の時です。定着の背景には、綱吉の学問好きがあります。朱子学に基づく徳治《とくち》が奨励され、幕臣を集めて自ら講義も行ないました。

一方、官制学問の朱子学を批判する立場の儒学者も、江戸初期に登場します。山鹿素行《やまがそこう》や伊藤仁斎《いとうじんさい》、荻生徂徠《おぎゅうそらい》といった学者です。三人とも各様の学派を形成しますが、孔子などの古典の原文を研究し、解釈をするという点では共通します。荻生徂徠は、幕府の任官では不遇でしたが、著作が大いに売れています。

この考え方を日本の古典に適用した研究が「国学《こくがく》」でした。少し後の時代に出た賀茂真淵《かものまぶち》や本居宣長《もとおりのりなが》は、荻生徂徠の影響を受けた人々です。

後西天皇の在位時代から、水戸藩では徳川光圀《みつくに》の下で『大日本史《だいにほんし》』の編纂が始まり、全国各地から集められた学者が「水戸学《みとがく》」を形成します。元禄の頃に霊元天皇の皇子に仕えた荷田春満《かだのあずままろ》は、第八代将軍吉宗の時には幕府の御用を務めるなど、江戸でも朱子学に限らない研究・学識が重んじられました。

さらに、「尊王論《そんのうろん》」といえば幕末が有名ですが、江戸時代の初期から中期にかけては、武士たちが「戦がなくなった時代の武士の仕事は何だろう？」「その根拠は何だろう？」と真面目に考えてしまったことにより、この手の思想が盛り上がります。現代人が想像する武士道ができていくのも、ここからです。

武士の仕事は、行政権力の行使ですから、「では、自分たちが治めている日本とは何だろう？」という疑問となり、「なぜ、自分たちは治めることができるのだろう？」と考えます。この背景にあるのは、徳治の考え方です。結果として天皇の存在が注目されていったのが、この頃の尊王論の特徴です。

ヨーロッパのように「自分たちは特権階級だから、気楽に過ごせればそれでいいのだ」で止まらないのが、日本人の生真面目さです。

山鹿素行などは、朱子学を批判して幕府の勘気《かんき》を被《こうむ》りますが、その著書『中朝事実《ちゅうちょうじじつ》』では歴代の武家政権と徳川政権が統治の権力を持ちながら、「君臣の別」を守り続けていることを称揚しています。君臣の別が守られて皇統が続いたとして、中国とはチャイナのことではなく「なかつくに」のこと、つまり日本ではないかというのです。

こういった学問背景があり、朝廷と幕府の良好な関係もあって、新井白石が提言した閑院宮家創設は、何の問題もなく行なわれました。宮家創設は予算措置《そち》も必要なのですが、綱吉時代から幕府財政の逼迫《ひっぱく》がありつつも、皇統の重要性が認識されていたからです。

そして、新井白石の創設した閑院宮家は、本当に皇統を危機から救うことになりました。第一章でも話しましたが、71ページに挙げた系図を見ると、中御門天皇の後、後桃園《ごももぞの》天皇で直系が絶えています。この系統の天皇は、後桜町天皇を除いてみんな若くして崩御しているのです。

中御門天皇の後を受けた桜町《さくらまち》天皇は、皇太子の桃園天皇に譲位した後、三十一歳で崩御しています。五歳で即位した桃園《ももぞの》天皇は、二十二歳で崩御しました。桃園天皇は、皇子を一人遺しましたが、まだ五歳です。女帝の後桜町天皇を経由して無事に皇位は受け継がれますが、その後桃園天皇も二十二歳で崩御し、第一子の皇女しか残すことができなかったのです。

ちなみに同時期のヨーロッパでも、随一の名門のハプスブルク家が皇統の危機に陥っています。

当時はヨーロッパも男系継承が常識です。ハプスブルク家は、マリア・テレジアの即位と以後の女系継承を周辺国に認めてもらうため、外交で多大な譲歩をし、さらにオーストリア継承戦争が起こりました。マリア・テレジアは七年戦争を戦い抜き、二回の大戦争を経て、ようやく自分の子供たちを後継とすることを認めてもらいました。

日本と比べて遥かに歴史の浅いヨーロッパでも女系継承への変更というのは、国を傾ける大問題です。しかも、マリア・テレジアの皇位継承で王朝交代が起こったと見なされ、それまでと区別してハプスブルク＝ロートリンゲン朝と称されます。ロートリンゲンとは夫の実家の姓です。

話を戻すと、新井白石は十三条だった武家諸法度を十七条に改訂しました。和漢両用だった文体も、和文に統一しています。

古来、日本の統治の基本法典は十七条です。聖徳太子の「十七条憲法」から始まり、鎌倉幕府の「御成敗式目」、室町時幕府の「建武式目《けんむしきもく》」、明治時代の「帝国憲法」第一章、すべて十七条です。ちなみに、「禁中並公家中諸法度」も十七条です。

徳川家康と秀忠は、武家諸法度を十七条にしていません。伝統からの脱却です。

一方で新井白石が行なった改正は、日本国の伝統法の中に徳川政権を入れるという、尊王論の立場なのです。

女性上皇がつなぐ皇統

後桜町天皇は、元文《げんぶん》五（一七四〇）年八月三日、桜町天皇の皇女として生まれました。智子《とし こ》内親王です。

桜町天皇の後を受けて先に践祚した桃園天皇は、異母弟にあたります。

桃園天皇は、十七歳の頃に近習たちが山崎闇斎の垂加《すいか》神道に傾倒し、竹内式部《たけのうちしきぶ》が天皇に進講するようになってから熱心に聞いていて、朝廷内の政争も絡《から》んだ騒動になっていますが、もとは後光明天皇以来の漢学に造詣《ぞうけい》の深い天皇だったといいます。

智子内親王も、十二歳で成年の儀を行なって以降、『論語《ろんご》』や『中庸《ちゅうよう》』、『孟子《もうし》』、『伊勢物語』など、勉強に励んでいます。とくに和歌は、書と歌道に優れた有栖川宮職仁親王《ありすがわのみやよりひと》が師範を務め、後々まで長く交流がありました。職仁親王は霊元天皇の第十七皇子で、和歌では門人を三百人抱えたといわれています。

内親王時代から、十歳の時に崩御した父、桜町天皇の法要を主宰し、内々の儀式を執行するなど、早くから皇室の中でも重要な役割を果たしていたようです。

後桜町天皇は、宝暦《ほうれき》九（一七五九）年に一品宣下を受け、御殿が新築されました。財政的なこともあり、内親王が早々に寺に入り、門跡となることが慣習となっていた当時は、珍しいことだったといいます（注9）。

宝暦一二（一七六二）年七月、桃園天皇が崩御した時、皇太子の英仁《ひでひと》親王（後の後桃園天皇）が幼いため、中継ぎとして践祚し、後桜町天皇となります。二十二歳です。女帝は異例のことだと問題になり、江戸幕府の承認も得るため、桃園天皇の崩御は八日間にわたって喪が秘されました。

在位時代は、桃園天皇の関白だった近衛内前《うちさき》を摂政としますが、国文学者の所京子《ところきょうこ》氏によれば、即位礼や大嘗祭という大きな儀式の準備でも自分の意見をはっきり言い、任せきりにはしなかったとか。

なお論文「後櫻町天皇（女帝・上皇）の御生涯と御事績」は、所京子氏が今上陛下、皇后陛下へ御進講した時の草稿に加筆したものだといいます。

その中で、正月の年中行事の白馬節会《あおうまのせちえ》では、馬寮《めりよう》の詰所までこっそり馬を見に行ったり（本来は紫宸殿に出御した天皇に、馬寮が馬を引いて披露する）、代始《だいはじめ》改元では、元号案の審議を行なう陣定《じんのさだめ》（とくに御前会議ではない大臣会議）をこっそり覗きに行ったりと、闊達な様子が紹介されています。

改元の会議を覗いた時の日記には、「するするとすみ、幾久《いくひさ》しくとめでたしゝ」と喜んでいる様子が残されていて、おおらかで明るい性格が窺えます（注10）。

甥の英仁親王の養育にも尽力し、明和《めいわ》七（一七七〇）年、十二歳となった親王へ譲位します。後桃園天皇です。この時、後桜町上皇は三十歳。

後桃園天皇も体が弱く、父と同じ二十二歳で崩御しました。残された子供は、生後十カ月の皇女、欣子《よしこ》内親王だけでした。

後桜町上皇は、即座に国家安全の祈禱を命じ、次いで閑院宮家からの継嗣《けいし》冊立を主導します（注11）。この頃の貴族の日記は、日付が前後していたり、経緯の記録に差があったりと、混乱も窺えます。しかも、閑院宮家に生まれた子供たちの中で、出家がまだで継嗣となり得たのは、閑院宮典仁《すけひと》親王の庶子《しょし》、兼仁《ともひと》親王（後の光格天皇）だけでした。

閑院宮典仁親王には、中御門天皇の皇女の成子《ふさこ》内親王が嫁いでいました。嫁ぐ時に内親王が侍女として連れて行ったのが岩室磐代《いわむろいわしろ》です。桜町天皇崩御の時に出入りしていた町医者の娘ですが、学問の才があり、成子内親王に個人的に気に入られて仕えるようになったといいます（注12）。この岩室磐代が、兼仁親王の生母です。

兼仁親王は東山天皇の三世孫ですが、五摂家にはもっと天皇に血筋の近く、母親の身分の高い公卿も大勢います。それでも、後桜町上皇は先例を乱すことはせず、紛糾させずに後桃園天皇の後継を治定《じじょう》しました。

こうして、光格天皇が誕生します。

上皇が熱心に養育に当たったのは、第一章で述べたとおりです。

また、後桃園天皇の遺した皇女欣子内親王を入内させ、女系でも血統を補完しています。女系での血統の補完は、明治天皇が伏見宮家へ皇女を嫁がせたことの先例です。

断絶の危機に際し、先例に則って皇統を保守し、その後も擁立した天皇の養育にあたることで生涯にわたって責任を果たした後桜町上皇の御事績は、皇統保守のあり方を現代に伝えています。男系継承が前提であるのは当然ですが、皇族女性が歴史を通じて担ってきた役割もまた、とても大きいのです。

後桜町上皇は、在位時代から崩御するまでの間、先代から引き継いだ和歌の伝授をとても大切にしていました。御事績を見ると、後桜町上皇が行なったのは、ご先祖様から引き継がれてきたものを自分の代で大切に預かり、確実に後代へ伝えることです。

そうやって、以後、七十四歳まで上皇の地位にあり、生涯独身のまま崩御しました。それが先例に則った女帝の在り方だからです。

皇室の帝王学とは、継承のことだともいわれます。近世の皇統の危機は、男性皇族と女性皇族が一緒に乗り越えています。皇族は、男子にも女子にも帝王学の教育が必要だということを改めて痛感させられるのです。

おわりに

一昨年八月の今上天皇陛下の「玉音放送」をきっかけに、御譲位が実現する運びとなりました。光格上皇以来二百年ぶりの出来事です。私たち国民は生きているうちに「上皇」の存在を目にすることとなります。

本書は「上皇」という切り口で、日本の歴史を通観しました。おそらく知らないことだらけだったのではないでしょうか。

日本の歴史教育では、院政の授業で上皇のことを習います。なかには、上皇とは「天皇を辞めて院政を行なう人」のことだと思っている人もいます。そういう思い違いをしている人が、天皇陛下の譲位を考える政府の公式の会議で〝有識者〟として呼ばれていたのには仰天しましたが。

少し勉強すれば分かりますが、天皇を辞めて上皇になれば、誰でも院政を布《し》けるわけではありません。簡単な話ですが、上皇が二人以上いる場合はどうするのでしょうか。治天の君と呼ばれる皇室の家長が院政を行なうわけです。

また、絶対的な権力を振るった白河法皇や鳥羽法皇は、上皇の中でも例外中の例外です。

院政といえば、「白河・鳥羽・後白河」と習いますが、後白河法皇が絶対的権力を握った瞬間は生涯一度もありません。

本書を読み終えた方は、後白河法皇の人生が苦闘の連続だったことに気づかれるでしょう。常に政敵に脅かされ、何度も命の危険にさらされる。生き抜くために冷酷非情な権謀《けんぼう》術数《じゅっすう》の限りを尽くしました。そして晩年には、その存在でもって皇統を保守する大政治家に成長しました。

保元の乱から南北朝の動乱まで、治天の君の座を巡って無数の争いが繰り広げられました。

南北朝の動乱では、三種の神器だけしかない南朝に対し、それ以外はすべてを持っている北朝のほうが正統だと見なされました。とくに、譲位を行なえることが、ひとつの重要な正統性の証でした。

応仁の乱から豊臣秀吉による天下統一までは、譲位が行なえていません。皇室には挫折感が漂います。その百年の間にも浮き沈みを終わらせたのは、正親町上皇です。足利・細川・大内・三好・織田・豊臣と歴代権力者と渡り合った上皇は、あえて治天の君にならず、静かな余生を過ごされました。

江戸時代、史上初めて天皇が自らの意思ではなく、権力者の定めた法に縛られる時代が来ました。徳川秀忠の陰湿極まりない干渉に対し、後水尾天皇は、譲位という手段で抵抗しました。「上皇になれば、幕府の法に従わなくてもよい」との論理です。

そして、現時点で最後の女帝である後桜町上皇や、皇室の復活に力を尽くした光格上皇のような賢君を得て、近代を迎えます。

聖武上皇から光格上皇まで、譲位が常例となりました。近代においては、「一世一元の制」が決められ、「憲法」と「皇室典範」が定められ、皇室の在り方も変わってきています。

二百年ぶりの譲位に際し、上皇を通じて私たちの歴史を振り返り、未来に向けて自分たちの国をどうしていくかを考える一助になればと思います。

本書は、祥伝社の堀裕城さんの熱烈な意欲で誕生した、二年がかりの大作です。堀さんは古代史を中心に広く深い知識があり、本書制作で非常に助けられました。

また、倉山工房の細野千春さんと徳岡知和子さんにも助けていただいた。

こと皇室のことだけに調査と記述には心なしか慎重になりましたが、特に細野さんの学術的な仕事には大いに助けられました。
仲間たちに感謝して、筆をおきます。

天皇弥栄《すめらぎいやさか》

上皇一覧

代数	贈り名	天皇即位年	天皇退位年	上皇即位年または追贈年	特記事項
三十五	皇極	六四二	六四五	不明	皇祖母尊の称号
四十一	持統	六九〇	六九七	六九七	孫の文武天皇に譲位
四十三	元明	七〇七	七〇七	七一五	「不改常典」による中継ぎの女帝。娘の元正天皇に譲位
四十四	元正	七一五	七一五	七二四	「女帝は生涯独身」の先例。甥の聖武天皇に譲位
四十五	聖武	七二四	七四九	七四九	民間人立后の初例。娘の孝謙天皇に譲位
四十六	孝謙	七四九	七五八	七五八	女性立太子の初例。淳仁天皇を廃して重祚
四十九	光仁	七七〇	七八一	七八一	天智天皇の孫。病気により、息子の桓武天皇に譲位
五十一	平城	八〇六	八〇九	八〇九	弟の嵯峨天皇に譲位するも、「二所朝廷」で朝政干渉
五十二	嵯峨	八〇九	八二三	八二三	弟の淳和天皇に譲位後は、文化的な権威として影響力大
五十三	淳和	八二三	八三三	八三三	甥の仁明天皇に譲位後は、嵯峨・淳和の二上皇
五十六	清和	八五八	八七六	八七六	息子の陽成天皇に譲位後、落飾

五十七	陽成	八七六	八八四	八八四	藤原基経により、光孝天皇へ譲位させられる
五十九	宇多	八八七	八九七	八九七	皇籍復帰して践祚。八九九年に落飾、法皇の初例となる
六十一	朱雀	九三〇	九四六	九四六	弟の村上天皇に譲位
六十三	冷泉	九六七	九六九	九六九	弟の円融天皇に譲位後、四十年以上隠居
六十四	円融	九六九	九八四	九八四	甥の花山天皇に譲位
六十五	花山	九八四	九八六	九八七	出家を唆され、いとこの一条天皇に譲位
六十六	一条	九八六	一〇一一	一〇一一	病気により、いとこの三条天皇に譲位し、九日後崩御
六十七	三条	一〇一一	一〇一六	一〇一六	後朱雀天皇に譲位。一〇一七年落飾するも、翌月崩御
六十九	後朱雀	一〇三六	一〇四五	一〇四五	息子の後冷泉天皇に譲位。二日後に落飾するも、同日崩御
七十一	後三条	一〇六八	一〇七二	一〇七三	息子の白河天皇に譲位。四カ月後に落飾するも、翌月崩御
七十二	白河	一〇七二	一〇八六	一〇八七	息子の堀河天皇に譲位。以後四十三年間、院政を振るう
七十四	鳥羽	一一〇七	一一二三	一一二三	「叔父子」の崇徳天皇に譲位。白河上皇の死後、院政
七十五	崇徳	一一二三	一一四一	一一四一	弟の近衛天皇に譲位させられ、保元の乱を起こす
七十七	後白河	一一五五	一一五八	一一五八	息子の二条天皇に譲位後、五代三十四年間にわたる院政
七十八	二条	一一五八	一一六五	一一六五	息子の六条天皇に譲位。同年崩御

上皇一覧

七十九	六条	一一六五	一一六八	一一六八	二歳で践祚するも、五歳で叔父の高倉天皇に譲位
八十	高倉	一一六八	一一八十	一一八十	息子の安徳天皇に譲位し、翌年崩御
八十二	後鳥羽	一一八三	一一九八	一一九八	息子の土御門天皇に譲位するも、「主上御謀叛」で隠岐に配流
八十三	土御門	一一九八	一二一〇	一二一〇	弟の順徳天皇に譲位。この帝の子孫が皇統を継ぐ
八十四	順徳	一二一〇	一二二一	一二二一	承久の乱により、佐渡に配流
	後高倉	天皇即位なし		一二二一	息子の後堀河天皇が即位して上皇に。「不登極帝」の初例
八十六	後堀河	一二二一	一二三二	一二三二	息子の四条天皇に譲位。二年後に崩御
八十八	後嵯峨	一二四二	一二四六	一二四六	息子の後深草天皇に譲位。二代二十六年間にわたる院政
八十九	後深草	一二四六	一二五九	一二六〇	弟の亀山天皇に譲位。兄弟確執が両統迭立の原因となる
九十	亀山	一二五九	一二七四	一二七四	後深草の統に戻さず、息子の後宇多天皇に譲位
九十一	後宇多	一二七四	一二八七	一二八七	幕府の意向により、後深草上皇の息子の伏見天皇に譲位
九十二	伏見	一二八七	一二九八	一二九八	息子の後伏見天皇に譲位。皇太子は大覚寺統の皇子に
九十三	後伏見	一二九八	一三〇一	一三〇一	大覚寺統の後二条天皇に譲位。花園天皇の御世に院政
九十五	花園	一三〇八	一三一八	一三一八	一三一七年に文保の御和談で両統迭立が正式に決まる
九十六	後醍醐	一三一八	――	一三三六	復辟の後、北朝の光明天皇に譲位。一三三九年に南朝を興す

北一	光厳	一三三一	一三三三	一三三四	後醍醐帝の復辟によって廃位される
北二	光明	一三三六	一三四八	一三四八	甥の崇光天皇に譲位
北三	崇光	一三四八	一三五一	一三五一	観応の擾乱で廃位。翌年、光厳・光明両上皇とともに拉致
北四	後光厳	一三五二	一三七一	一三七一	三上皇拉致の状況下、上皇の元女御の命による践祚
北五	後円融	一三七一	一三八二	一三八二	息子の後小松天皇に譲位。足利義満の介入によって実権なし
九十八	長慶	一三六八	一三八三	一三八三	南朝第三代天皇。弟の後亀山天皇に譲位
九十九	後亀山	一三八二	一三九二	一三九二	南北朝合一に応じ、後小松天皇に譲位
百	後小松	一三八二	一四一二	一四一二	息子の称光天皇に譲位
	後崇光	天皇即位なし		一四四八	息子の後花園天皇が即位して上皇に。不登極帝の二例目
百二	後花園	一四二八	一四六四	一四六四	息子の後土御門天皇に譲位。応仁の戦乱のなか崩御
百六	正親町	一五五七	一五八六	一五八六	四十一歳で践祚。孫の後陽成天皇に譲位
	陽光	天皇即位なし		不明	息子の後陽成天皇が即位して上皇に。不登極帝の三例目
百七	後陽成	一五八六	一六一一	一六一一	息子の後水尾天皇に譲位
百八	後水尾	一六一一	一六二九	一六二九	娘の明正天皇に譲位。四代五十一年間にわたる院政
百九	明正	一六二九	一六四三	一六四三	女帝。弟の後光明天皇が成人するまでの中継ぎ

百十一	後西	一六五四	一六六三	一六六三	弟の霊元天皇に譲位。この帝の子孫が皇統を継ぐ
百十二	霊元	一六六三	一六八七	一六八七	息子の東山天皇に譲位
百十三	東山	一六八七	一七〇九	一七〇九	息子の中御門天皇に譲位し、翌年崩御。閑院宮家を創設
百十四	中御門	一七〇九	一七三五	一七三五	息子の桜町天皇に譲位
百十五	桜町	一七三五	一七四七	一七四七	息子の桃園天皇に譲位
百十七	後桜町	一七六二	一七七〇	一七七一	女帝。甥の後桃園天皇が成人するまでの中継ぎ
百十九	光格	一七七九	一八一七	一八一七	閑院宮家より即位。この帝の子孫が皇統を継ぎ、現在に至る
	慶光	天皇即位なし		一八八四	光格天皇の父。明治天皇の御世になって上皇号追贈

参考文献

序章　新帝践祚を前に

注1　所功、久禮旦雄、吉野健一『元号 年号から読み解く日本史』文春新書、二〇一八年
注2　今谷明『室町の王権』中公新書、二〇一四年
注3　北原保雄『明鏡国語辞典』大修館書店
注4　木戸幸一『木戸幸一日記 下巻』東京大学出版会、一九八九年
注5　吉川真司『天皇の歴史2 聖武天皇と仏都平城京』講談社学術文庫、二〇一八年、二八四頁
注6　宮沢俊義著、芦部信喜補訂『全訂 日本国憲法』日本評論社、一九八一年、第五刷、七四頁

第一章「光格上皇の先例」とは何か

注1　「古事類苑　政治部」三〇三頁
注2　村和明『近世の朝廷制度と朝幕関係』東京大学出版会、二〇一三年
注3　村井淳志『勘定奉行 荻原重秀の生涯』集英社新書、二〇一六年
注4　松平定信『宇下人言』松平定光校訂、岩波文庫、一九四二年
注5　藤田覚『江戸時代の天皇』講談社、二〇一一年
注6　村和明「近世の武家伝奏の登場」、神田裕理編著『伝奏と呼ばれた人々』所収、ミネルヴァ書房、二〇一七年
注7　井ヶ田良治「天明七年の御所千度参り」、『同志社法学』四六巻三・四号、一九九四年
注8　同右
注9　佐藤雄介『近世の朝廷財政と江戸幕府』東京大学出版会、二〇一六年
注10　藤田覚『日本史リブレット 近世の三大改革』山川出版社、二〇一七年
注11　前掲『宇下人言』七八〜七九頁

注12　前掲『宇下人言』八二頁
注13　新井白石『折りたく柴の記』中公新書、二〇〇四年
注14　盛田帝子「光格天皇論 その文化的側面」、『大航海』四五号所収、二〇〇三年
注15　前掲『宇下人言』一四四頁
注16　徳富猪一郎『近世日本国民史 第二四巻』民友社、一九四〇年、三七五頁
注17　帝国学士院編纂『宸翰栄華』、紀元二千六百年奉祝會、一九四四年
注18　三田村鳶魚『徳川の家督争い』河出書房新社、一九八九年
注19　前掲『江戸時代の天皇』
注20　徳富猪一郎『近世日本国民史 第二五巻』民友社、一九四〇年、五一九頁
注21　前掲『近世日本国民史 第二五巻』四四～四五頁
注22　前掲『近世天皇論』一二六頁
注23　家近良樹『幕末の朝廷』中央公論新社、二〇〇七年
注24　虎屋文庫編著『和菓子を愛した人たち』山川出版社、二〇一七年
注25　前掲『江戸時代の天皇』二八三頁

第二章　古代の上皇と先例

注1　『日本書紀』巻二十六（斉明天皇）前文
注2　大津透『天皇の歴史1 神話から歴史へ』講談社学術文庫、二〇一八年、六一頁
注3　前掲『天皇の歴史1 神話から歴史へ』二六一頁
注4　吉川真司『天皇の歴史2 聖武天皇と仏都平城京』講談社学術文庫、二〇一八年
注5　仁藤敦史『古代王権と官僚制』臨川書店、二〇〇〇年
注6　前掲『天皇の歴史2 聖武天皇と仏都平城京』

注7　吉村武彦『女帝の古代日本』岩波新書、二〇一五年
注8　前掲『天皇の歴史2　聖武天皇と仏都平城京』
注9　前掲『女帝の古代日本』
注10　大本敬久『触穢の成立――日本古代における「穢」観念の変遷――』創風社出版、二〇一三年

第三章　名君の死と摂関政治

注1　「皇室祭祀令・登極令」国晃館、大正三年
注2　北山茂夫『日本の歴史4　平安京』中公文庫、二〇〇四年
注3　『六国史：国史大系』経済雑誌社、一九一六年、二五六頁
注4　前掲『日本の歴史4　平安京』一四七頁
注5　佐々木恵介『天皇の歴史3　天皇と摂政・関白』講談社学術文庫、二〇一八年
注6　『列聖全集　宸記集　上巻』列聖全集編纂会、一九一七年
注7　『列聖全集　詔勅集　中巻』列聖全集編纂会、一九一七年、二四四頁
注8　前掲『天皇の歴史3　天皇と摂政・関白』四三頁
注9　『列聖全集　詔勅集　中巻』列聖全集編纂会、一九一七年、二四五頁
注10　「古事類苑　帝王部」八二三頁
注11　繁田信一『殴り合う貴族たち』角川ソフィア文庫、二〇〇八年

第四章　院政――「治天の君」の権力と陰謀

注1　『平家物語』一四　願立
注2　前掲『歴代天皇事典』
注3　呉座勇一『陰謀の日本中世史』角川新書、二〇一八年

注4　前掲『日本の歴史7　鎌倉幕府』

第五章　武家政権と両統迭立

注1　河内祥輔、新田一郎『天皇の歴史4　天皇と中世の武家』講談社、二〇一八年
注2　前掲『歴代天皇事典』
注3　前掲『日本の歴史7　鎌倉幕府』
注4　細川重男『鎌倉幕府の滅亡』吉川弘文館、二〇一一年

第六章　上皇不在は、乱世の証

注1　倉山満『学校では教わらない歴史講義　中世編』PHP研究所、二〇一八年
注2　今谷明『室町の王権』中公新書、一九九〇年
注3　前掲『天皇の歴史4　天皇と中世の武家』
注4　藤井譲治『天皇の歴史5　天皇と天下人』講談社、二〇一一年
注5　今谷明『武家と天皇』岩波新書、二〇一八年

第七章　皇統を守るということ

注1　山口和夫『近世日本政治史と朝廷』吉川弘文館、二〇一七年
注2　前掲『近世日本政治史と朝廷』五二〜五三頁
注3　前掲『天皇の歴史5　天皇と天下人』、一二三頁
注4　三浦周行『法制史の研究』岩波書店、一九一九年
注5　藤田覚『江戸時代の天皇』講談社、二〇一一年
注6　前掲『江戸時代の天皇』七四頁

注7　熊倉功夫『後水尾天皇』中公文庫、二〇一〇年、一九二頁
注8　前掲『後水尾天皇』二三〇頁
注9　所京子「後櫻町天皇（女帝・上皇）の御生涯と御事績」『藝林』63巻第2号所収、二〇一四年
注10　所功「後桜町女帝の政事・歌道に関する覚書」、『京都産業大学日本文化研究所紀要』第17号所収、二〇一二年
注11　和田英松『国史国文之研究』雄山閣、一九二六年
注12　辻善之助『皇室と日本精神』大日本出版、一九四四年

※この他、小著ではあるが、本書の理解をより深めたい方のために関連する書籍を挙げておく。

『日本一やさしい天皇の講座』扶桑社新書、二〇一七年
『帝国憲法の真実』扶桑社新書、二〇一四年
『帝国憲法物語』ＰＨＰ研究所、二〇一五年
『真実の日米開戦　隠蔽された近衛文麿の戦争責任』宝島社、二〇一七年
『学校では教えられない歴史講義　満洲事変』ＫＫベストセラーズ、二〇一八年
『誰が殺した？　日本国憲法！』講談社、二〇一一年
『右も左も誤解だらけの立憲主義』徳間書店、二〇一七年
『倉山満が読み解く太平記の時代』青林堂、二〇一六年
『倉山満が読み解く足利の時代』青林堂、二〇一七年

切りとり線

★読者のみなさまにお願い

この本をお読みになって、どんな感想をお持ちでしょうか。祥伝社のホームページから書評をお送りいただけたら、ありがたく存じます。今後の企画の参考にさせていただきます。また、次ページの原稿用紙を切り取り、左記まで郵送していただいても結構です。

お寄せいただいた書評は、ご了解のうえ新聞・雑誌などを通じて紹介させていただくこともあります。採用の場合は、特製図書カードを差しあげます。

なお、ご記入いただいたお名前、ご住所、ご連絡先等は、書評紹介の事前了解、謝礼のお届け以外の目的で利用することはありません。また、それらの情報を6カ月を越えて保管することもありません。

〒101-8701（お手紙は郵便番号だけで届きます）
祥伝社新書編集部
電話03（3265）2310
祥伝社ホームページ　http://www.shodensha.co.jp/bookreview/

★本書の購買動機（新聞名か雑誌名、あるいは○をつけてください）

＿＿＿＿新聞の広告を見て	＿＿＿＿誌の広告を見て	＿＿＿＿新聞の書評を見て	＿＿＿＿誌の書評を見て	書店で見かけて	知人のすすめで

★100字書評……国民が知らない上皇の日本史

					名前
					住所
					年齢
					職業

倉山 満　くらやま・みつる

1973年、香川県生まれ。憲政史研究者。中央大学文学部史学科卒、同大学院博士前期過程修了。「嘘だらけの近現代史」シリーズ（扶桑社新書）は、アメリカ、中国、韓国、ロシア、イギリス、フランス、ドイツと続き、いずれもベストセラーになっている。その他の著書に、『学校では教えられない歴史講義 満洲事変』『検証 検察庁の近現代史』『誰も教えてくれない 真実の世界史講義 中世編』『世界の歴史はウソばかり』『真実の日米開戦 隠蔽された近衛文麿の戦争責任』『工作員・西郷隆盛 謀略の幕末維新史』など多数、共著に祥伝社新書『残念すぎる 朝鮮1300年史』（宮脇淳子氏と）、『理数アタマで読み解く日本史』（平井基之氏と）などがある。

国民《こくみん》が知《し》らない上皇《じょうこう》の日本史《にほんし》

倉山《くらやま》 満《みつる》

2018年8月10日　初版第1刷発行
2018年8月30日　　　第2刷発行

発行者……………辻 浩明
発行所……………祥伝社《しょうでんしゃ》
〒101-8701　東京都千代田区神田神保町3-3
電話　03(3265)2081(販売部)
電話　03(3265)2310(編集部)
電話　03(3265)3622(業務部)
ホームページ　http://www.shodensha.co.jp/

装丁者……………盛川和洋
印刷所……………萩原印刷
製本所……………ナショナル製本

Printed in Japan ISBN978-4-396-11543-2 C0221

〈祥伝社新書〉
歴史に学ぶ

366
はじめて読む人のローマ史1200年
建国から西ローマ帝国の滅亡まで、この1冊でわかる！
早稲田大学特任教授
本村凌二

460
石原莞爾の世界戦略構想
希代の戦略家であり昭和陸軍の最重要人物、その思想と行動を徹底分析する
日本福祉大学教授
川田稔

481
アメリカ側から見た東京裁判史観の虚妄
対日戦争を誘導したのは、ルーズヴェルト政権に潜り込んだソ連のスパイだ！
近現代史研究家・評論家
江崎道朗

527
壬申の乱と関ヶ原の戦い
なぜ同じ場所で戦われたのか
「久しぶりに面白い歴史書を読んだ」――磯田道史氏絶賛！
東京大学史料編纂所教授
本郷和人

528
残念すぎる朝鮮1300年史
古代から現代までこの半島は何も変わらない。通説のウソを暴く！
東洋史家
宮脇淳子
憲政史研究家
倉山満